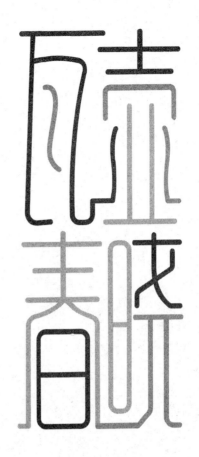

Wa Hu
Chun Xiao

赵国弟

主编

上海市浦东新区
进才实验小学教育集团
教师文集 · 2021 卷

文匯出版社

本书编委会

主　　编：赵国弟
编　　委：江海虹　朱君可
　　　　　赵雪华　罗丽惠
　　　　　徐　燕　金　瑶
　　　　　陈韵艳　马卫平
　　　　　冷忆宁　宋惠龙

序　言

2020年下半年，上海市浦东新区进才实验小学教育集团（以下简称"进小教育集团"）结集出版了书名为《素心匠艺》的教师文集。时隔一年，书名为《瓦壶春晓》的教师文集如期推出。

在征集、评审的基础上，每年以进小教育集团的名义结集出版所有成员校教师的文集，既是进小教育集团设定的主要工作之一，又是助推教师专业发展的必要举措。

一

在此，我想先简要摭谈进小教育集团的建设宗旨、建设目标、建设原则，去年以来的推进情况及后续的发展思考。

建设宗旨：以促进区域教育优质均衡发展为宗旨；建设目标：办好每一所学校，成就每一名教师，教好每一位学生；建设原则：资源共享、优势互补，提质增效、共同发展。

去年以来的推进情况，可从两个维度进行小结。

维度一：年度目标达成度检测。就2020年的五项年度工作目标而言，大都顺利达成。体现在：组建了进小教育集团理事会（领导小组）和秘书处（工作小组），在深入调研、对标要求的基础上修订、完善了各成员校的新五年发展规划和年度工作计划；在宏观大势和微观校情的结合点上制订了进小教育集团发展规划和年度工作计划；遴选、命名名师工作室，孵化和培育集团名师，储培骨干后备；试点部分学校优质课程等资源的推广共享；组织开展学校中层及校级干部的专项培训，提升学校管理团队的整体水平。尚未正式命名、运作的是"集团专业委员会"。

维度二：年度常务工作的开展。进小教育集团的常务工作围绕学校内涵建设的若干板块展开。因受疫情影响，实质性启动自2020年6月始，重心落在"学校管理""队伍建设"上。就"学校管理"而言，于2020年暑期组织了集团成员校的校长、书记专题培训交流活动。作为进小教育集团理事长，我做了题为"理顺教师心，增强凝聚力——校长的管理艺术"的主报告，三位新任校长做了新学期工作交流，进才实验小学还介绍了基层小学党建工作经验。其间，由进小牵头，召开成员校教导主任会议，就新时代背景下小学教导处工作深入研讨。2020年秋季学期，进小教育集团分别组织了校级和中层干部的实务培训，为期各3天，计30课时，来自成员校的16名校级干部、46名中层干部规范参训，培训内容有："集团化办学的内涵要求和实施路径"（上海市浦东新区教发院区域教育中心主任李彦荣博士主讲）、"学校发展进程中的教师团队建设"（华东师范大学教育学部教育管理学系原主任、博导李伟胜教授主讲）、"正念领导力：让你从优秀到卓越"（华东理工大学商学院副教授陈亮博士主讲）、"把微型社会搬进小学校园"（上海市黄浦区蓬莱路第二小学校长、中学高级教师俞祯硕士主讲）、"润泽生命，洵美且异"（上海市普陀区洵阳路小学校长、国家督学、特级校长朱乃楣主讲）。专家学者、优秀校长们关于学校管理、集团建设、团队发展等视域的真知灼见，为聆听者打开了审察情势、处理矛盾、应对疑难的思路，注入了依法治校、优化管理、守正创新的能量。

在师资建设方面，进小教育集团理事会成员一致认为：以习近平总书记提出的"四有"好教师、"四个"引路人、"四个"相统一的目标要求，持之以恒地抓实抓好教师队伍建设，是学校工作的永恒主题，也是集团工作的重中之重。诚如耳熟能详的名言所揭示的逻辑内涵——"国家大计，教育为本；教育大计，教师为本"，唯有夯实、优化立德树人、教书育人的师资基础，才能培育、造就德才兼备、承上启下的风华学子。因而，进小教育集团成立伊始便在师资建设上扬鞭策马、齐抓共管。主要举措有：一是为准备申报高级教师职称者搭建平台。本集团于2020年6月邀请有关专家做高级职称申报准备的辅导报告，又以学科为单位，委约已评上的高级教师传经送宝。此举不仅为提上议事日程的申报者提供了"应知应会"的修炼蓝图，也在集团成员校的教师群体中产生了"消除顾虑，积极申报"的助推效应。二是以集团的名义正式出版教师文集。众所周知，鉴于浦东新区中小幼校（园）体量大、教师多，教师发表教育、教学论文的难度较大。而教师在繁忙的育人工作之余，进行贴近教育园地的微课题草根研究，乃是新时代教师专业发展的题中之义，当然也是职称晋升的要素之一。据此，本集团于2020年5月正式征集文稿，经验证、筛选、修改、编辑,于2021年元月正式出版了以《素心匠艺》为书名的进小教育集团教师文集,收录了所有成员校45位教师的论文,约19万字。三是进小教育集团名师工作室的命名、成立。经调研、遴选、协调,已成立涉及道法、语文、数学、英语、音乐、体育、美术七个名师工作室,均由学科高级教师、区学科带头人等名师领衔。迄今,进入七个名师工作室受训的教师学员已有66名。为保障名师工作室正常运行,提升名师工作室的培训效能,我们还为每个名师工作室配备了市、区级学科专家担任顾问。

除以“学校管理”和“师资建设”为重点的常务工作外,进小教育集团还在以下方面积极尝试。如以现场聆听和线上直播相结合的形式,为集团成员校全体教师组织专题讲座和教师论坛,除专家报告外,由6位不同成员校的优秀教师做了经验交流。又如,结合进才实验小学“十年校庆”和持续多年的“沪滇皖”校际教学研讨活动(每年一次),连续4天推出18节线上研讨课,供进小教育集团教师择机观摩、反思点评。再如,进小教育集团以“携手共进从头越,五彩缤纷耀星空”为主题的2021迎新会演,由所有成员校推选的15个节目组成,涉及歌舞、器乐等10多种艺术形式。这台联合迎新会演,以云端共享的形式线上线下同步进行,90分钟的直播点击量近6 000次。

此外,2020年度中由集团内全体语文教师参与的区级科研项目“整本书项目化阅读”、青年教师基地培训、“塘一杯”书法比赛等工作也有序、扎实地推进。

进入2021年,进小教育集团紧扣党和国家关于教育改革发展的“十四五”规划和集团建设的宗旨、目标、原则,在强基固本、提质发展上谋划施策。主要工作有:(1) 举办已有七个名师工作室的教学展示与交流活动,并做聘期总结与考核。在此基础上进行新一轮名师工作室的申报与评审,拟将名师工作室数量扩至10—12个。(2) 开展专项辅导与培训。除为申报高、中级职称、区级学科带头人、骨干教师、青年新秀者做针对性辅导外,将充分利用集团成员校的整体力量,做各得其所的针对性专项培训。(3) 组织好暑期师资培训。利用暑期中2—3天时间,采用线上线下相结合的方式,邀请有关专家和名师对进小教育集团的教师做共性个性相结合的专业培训。(4) 发挥项目特色校的示范、引领作用。集团内的10所成员校(包括近期加入的航城实验小学)都有各自的特色项目,这是珍贵的共享资源,也是项目特色校发挥示范、引领作用的优势所在。2021年中,不少项目特色校均安排了相关的展示和传帮带活动。(5) 继续出版教师文集,出版《瓦壶春晓》一书。

除上述强基固本、提质发展的常务工作外,2021年中进小教育集团还开展了以"领巾心向党、歌颂新时代"为主题的"庆祝中国共产党成立100周年"文艺活动。少儿们以一首首红歌、一颗颗童心,倾情讴歌我们的百年大党,立志成为党所期望的红色接班人。此外,业已启动的进小教育集团"教书育人楷模"评选活动,必将为师资队伍建设注入定力与活力,引领教师们脚踏实地、恪尽职守,加强修炼,多做奉献。

二

再回到《瓦壶春晓》文集的编辑、出版。2021年度进小教育集团教师论文的征集、论证、评审、编辑、出版工作依然由进才实验小学教师发展处负责,共征集教育、教学论文、案例79篇,经论证,其中的48篇编入本书。此外,还进行了论文评审,评选出一等奖2篇、二等奖6篇、三等奖12篇。所选文章颇具一线教师的科研特点。

其一,紧贴生态、凡常的育人园地,做"仰望星空、躬耕苗圃"的草根研究。在新时代的征程上,习近平总书记一再告诫从事实业的科技工作者和身居高堂的专家学者,要把研究落在攻坚克难、守正创新的现实矛盾中,要将论文写在强国富民、振业兴邦的中华大地上。对此,全国政协常委、民进中央副主席、新教育实验创始人朱永新教授在《新时代知识分子要做行动着的思考者》一文中写下了击中时弊的感悟。他说,"知识分子最怕的就是关起门来做研究、高谈阔论写文章、满世界飞行讲演,知识分子最需要的是扎根生活、深入田野。知识分子需要思想,也需要行动,应努力成为行动着的思想者、思想着的行动者"。习近平总书记的殷殷教诲、朱教授的灼灼针砭,同样为列入知识分子范畴、从事基础教育工作的中小学教师确立了教育科研、论文撰写的目标定位与价值取向,那就是始终扣住"培养什么人""怎样培养人""为谁培养人"的根本命题,"仰望星空、脚踏实地","躬耕苗圃、素心匠艺",即在"求真务实、研以致用"的久久为功中书写好"立德树魂、启智润心"的育人论文,努力成为"行动着的思想者、思想着的行动者"。翻阅《瓦壶春晓》文集,不乏草根研究的活力和大道至简的正能。

其二,对标学科课改和师爱育德之要义,做"适切校情、优化育人"的经验梳析。综观本书收录的论文或案例,尽管主题、内容不一,谋篇、布局各异,但字里行间或明或隐地透视着学科课改和师爱育德之要义。在众多学科课改论文或案例中,作者均能瞄准相应的学科《课程标准》和学科"核心素养",将不断深化、颇具个性特质的课程教学改革置于波澜壮阔的时代背景中,给人以教海泛舟、滩涂拾贝的时代感、笃实感。如学习兴趣的激发、知识技能的掌握、思维能力的培养、学科育德的渗透、自主探究和合作学习方式的运用等要义，几乎所有学科的《课程标准》和"核心素养"中都做了体现本学科本质属性和学习需求的阐述。如何在熟悉、把握学情和教材的基础上，理清单元与单元、单元与章节，章节与课时之间的逻辑联系，进而使学科《课程标准》和学科"核心素养"的要义有利、有理、有节地贯穿于学科教学的整体设计和日常教学中，不啻是新课程、新教改背景下，一线小学教师孜孜探究的常新课题。可以说，收录的绝大多数论文或案例，在紧扣"要义"的实践解读中提供了可资借鉴的宝贵经验。又如，为达成学科《课程标准》、学科"核心素养"提出的目标要求，务须辅以适切、灵验的"过程与方法"。读罢教师们的论文、案例，似走进了"教学方法、教学艺术"大世界。故事引入法、游戏激趣法、视频辅助法、思维导图法、动手感知法、活动体验法、评价激励法、质疑启智法、求异创新法、"两线"融合法等教学方法生动注释了讲授法、自主探究法、合作学习法、情境教学法等经典教学法的内在意义和变通运用，以及蕴含其间的教学智慧、教学艺术。

本书收录的德育论文较少，却同样给人以经验鉴照的启益。无论是"班级建设与个性发展""课堂突发事件处理"，还是"家、校、班共育""双向循环育人之六步法""劳动教育"等论文，均凸显了师爱育德之要义，展示了一线班主任立德树人的仁爱之心、克难之智、润化之艺、勤勉之力，令人感佩。

值得一提的是，本文集中不少论文或案例切合了正在开展的"黄浦杯"长三角地区以"教育的活力"为主题的征文活动和区域内开展的以"线上线下融合"为主题的案例征选活动。这种适切校情、优化育人的微观研究散发着泥土的质朴与清香。

三

序言之末，再想对书名做一点解读。进小教育集团于2020年出版了以《素心匠艺》为书名的教师文集。"素心匠艺"很易使人联想到"大国工匠"精神和非物质文化遗产的精工匠艺。普阅古今中外，凡卓越绝伦的工艺作品的问世、传代、成为永恒经典，都凝聚着千锤百炼、精益求精的目标追求和"去尽浮华""板凳冷坐"的素心功力。我们常将"教书匠"视作墨守成规、少有作为的代名词。其实不然，能在教书育人这方"立国之本"的领域，被冠以"匠"称，是莫大的荣耀。故而"素心匠艺"是新时代人民教师不懈的崇高追求，是"四有"好教师、"四个"引路人的生动注释。

今年结集出版的《瓦壶春晓》是进小教育集团教师文集的第二册。除赓续《素心匠艺》的意境外，又以另一视域立意赋义。见识《瓦壶春晓》，一幅瓦壶体式、天水气韵、碧茗清脉、晓春意象的耘耕图景浮于眼前。正是粗茶淡饭的本色、素心匠艺的精神，昭示着我们：以袁隆平、吴孟超两位科学巨星为榜样，"始终将宏大志向安放于每一天、每个踏踏实实的当下，爱岗敬业，甘于奉献，善于创新创造，做好身边事，做好眼前事"。

上海市浦东新区进才实验小学教育集团理事长

进才实验小学校长、党支部书记

赵国弟

2021 年 8 月

目 录 CONTENTS

第三辑：茶香

Wa Hu
Chun Xiao

第 一 辑

春景

学习应该是可以快乐的

上海市浦东新区进才实验小学　赵国弟

你一定很熟悉这几句话："头悬梁锥刺股""书山有路勤为径，学海无涯苦作舟""十年寒窗苦读书"，这我们是有切身体会的，在东方的文化里，学习是艰苦的。快乐只有西方的教育文化中才有。上海在多次PISA测试中成绩优秀，这足以证明上海的基础教育已经处于世界领先水平，那能否让我们的小学教育快乐一些呢？让孩子们的学习变得更快乐点呢？我觉得完全可以的！

如果可以自主，学习可以快乐。课堂上，让学生做听众，教师的讲解，生动点的还能吸引学生，枯燥的，学生们不爱听，学生的学习怎么会快乐？然而，当学生在一个温馨的、和谐的、民主的学习氛围中学习，当学生有自主学习、自主探究、自我表演的机会时，学生有学习的自主权，学习的主动性、积极性得到了发挥，学习的效果才会好，学生才会有快乐。

如我校实施的课前"两分钟微课程"。语文课演讲，艺术体育课才艺展示、名人名作名画介绍，自然课科学家、科技介绍，道德与法治课播报新闻，这给了学生自主学习探究的机会。如语文课上的演讲，学生演讲时非常自信！因为，演讲的内容是他喜欢的、演讲的PPT是他自己做的，虽然，他为准备演讲，昨晚做PPT做得很晚。(有人会说做得这么辛苦不会快乐，我认为如果是学生喜爱的事，再加上学生辛勤的付出，艰苦的学习历程有所收获，学习也会变得快乐的！)你想当这个学生演讲完后，同学和老师的掌声给了他充分的肯定时，他的内心一定是快乐的，他也会为昨天的付出而感到快乐！

所以，"将学习、将课堂还给学生，让学生成为学习的主人，课堂的主人，学生自己能学的，让学生自己学；学生通过合作讨论能学会的，让他们合作学；只有当学生需要支持的时候，老师再伸出帮助的手，这样让学生真正学会学习"。学生一定会快乐！

如果认同差异，学习可以快乐。每个学生的能力不一样，但你让每个学生做一样的作业,用同一根标尺去要求衡量学生,让很多学生一直成为学习的失败者,这样学生能有成就感吗?这些学生能享受到学习的快乐吗?长期下去,心理会有阴影。因此,我在想,既然学生有差异,为什么不可以按照最近发展区理论,实行分层作业呢?根据学生的不同层次,将作业分成基础的必做题,还有相对提高的选做题,我们叫超市作业,以满足不同层次学生的学习需求,让不同层次的学生都能完成,这既能让学生成功,让学生有成就感,也能激发学生的学习积极性,树立学生学习的自信心,更能让学生享受学习的快乐。

有人担心分层作业怎么保证众多学生成为优秀?我们常讲"静待花开",学生与花一样,有的发育早,有的发育慢,有的一开始优秀,有的后面会优秀。有个别学生,在小学时学习成绩在中游水平,可到了初中二年级爆发了,学习成绩迅速提高,中考时,以年级前五名的成绩毕业,考取了优秀的市重点,我想这样的案例不胜枚举。

差异是客观的,尊重差异,允许接受能力强的学生学得快一点,接受能力弱的学生学得慢一点,让学生有差异发展,是尊重人性的表现,这样差异的学生,才会有没有差异的发展与快乐。

如果多点选择,学习可以快乐。学校有条件的,在高质量地完成国家课程的基础上,应该开设更多的校本课程,可以供学生选择。

如我们学校,在艺术方面开设了:葫芦丝、管乐、弦乐、芭蕾、民族舞、民鼓、口琴、剪纸、国画、茶艺等20多门艺术课程。体育方面开设了:马术、高尔夫、网球、橄榄球、击剑、足球、羽毛球、乒乓球、篮球、毽球、跆拳道、摩登舞、武术、跳绳、踢毽子、抖空竹等丰富的体育课程。

当然课程既要有普及,也要有提高,我们主张普及在课堂,提高在拓展,专业在艺术团队、体育俱乐部。普及让全校每一位学生都有学习一门艺术、多种体育运动项目的机会,提高全体学生的艺术素养,运动健身能力。提高为了满足不同兴趣特长爱好的学生学习的需求。因此,普及的课程直接进课表,让每一位学生参与学习,在艺术方面,我们将葫芦丝作为乐器学习引进课堂,从二年级开始学习,每个孩子都可以学会。每年在东方艺术中心举行的新年音乐会,最后一个节目一定是全场齐奏葫芦丝。体育我们将乒乓球、足球、羽毛球、篮球、跆拳道等项目作为体育课拓展内容,设置在不同年级,每周安排一节课进行为期一年的学习,让每个学生有一个学习的尝试与体验,进而真正发现自己的长处。

提高的课程,如艺术方面的管乐、弦乐、芭蕾,体育方面的马术、击剑、高尔夫,基本放在拓展课或课后通过社团加以实施,而且,设置梯队培养,给学生不断攀升的机会,也激励学生朝着更高的目标攀登。

为让学生得到最专业的指导,提高学习的质量,对于学校缺乏师资的项目,我们通过引进专业的艺术团队、体育俱乐部,聘请专业教师、教练教学,以保证教学的质量。如:管弦乐引进了冀瑞凯艺术团、乒乓球引进了"丁松乒乓球俱乐部"、足球引进了"冠博足球俱乐部",马术引进了"滨岛俱乐部"等。除了体育、艺术,还有更多的学科,让学生可以根据自己的能力、爱好,选择学习的内容,决定学习的难度,孩子能不快乐吗?

如果给予体验,学习可以快乐。每天到校,就让学生一起读课文,老和尚念经,孩子能快乐吗?大冬天的为保证所谓的质量,早早的第一节课就上语、数、英,孩子在没有任何准备运动,身体没有醒,大脑没有醒,就开始学习,你说孩子能快乐吗?然而,每天到校,让每个孩子看自己喜欢的课外书;每天第一节课,先让孩子到操场上玩上一节课,跳跳绳、打打羽毛球、踢踢毽子、造造房子、滚滚铁环,身体苏醒了,大脑激活了,心情愉悦了,学习效率提高了,学生能不快乐吗?

学校每年举行艺术节、科技节、体育节、世界文化节、"六一"庆祝活动、新年音乐会、新春音乐会,还举行管乐、弦乐、舞蹈等专场星期音乐会,每年参加"少儿春晚"演出,暑期艺术社团到德国汉堡参加汉堡国际青少年音乐节,与德国学生进行交流演出;芭蕾参加美国纽约青年舞蹈节、世界桃李杯大赛等;合唱多次参加世界和平合唱大赛等各种世界性的比赛。足球曾到中国香港、西班牙与当地学生交流。学生有这么多展示学习成果的机会,各种能力提高了,意志坚强了,成就感有了,学生能不快乐吗?

到云南、安徽与那里的孩子同学、同玩、同住、同吃。了解祖国发展、体验民族文化。每年举行爱心义卖,用筹得的钱款,资助身边、云南有困难的学生,从小体验参与爱心公益的责任与乐趣。每学期走进各种场馆、走进企事业单位,去了解社会,增强社会责任感,这样丰富多彩的社会实践体验,学生能不快乐吗?

如果学习充满自主、差异、选择、体验等这些快乐的元素,如果我们教育的评价再个性化一点,如果我们学习的压力再减轻一点,如果我们的家长、社会的期望值再降低一点,成才观再宽泛一点,教育应该是可以快乐的,孩子们一定能享受教育的快乐,快乐的学习!

(本文根据上海市浦东新区进才实验小学赵国弟校长在"上海市第四期'双名工程'首届名校长高峰论坛"上的TED演讲整理而成,体现了赵校长"以学生发展为本,教育好每一位学生,让每一位学生都在自信、负责、文明、快乐、成功中得到主动发展"的教育理念。)

实践育人与活动育人相结合
"双向循环育人"六步法模式探索

上海市浦东新区塘桥第一小学　金　冰

　　近些年我校德育工作根据上级部门要求在实践活动和主题教育活动中,对如何深化德育工作的内涵将学生的"知",更好地内化为学生自律的"行",进行了研究。通过对以往学校开展的各种德育活动进行分析比较,我们发现单一灌输式的说教模式思想教育通常无法真正融入学生的思想中;相反经常开展的以一个系列循序渐进的少先队主题式系列教育活动更容易被学生们接受,学生普遍印象深刻。在调查问卷中95%的学生家长都认为循序渐进的系列主题教育活动锻炼了学生们的综合能力,这样的复合型人才符合当下形势的需要。

　　接下来就结合我校开展的"节粮爱粮"系列主题教育活动,谈谈我校德育团队通过研究构建的学校实践育人与活动育人相结合的"双向循环育人"六步法模式探索。

　　实践育人与活动育人相结合的"双向循环育人"六步法模式分别是:

　　第一步:发现问题;第二步:引导思考;第三步:自主策划;第四步:校外实践;第五步:自我教育;第六步:解决问题。

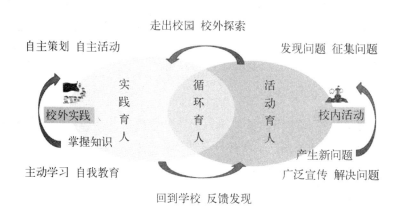

一、发现问题

通过校内开展的活动，进行活动育人，在活动育人过程中，发现问题，找到学生的认知误区、知识盲点以及能力不足之处。

(一) 以学校德育主导、充分发挥家庭德育和社会德育的合力作用

多年来，我校以学校德育活动为主导，充分挖掘了家庭、社会的德育资源，发挥家庭教育和社会教育的合力，把学校、家庭、社会三个方面力量有机联合，共同营造有利于学生健康成长和全面发展的良好环境，努力构建"三位一体"的育人模式。

1. 以学校德育教育为主导，探索学校德育新思路。

在"三位一体"的育人模式中，学校德育始终占据着德育教育的主导。因此，我校的德育教育把人作为德育的主体和根本，把如何有利于学生的发展作为德育的根本出发点，把学生的需要与学生的实际紧密结合起来，从爱国主义、理想主义、集体主义、社会公德、自觉自律等各方面，通过各种主题教育活动，培养学生养成良好的道德品质和行为习惯。学校加强校园文化建设，增强学生的知识结构，提高学生的学习积极性，先后开展了"学四史勇担使命""节粮爱粮塘宝在行动""传承五旗精神争做新时代好少年""做一个有文化的人""我与浦东共成长""传承非遗""我与文明同行"等主题教育活动。

2. 把家庭教育与社会教育资源有效整合，提高德育工作的实效性。

我校德育室常组织家长开展家庭教育辅导讲座，指导家长为学生提供良好的家庭学习环境、创造和谐的家庭成员之间的关系，培养学生养成良好的道德品质和生活习惯，使他们心情舒畅地投入到学习生活中；同时我校德育室还联合社会力量与周边派出所、消防中队、街道、商场及多个爱国主义场馆签订协议为学校的德育实践活动提供了强有力的保障。通过各种活动，使学生树立远大理想和抱负，培养学生奋发向上的竞争意识。

(二) 在德育教育活动中初步形成行为意识

在各项教育活动中通过班级讨论交流、教师的讲解等使学生养成初步的认知结构，从而形成初步的行为意识。

今年暑期，大队部向同学们发出了积极响应习近平总书记"厉行节俭"号召的

倡议,各中队开展了"晓黑板""节粮爱粮"讨论交流活动:辅导员们首先在讨论群里发布了"节粮爱粮光盘行动"倡议活动细则,针对这一主题开展了学生讨论。在讨论后每个班在中队辅导员的带领及家长们的帮助下掀起了"晒光盘"热潮,班班晒起了学生光盘照片。在开学典礼上,大队部总结了各班光盘行动的成果并为活动中表现优异的孩子颁发了奖状,任命这些学生为"文明就餐监督员",负责监督午餐时间班级的用餐秩序及浪费现象。

"晓黑板""节粮爱粮"活动的开展,让我校全体学生在老师引导下形成初步行为意识。为什么说是初步意识呢?因为所有学生的行为都是受外部环境影响,它并不是学生主观意识,因此学生的自我认识差异会导致行为效果的不同。

二、引导思考

即发挥学生的自我教育功能,以引导的方式,促发学生开展思考与假设,例如提出相关问题,设想解决途径等。

(一)寻找行为意识的薄弱环节

我校的德育教育针对学生在教育活动中自我认识差异形成的学生认知行为偏差,引导学生寻找学生行为意识的薄弱环节。

比如在"节粮爱粮"后续活动中,老师们引导学生进行"全校学生午餐状况小调查",让学生尽可能地从多途径,广泛全面地搜集信息。

(二)引导学生进行分析筛选数据

针对调查,我们的辅导老师引导学生对这些信息进行筛选、比较、定位、分析。针对分析,学生们发现了问题:学校午餐主要供应米饭、荤菜、素菜;荤菜一般如炸鸡腿、红烧大排、红烧鸭腿、红烧肉等;素菜有大白菜、绿叶菜、黑木耳、胡萝卜、豆腐等。据调查,有57%的同学会或多或少留有剩饭,许多同学由于挑食只吃了荤菜就把素菜倒掉了;有的同学因为觉得食堂阿姨烧的菜不合口味没吃几口就直接倒掉了。有的学生挑食是由于身体体质原因,不能吃辛辣刺激食物;有的学生挑食是学生对食物的营养成分不了解,没有意识到均衡营养的重要性;有的学生剩饭是由于没有体会到农民耕田劳作的辛苦,没有体会到食堂阿姨烹饪食物的辛劳。

找到了学生思想行为的认知误区、知识盲点以及能力不足之处和薄弱环节后,我们将以此确定后续教育活动的方向。

三、自主策划

即通过实践,触动感受,由学生自主策划更多与解决问题相关的实践活动,锻炼独立工作能力,适应环境能力。

(一) 根据数据分析,引导学生自主策划校内实践活动

在我校"小记者"做节粮爱粮调查后,小记者们根据收集的信息,在记者团小理事和干事带领下开展了数据统计和数据分析。经分析学生发现在节粮爱粮方面我校队员的确存在问题。根据存在问题,我校中队辅导员们引导学生针对问题想方设法地解决问题,从而发挥学生的自我教育功能。

比如:针对学生的挑食现象,我们的教师引导学生设计了手抄报、黑板报进行营养健康知识宣传;根据我校小记者总结的关于我校各年级粮食浪费的现象报告,我校大队辅导员引导五年级的大队委员勇担责任设计创编了"塘一小学光盘行动"校班会。在创编班会活动中,为了让全体队员深切感受到农民伯伯种地的辛劳,我校大队委员们查资料,向老师、自己的父母、祖辈们了解粮食的播种过程。大家出谋划策设计了农民伯伯种粮食的体验游戏:把书包负重双肩背在身上,手拿粉笔从肩部绕到身后触碰书包,再前屈在脚尖前准备的纸上画三角形表示插秧,然后重复这样的动作,看谁"插的秧多"。为了增加游戏的难度,大队委员重点设计了游戏的规则,强调参与者在游戏中要保持双脚直立,膝盖禁止弯曲。经过大队委员们讨论设计的游戏环节成了整堂班会课的高潮,队员们通过游戏感受到腰部和腿部的酸疼,感到耕作的辛苦,更增加了他们珍惜粮食的意识。本次的少先队员们自主设计的少先队活动课获得了上海电视台《校园新闻》栏目的认可,在《校园新闻》栏目中播出推广。

(二) 根据数据分析,引导学生自主策划校外实践活动

根据小记者们对附近居民进行的深度专访和调查,发现学生家庭、小区确实存在过度消费和浪费的现象。当小记者发现这样的现象后,他们开始思考:如何带动周边居民以及学生的家庭都能做到节粮爱粮呢? 小记者们在指导老师带领下通过交流讨论,寻求解决问题的方法。大家通过讨论商量了多种解决方法:小手牵大手向家中长辈宣传"节粮爱粮"意义;成立"塘宝"小小志愿者节粮队走上街头开展"节粮爱粮倡议"活动;自编自导自演"节粮爱粮"节目等活动。

在活动中，每位学生都积极融入参与其中，为长辈们宣传"节粮爱粮"，监督家里用餐情况；通过大队部和小记者团联合发起"塘宝"小小志愿者节粮队招募活动，二到五年级学生们积极踊跃报名，成立了"塘宝"小小志愿者节粮队，准备在人流量较大的富都广场门口开展"节粮爱粮塘桥在行动"活动。在辅导老师带领下，同学们分工明确，自己策划活动流程，自己撰写主持稿，自己认领主持、会场协调员、现场摄影等工作。由于我校学生经常外出参加实践活动，所以活动准备在多次历练下越发成熟，学生的各方面能力得到了很大的提高。通过这样的自主实践，自主策划以及更多参与解决问题相关的实践活动，学生团队合作能力、独立工作能力、适应环境能力得到了最大化的发展。

四、校外实践

教育的最终目的不仅仅停留在校内有老师监督情况下学生的行为习惯养成，更应该是反映在没有老师监管的学生自发的行为习惯养成。因此我校给学生充分搭建平台，让学生走出学校，在校外实践探索中锻炼团队合作能力、沟通表达能力以及情绪调控能力。

（一）校外实践探索中锻炼团队合作能力

在团队合作中，每个队员都有自身的优缺点，有擅长规划筹谋的，有擅长行动实践的，每个学生都拥有自身引以为傲的长处。我们的辅导老师引导学生充分展示自己的优点，避开自身的缺点，从而达到共同提升、取长补短的目的。学生只有通过互相友好合作，才能够最快地集众人之所长，引发思维的火花。比如在"学四史"主题活动的团队合作中，辅导员让学生自己以团队合作的方式来开展策划，策划一次外出采访宣传活动，活动的目的是要了解上海普通民众的爱国热情。于是我们的辅导老师让学生按照自己的能力特点组队认领任务，自己编写采访提纲，自己编写宣讲稿，让学生有独特的想法，并付诸行动，让学生以小组合作的方式来完成任务，培养学生的团队合作意识和实践能力。

（二）在校外实践活动中培养学生形成良好的自律

自律与社会实践和生活有着紧密的联系，在实践中学会自律才是最有效的方法。还是拿光盘行动举例：通过学生在校内自主开展的"塘一小学光盘行动"少先队主题活动以及学校大队部针对光盘行动所开展的各项评比，我们的小记者发现校园里的"节粮爱粮"活动取得了明显的成效。少先队员们普遍认为应该积极响应习爷爷的号召,"光盘行动"不仅仅在校内落实,更应该每时每刻提醒自己、家人和身边的人都能做好。

于是在辅导员的引领下,学生们设计了问卷:了解各年级少先队员们在家中的餐后厨余倾倒和外出饭店的过度消费情况;小记者们还设计了学校周边居民调查问卷,在中队辅导员带领下走出校园对附近居民进行了深度专访和调查,并走访了塘桥街道张书记,向张书记了解塘桥地区居民湿垃圾倾倒情况及塘桥地区餐馆厨余倾倒情况。在实践活动中,学生们都纷纷意识到自己作为一名小公民应尽的责任和义务。他们人人签下承诺书,决心用自己的实际行动带动身边及周围的人,一起做一个有自律的人。

在校外实践探索过程中,学生通过访谈、问卷调查、实地考察法、网络检索法、科学实验等活动,锻炼了团队合作能力、沟通表达能力以及情绪调控能力。通过这样的实践活动,更让学生对知识的接受由被动接受变为主动吸收,从思想意识上有了明显提升,自发的校外实践活动让我们的学生变得更加自律。

五、自我教育

即学生通过实践所学,回到学校后自主策划、自主设计与主题相关的各类活动,实现学生自我教育的目的。

(一)通过学生实践感悟,提高学生自我管理的能力

通过一系列校内、校外学生自主策划的主题教育活动,学生的自我管理能力已初见成效。学生们能自觉遵守各项规章制度,老师不在时,他们也都能较好地组织、协调班级和校级日常管理工作了。同学们在这有序的管理中不但增长了才干,还提高了自我管理的能力。效果证明,创造机会,让每个学生都参与主题教育活动,不仅有利于形成良好的校风校纪,更有利于学生的健康成长。

(二)通过学生实践感悟,实现学生自我教育的目的

事实证明各种实践活动是富于教育力和感染力的课堂,是培养复合型人才的重要途径,它可以使教育更富有吸引力和凝聚力。学生通过参加活动,可以从中受到教育、得到启发、获得激励,从而实现自我教育的功能。

如通过"塘宝"小小志愿者节粮队倡议活动等一系列的节粮主题活动,学生们的节粮意识越来越强,同学们在节粮倡议现场向大人们征集了节粮小妙招,于是他

们自己整理归纳,在校少先队队会课上与大家分享了这些小妙招,并针对食堂阿姨们为学生事先打好的饭菜可能对胃口小的学生,会存在一定的浪费现象,各班纷纷为此出谋划策,推出班级节粮小妙招:对于饭量比较小的同学可以在用餐前告知老师,让老师匀给胃口较大的同学;设立"节粮小卫士"岗位,负责监督班级学生的餐后剩余情况;开设班级节粮评比栏对各班进行每日节粮评比活动。这些教育活动都是学生有感而发的,主动地参与其中,教育的成果显而易见。

六、解决问题

即学生在自主落实各种形式的校园活动中,提高全体学生处理问题的能力,同时培养学生较为坚韧的心理素质。

(一)寻找新起点,解决新问题

经过一段时间的实践与活动后,老师们又引领学生探索新问题:这样的节粮爱粮活动到底能节约下来多少粮食?"家中可以有哪些节粮小妙招?"教师以引导的方式,促发学生开展思考与假设,设想解决问题的途径。学生再通过实践:设计问题去学校后勤部采访食堂了解在节粮活动开展以来我校学生每天节约的粮食情况;向自己的长辈了解"家中节粮小妙招",通过这样的实践活动,对大家收集的信息进行汇总、采纳,并自主策划、自主设计与主题相关的"节粮在行动特别报告"活动,把收集到的信息在校班会中呈现给大家。每位学生真真切切看到了自己的不浪费表现真实地为学校节约出来可喜的粮食,感受到为国家的节粮做着自己的一份贡献,孩子们的心里是发自内心的喜悦和激动。

(二)螺旋上升,把教育内化升华

诸如此类的活动还有"垃圾分类""塘宝学四史"等。所有的主题教育先由各班中队辅导员在各中队开展启动教育活动,在活动中辅导员帮助学生找寻育人的起点,根据寻找的起点通过活动引导学生挖掘问题。针对这样的问题,学生们设计规划方案,召开队会议,在队会上反复讨论调整方案设计后,通过校内或校外实践活动,加深队员们的感知力。在这六步完成后,又会由此发现新的问题,如此循环,整个模式属于螺旋上升模式。这样的六步循环双向育人模式实现"循环育人";实现学生自我教育的目的。学生的自我教育在这样的活动中得到了升华……学生们思想习惯的养成教育内化升华,真正走进学生的内心世界,真正融入学生的内心世界。

基于小学信息技术课堂的项目化学习初探

上海市浦东新区晨阳小学　邰丰纶

导　言

随着信息时代技术的不断发展,越来越多的全新技术进入到我们的课堂中,项目化学习(Project based learning,简称PBL)就是当下的热门话题。项目化教学法是由美国教育家最早提出的,即指学习者需要通过一定的实际情景,通过合作、探究等多种方式,以问题本身为驱动,持续性地深入认知完成学习项目,从而达成提升自己综合素养的一种学习方式。这与小学信息学科的目标——全面提升学生的综合信息素养,培养学生对信息的兴趣和意识,在实践中让学生了解掌握信息技术基本知识和技能不谋而合。因此在小学信息技术课程中应用项目化学习,结合课程实际情况,进行落实,使学生基于项目本身去进行有效探索,提升自身信息核心素养,是我们教师应该考虑的要点。本文将结合笔者自身的信息技术课程案例,就小学信息技术课堂上的项目化学习进行分享和交流。

一、项目化学习在小学信息技术课堂中的特点

(一)实境驱动,调动学生求知欲望

项目化学习需要从真实情境出发,通过实际问题引导,调动学生解决问题的好奇心,以此让其在解决问题的过程中提升自身信息素养。传统的信息课的平淡导入很难激发起学生解决问题的原动力,因为不是从学生的生活实际出发,就会让他们感觉与问题相隔甚远,没有亲身的代入感、体验感。在这种情况下我们自然很难调动学生的积极性。伟大的科学家爱因斯坦说过:"兴趣是最好的老师。"项目化学习中的实境驱动,正是能使学生进入学习状态的催化剂。

（二）合作共创，颠覆课堂传统模式

传统课堂以教师为中心，按照教师出示问题，解说操作步骤，学生尝试操作，教师指导评价，完成后学生修改完善的过程来进行的。传统的课堂使得学生机械重复地完成教师的课堂任务，教学方式注重技能的介绍，缺少认知层面的构建。课堂气氛平淡，学生学习兴趣贫乏，主要在于学生缺少了自己探索解决问题的过程，同时课堂中忽视项目类型的建构。这对于学生的信息素养乃至综合性素养的提升来说帮助甚微。在整个流程中，学生和教师都是单独的个体，独立地进行知识技能的探索掌握。最终学生的收获很局限，对于他们的"合作意识""批判思维""沟通能力"等没有显著的帮助。而项目化学习的过程中学生经常是以小组为单位进行活动的。由于不同的学生信息技术能力存在差异，学生擅长的领域也各不相同，比如有的学生擅长进行信息的处理；有的擅长对信息进行提炼；有的擅长对信息进行分析，这就需要教师根据项目的实际情况去进行有针对性地分组。将每个学生的能力都积极调动发挥出来，让其互补性最大化，以期在完成项目进展过程中获得最优的学习体验和效果。整个过程与传统课堂相比区别是十分巨大的。

（三）关注过程，导向综合素养提升

普通信息课堂中往往对学生的课堂最终成果比较重视，通过学生的作品或是操作结果来判断学生本堂课的知识技能掌握情况，这样教师掌握的学生学习情况十分局限。但在基于项目化学习的信息课堂中，教师注重的是学生整体信息素养的提升，因此学生在学习过程中实时展现出来的学习情况就需要教师特别去关注了。在整个过程中学生究竟进行了怎么样的尝试，提出了哪些不同的解决问题的思路，互相之间进行了怎么样的交流沟通？这些都需要教师持续去关注，并加以指导。因此课堂的目标也不再是学生是否完成了怎么样的作品，或是掌握了怎么样的操作技能，教师应从综合形成性过程上去判断学生经过一个项目的多课时学习之后是否在信息素养综合能力上获得了提升，以此作为自己的课堂导向。

二、项目化学习在小学信息技术课堂中的实践应用

（一）关注情景创设，服务项目学习对象

上文已经说过，与普通课堂不同，项目化学习必须从真实场景、实际生活出发调动学生解决问题的兴趣，因此创设情景时，教师要注意情景是否合理，是否符合学生的实际学习情况及学习需求，笔者认为需要做到以下几个原则。

1.真实性原则:以真实生活情境关联问题驱动,激发学生学习动机

在设置学习情景时,我们应当选择与学生生活密切相关的内容,最好是学校生活中或是班级课堂上,甚至是课外活动中实际遇到的问题。这样更能拉近学生与知识的距离,提升学生解决问题的意愿,激发他们的兴趣。比如在华东师大版《信息科技》第二册第二单元的教学中恰逢学校春季运动会将要举行,我就设置让学生自己去设计一份报名表,并对其进行调整和美化的学习情景。非常贴近学生的实际需求,因此学生的学习兴趣十分高涨,解决问题的意愿也十分强烈,取得了很好的教学效果。

2.适应性原则:以课程标准适应驱动性问题,落实课程标准要求

学习情景的设置是否与本单元的知识内容或是课程标准相适应也是教师需要考虑的问题,如上文所说的"学校春季运动会需要设计报名表"这一情景就与第二单元"在WPS中制作表格"十分吻合,因此也更容易让教师落实单元要求与课程标准。同时,单元的知识点,如调整表格、美化表格、对表格中的数据进行处理等等都可以更好地融入情景中去,使得学生真正感觉到自己进入了运动会这个情景中,解决问题的动力更大了,学习兴趣也更浓了。

3.挑战性原则:以学生实际情况匹配任务设计,设置对应任务难度

在根据情景设置的任务环节中需要思考的是学生的学习任务是否合理,是否有一定的递进关系,能根据学生身心发展阶段的特点去设置,使得学生在认知冲突中获得启发,在反复探究中寻找方法,在不断失败中寻找合作,以此来达到解决问题的目的。比如在第二单元的第一课时是根据运动会的不同比赛项目设计一份报名表,我就设置了三个不同的阶段性任务:(1)学习书本上内容,认识表格并完成练习。(2)根据所学内容设计一张小组的"运动会报名表"。(3)自学方法把设计的纸质表格在"WPS文字"软件中绘制出来。这样循序渐进贴近真实情景的任务设计可以更好地为学生进行项目化学习打下基础,同时也更合理更有目的性,助力学生在提升信息素养的过程中进行飞跃。

(二)改变学习模式,提升学生信息素养

根据项目化学习的特点,我在第二单元的教学中使用了"做中学"的学习模式。学生在任务启动前先根据各自特点,有机结合,组成一个个学习小组。教师在分组前,需要对学生的能力进行合理定位,以便可以根据学生的实际情况进行分组。由于不同的学生对信息知识的学习能力不同,因此每组我选择了一个组长和一个副组

长去协调组员的任务分配。比如，自学"如何在WPS中插入表格"的内容时，我就安排副组长的电脑上播放操作步骤的视频，整个小组先一起学习，然后再组长操作，其余组员进行讨论商量，最后得出操作的步骤，掌握正确方法。这样根据学生不同的互补性，就不会降低探究中学习的效果，每个学生的才能都可以在项目实施的过程中得到彰显。

项目化学习中的"做中学"也体现在了课堂的时间分配中。传统课堂，教师每个知识点通过学生先操作再教师讲解的模式使得学生的操作时间碎片化，学生往往不能在很短的时间里完成知识的探究和掌握，大多情况只是照着老师或是书本上的操作机械地重复，缺少了自己的有效探索。在项目化学习的课堂模式中，学生被赋予了足够多的时间进行知识技能的探究，小组成员之间的互动，以及讨论中的交流探讨。让学生的信息综合素养真正有了获得提升的机会，学生逃离了传统课堂模式的沙漠，在项目化学习的绿洲中得到了喘息。比如我的第二单元项目的每堂课程中，我就留了15到20分钟的时间供学生进行使用，最终都能完成老师布置的项目任务，学生的小组活动也能获得充分的交流和探究，最终取得非常不错的成果。

（三）关注延伸拓展，注重课堂知识迁移

现代社会需要多样性、复合型的人才。对于教师来说，都希望能将最好、最丰富的知识传授给孩子，但在传统的信息课堂中往往只能禁锢于本学科的知识点，无法进行深入、有效地拓展。在项目化学习的课堂中，因为学习场景的引入以及各类任务的设置，教师可以非常轻松地进行知识引入，方便学生进行项目化学习中的steam学习。如在"美化表格"这一课时，我就先让每组学生思考应该运用怎么样的美化方式，把你想要对表格进行美化的地方先在学习单上画一画，通过这样的任务让学生在信息素养提升过程中感受体会美的熏陶，获得艺术的启迪。又如在"制作比赛成绩表"这一课时，我就出示了几种不同的体育比赛评分方案，让学生思考哪种方案的评分标准最适合你参加的体育项目，并小组实践试试用这种方案统计成绩。在这样的任务设置中学生的数学思维也能得到一定的发展和提升。可以说，项目化学习在触发学生多方面能力提升，知识迁移的过程中是有得天独厚的优势的。我们教师在使用项目化学习的模式时不应该仅仅局限于课中，应该将知识的迁移带到课前、课后、课外各个角落，将这一理念贯彻到学习的各个角落，为学生综合素养、各种能力的提升创造绝佳的条件，铺设好宽敞的大道。

三、项目化学习在小学信息技术课堂实施时的注意点

（一）注意项目化学习过程，而非项目本身

项目化学习在小学信息课堂实践时有很多需要注意的点，但笔者认为最应当关注的是学生在项目化学习过程中学生生成性的东西，而不应过多去关注项目本身。将视线聚焦于项目难免会回到以项目本身或是任务成果为导向的课堂，学生只是在完成项目而已，难以形成信息素养上知识性的生成。比如我在"春季运动会报名啦——制作报名表"这一课时中，对于学生最终设计的报名表样式不做统一要求，学生可以发挥自己的思维创想，尽情设计。同样，在之后的电脑中插入报名表环节，我也没有规定学生一定要用哪种方式去进行插入，这就更多地留给了学生完善项目本身的空间，而没有将学生素养提升的翅膀锁在牢笼之中。在项目化学习过程中，教师应当更多地观察学生，帮助学生进行自我定位。这也需要根据真实设置的场景问题去考虑学生在整个过程中的表现如何。因此相比传统课堂，项目化学习所需考虑的点要多很多，教师需要全方位观察判断学生的综合信息素养是否得到有效锻炼和提升。

（二）注意项目化学习中的形成性评价

项目化学习中的评价十分重要。普通课程的学习评价环节，学生自评、互评和教师评价相结合的模式也同样适合项目化学习。但笔者认为，在项目化课程中应当更关注项目本身任务活动中产生的形成性评价，因为这些评价是真实有效的，教师可以将这些评价用来作为学生项目完成度的一项重要指标，这些评价指标也可以对下堂课，或是下个项目的任务设置进行定位。比如在我的课程中我会用调查问卷来观测学生在每个项目之后对学习目标的完成情况，在总结性评价中根据学生本堂课的设计制作情况进行有针对性的评价，或是通过师生互评、小组互评对每组作品的完成质量和学习情况进行评分。教师应当将学生对整个问题的解决过程作为评价的对象，评价的指向着重在学生在真实场景下获取知识、运用知识解决问题能力的综合情况。同时也要考察学生在小组学习、同伴合作中表现出的社会能力和学习情况。

（三）注意项目化学习中教师的角色定位

在项目化学习的过程中教师不应做一个旁观者，而是应当全身心地参与到学生的活动中去，为学生答疑解惑、指点迷津，甚至一起去探索完成任务。这与传统信息

课堂中教师的角色是大相径庭的,教师在参与的过程中应注意利用自身优势对不同的小组欠缺的点进行指导互补,同时把控好每组的完成进度和完成时间。这就对教师本身的综合素质提出了更高的要求。笔者在上了几节项目化学习类型的课程之后明显感觉相比传统课堂,教师的任务更重,上课更加忙碌了,需要和学生一起交流思考的点也更多了。因此在课前做好更多的准备工作或是在课余提升自己的综合素养,是想要实施项目化教学的教师应当注意的。

总　结

项目化学习作为近年来一个新鲜有热度的词汇的确频繁在我们的眼前出现,但是将其真正融入课堂,作为课堂的常态化,依然还有很长的路要走。哪些课程适合设置项目化学习,哪些任务适合当堂课的布局,也是我们教师需要去辨明的。同时我们更要发挥好项目化学习开放度高、自由性广、创造性强的特点,让其更好地为我们的课堂服务,为学生服务,为教育事业服务。

儿童哲学课堂中学生回应倾听
能力培养实践研究

上海市浦东新区海桐小学　　贺家嗣

一、小学儿童哲学课堂中学生回应倾听能力培养的概念和意义

（一）概念界定

儿童哲学是一门应用于教育的实践哲学，最早是由美国著名哲学家、哥伦比亚大学逻辑学教授马修·李普曼于20世纪60年代末期创设的一项发展儿童思维能力、培养儿童主动思考习惯的教学方法。它主要培养儿童四种思维方式（4C）：关爱式思维、合作式思维、创新式思维、批判式思维。儿童哲学有两个最基本的特征：团队探究和哲学对话。提问是哲学对话的基础，提问的最终目的是形成哲学对话，创建探究团体。

回应倾听能力即小学生在倾听结束后及时做出反馈的能力。博尔顿认为："无论倾听与讨论的时间比例如何，我们每个人都会有这样的体验，如果长时间听课，而没有任何讨论者反馈的话，我们的听力效率会显著下降，而且很容易走神。"在课堂教学中确实如此。如果学生一直在听，没有对倾听内容进行任何的反馈，学生很快就会遗忘倾听的内容，并且注意力会逐渐被其他事情吸引，由此可见倾听后的反馈是非常重要的。学生反馈的类型多种多样，比如赞同、质疑、补充、修正等都属于倾听后的反馈。笔者从反馈的心理机制出发，将小学生回应倾听能力分为欣赏回应倾听能力和批判回应倾听能力。

1. 欣赏回应倾听能力

欣赏回应倾听能力即倾听者真诚的、共情的认可别人，寻找发表内容优点的能力。欣赏回应倾听代表着对发言人的尊重，对发言内容的悦赏；认为发言内容好，并且发自真心地喜欢。

2. 批判回应倾听能力

批判回应倾听能力即倾听者对于错误的言论进行批驳否定,并且能够基于事实进行补充纠正的能力,主要体现在发现错误和纠正错误两个方面。在发现错误方面,具有批判倾听能力的学生在倾听别人发言时会特别关注发表内容的对错,是否有道理,哪些地方是不对的,如果换成自己发言应该怎样去表述观点。

(二)在儿童哲学课堂中培养学生回应倾听能力的意义

课堂中的倾听是学生汲取知识、增长经验的有效手段,是与他人交流沟通的前提,是对言说者最基本的尊重。自新课程改革以来,老师对倾听教学的认可度越来越高,也尝试用各种方法提高学生的课堂倾听能力,但实际情况和理想状况之间仍存在差距。这是因为教师所进行的倾听教学,多半是让儿童倾听教师话语的一种教学,而不是在儿童中培育相互倾听关系的教学。因此,除了培养学生倾听老师的能力之外,学生倾听同伴的能力也亟须提上日程。儿童哲学课堂,便是能提供这样交流机会的最佳平台。

儿童哲学课程是一门旨在培养并提升学生思维品质,促使学生主动探究智慧并追寻生活意义的课程。儿童哲学课堂教学是一项集教学研究与学生研究于一身的师生探究活动,它使教学变成学生研究,最终体现了教学的本质,即倾听。在这样的课堂之中,所有的教学活动都围绕着"倾听与反馈"而展开。在这样的课堂中,学生和教师的关系也从"学生主体,教师主导"变成了"学生与教师共同学习",所以在这样的课堂中,学生和学生的交流、倾听与反馈才是最为重要的。这样一个安全的氛围使得学生能说、敢说,倾听回应能力也正是在这样课堂中逐渐形成。

二、小学儿童哲学课堂中学生回应倾听能力培养的探究原则

儿童哲学课堂不同于一般课程,其很难出具一份具体课堂预设,所以教师应当在儿童哲学课程开始前对相应探究准则有所预估,在课堂中更多的遵循相应准则进行教学。

(一)打破传统,建立适合倾听的课堂环境

创设一个合适的倾听环境是培养学生的回应倾听能力的必要条件。在学校中,最主要的倾听环境便是课堂。课堂倾听是师生、生生之间以言语和非言语信息为载体,伴随着包容性、思考性、反思性的听,达到"我—你"之间相互理解、相互欣赏、相

互补充的学习过程。

儿童哲学课堂的课堂模式相较于平时上课模式有巨大的差异性,学生在日常课堂中养成的学习习惯使其不能很快接受新的教学模式,所以在课堂开始前老师必须要对课堂规范做出先行介绍。

1. 打破教师与学生身份上的地位关系

在儿童哲学课堂中,大部分讨论的答案不具唯一性,并无对错之分,每个人只需言之有理便是一个好答案。所以即使教师,在课堂中同样也只是一位学习者。授课教师在课程开始前,让学生了解课堂上的言论具有极大的自主性,以此引出更有价值的想法和思路,才能使得倾听前和倾听后的反馈有足够的质量。

2. 建立适合倾听体验的学习环境

打破常规课堂是建立良好倾听环境的基础,但是如果不加以限制,课堂纪律会难以保障。所以在课程开始前,必须要对儿童哲学课堂作出规范,如:"一次只有一个讲话者。我们都仔细倾听其他人讲话。我们在讲话前先思考。我们说清楚自己的意思。我们考虑其他人所说的。为自己所说的陈述理由。我们可以不同意,但要说出为什么我们要尊重他人。"

除此之外,也要注意到学生的体验性,倾听反馈是从听到说的一个过程,那么学生应当在这样的一个氛围之内,所以老师虽然强调学生的言论自由,但是要有相应的设置让孩子必须去听去想。如老师可以让学生一个接一个说,但是说的时候要和前者不一样,从而使得其高度集中于这样的一个氛围之内。

3. 指导学生正确表达

在儿童哲学课堂中,教师应当鼓励学生的自由提问和表达。并且,在倾听后最有效的反馈方式也是倾听者的表达。三年级的学生容易存在表达时不流利、不完整、没条理,或者心中明白但表达不出来这样的情况。所以老师应当在学生提问和表达时作出指导和规范。不过因为每堂课的时间是有限的,所以在培养倾听能力的课堂中,老师很难有时间专门指导学生的表达。因此在课程开始前和课堂中教师必须有所准备。

(二) 提供学生可以接受的、有意义的学习素材

要想让学生进入热烈讨论的氛围,那就必须为学生准备有意义的学习素材。在儿童哲学课堂中,老师普遍使用:① 哲学问题(老师提出有价值的问题让学生进行讨论);② 故事接龙(老师给出故事的开头,让学生一人一句,一个接一个讲故事补充完整）；③ 哲学绘本解读（通过具有哲学内涵书籍的解读培养学生的能力）。这三种儿童哲学的教学方式都是通过让学生大量倾听和反馈，从而提升学生的思维品质，增强学生的哲学素养。

在本次研究中，教师应当重视内容的适切性。在培养学生倾听回应能力时，应当考虑到学生表达观点可否被大部分学生所理解。因为学生的差异性，部分学生有时所表达的观点不能被其他孩子所理解，倾听能力的培养也不可能实现。所以，我们选择同学段甚至第一个学段的哲学教材，从而让每个孩子都能自如地参与到"表达—倾听"中去。同时，老师在选择哲学素材时要考虑到趣味性，从而激发学生的学习兴趣，做到有话可说。

（三）教师应对回应倾听的方式做出指导与规范

本研究旨在培养学生的回应倾听能力。作为一个比较复杂的概念，老师应当对学生有详细指导，同时也要在课堂中实时监测、修正，从而使学生在学习活动中逐渐获得回应倾听能力。

（1）教授学生有效的倾听方式

要想培养学生的回应倾听能力，那就必须要先教会学生正确的倾听方式。小学生的倾听能力具体表现为可以迅速进入倾听状态，在倾听中提取关键内容，有重点地听，最后对倾听做出回应。虽然本研究中将重点放在了回应倾听上，但是回应倾听是建立在正确倾听的基础上的，所以教师应当在课程开始前和学习中有所准备，从而保证回应倾听能力培养的有效性。

（2）对学生的倾听后反馈进行指导和修正

回应倾听能力分为欣赏回应倾听能力和批判回应倾听能力。这两者都要求学生要对倾听内容有所理解，有所启发，最后以表达的形式呈现。在笔者过去的教学经验中可以发现，这两者对于三年级学生来说是难以理解的内容。其中，欣赏回应倾听能力对于学生们来说是完全陌生的，在一般课堂中学生更多地是从老师这里得到欣赏回应，但是学生本身是不参与此活动的；而批判回应倾听内容学生则不知道应当对表达者的什么进行批判，学生更多的喜欢挑他人的语病，或者在没有完全理解他人语言的情况下，以自己的理解表达。所以教师应当对此要有所准备。比如准备专门联系学生欣赏倾听的教材，让学生如何正确地表达，同时老师也应当适时作出指导，让学生知道倾听表达的重点；对于批判倾听回应能力，教师应当及时发现问题，提出修改意见，这对于教师的临场应变能力有较高要求。

三、小学儿童哲学课堂中学生回应倾听能力培养的教育实践

在儿童哲学课堂中培养学生的回应倾听能力与在其他课上培养能力最大的不同在于，老师前期可以准备的内容非常少。老师很难在备课阶段就细致地规划预设甚至是课堂进展，否则这便会破坏了哲学课堂的思辨性。老师需要在学生集思广益，讨论问题的时候尽可能地抓住学生回答中闪光点，在短时间内给出答复并推进后续教学环节，从而让学生进行相应的训练。

教学实录一：哲学问题讨论片段：如果你能拥有一种动物的超能力，你会选择哪种动物的能力？为什么？

本讨论持续时间约15分钟，课堂上学生共12名，每位学生都进行了至少一次交流。但是因为篇幅原因，笔者截取了其中较有价值的部分进行概述。

生1：我想拥有老鹰的超能力，这样我就可以在天上飞了。

生2：我想有鲸鱼的超能力，因为鲸鱼是海里最厉害的生物，而且我还能潜入深海。

生3：我想像熊一样，熊的力气特别大，以后我遇到坏人，我只要一巴掌就能把他打飞了！

生4：那我想变成老虎，老虎不但力气大，跑得也非常快。

生5：我想有鼹鼠的能力，因为鼹鼠可以在地里挖洞，说不定我可以挖到地心去呢。

生4：哇，变成鼹鼠也太丑了吧，而且鼹鼠基本上是个瞎子，什么东西都看不到的！

生2：我觉得你说得不对，我们讨论的是有超能力，不是说真的就变成了这只动物啊。

生5：对啊，我只是有了挖洞的这种能力，不是真的变成鼹鼠啊。

师：好，在这里我看到了大家有了不同观点。那么我想来问问大家，说到美和丑的问题，我们都知道鸟里面，孔雀是最漂亮的，你愿不愿意有孔雀的能力呢？

生5：不愿意！孔雀不会飞，没什么了不起的地方，最多会开屏，但是开屏一点用处都没有！

生1：开屏还会把屁股露出来，想想，一个会开屏的人类，这实在是太搞笑啦。

师：那么生4，你认为变成鼹鼠还有什么问题吗？

生4：嗯，我觉得可以变成鼹鼠，但是我还是不愿意有鼹鼠的能力。

从这个片段中，我们可以看出，本问题对培养学生的欣赏回应倾听能力和批判回应倾听能力都有体现。其中我们可以看出，生4的答案其实是建立在生3上的，生4想要变成的动物便是比熊还厉害的老虎，但这也说明其对于生3想要得到"力气大"这一能力的认可和赞同。而在生5与生4之间，生4和生2之间，我们可以发现他们都对他人的答案进行了批判性的回应，其中生4明显不赞同生5的答案，认为外貌也是能力上非常重要的一部分，生2则认为，在课堂上只是在讨论得到的能力，而非外貌。但是无论对错，我们都发现，他们对之前同学所说的答案倾听得非常认真，并且在理解之后，又给出了自己的反对意见。所以我认为，在这里，学生的批判回应倾听能力得到了显著的体现。

此外，在老师给出了较有偏向性的问题之后，生4再次考虑了"拥有鼹鼠能力"这一问题，这一次的回答中，其理解了老师和生5所说内容，但是亦没有放弃自己的原有观点。可以说，在这次回答中，学生同时展现了欣赏回应倾听能力和批判回应倾听能力。

教学实录二：哲学绘本解读。以绘本《真假近视眼》P4为例

《真假近视眼》一书中的"假性近视眼"并非指生理上的假近视眼，而是指一些眼睛明明看到却视而不见，依然我行我素的人。其通过讽刺的方式来告诫我们，切勿做一个眼弱心盲之人。其中的图片内涵丰富，可以引起学生的联想。

本次绘本解读，课堂中学生共15人，回答问题的同学为5人，其中有4位同学反复回答。教师已对学生解释不清楚的部分进行了修正和转述。

师：请同学们看一看这幅图片。这幅图片中有一张警示标识，让我们不要干什么呢？

生：不要说话。

师：非常好。在图片中，很明显

有人犯了"近视"这个毛病，那么你认为图片中谁是近视眼呢？说说你的理由。

生1：我认为这个女子是近视眼，她嘴巴张得很大，是她在大声喧哗。

生2：我也认为女的是近视眼，因为这个男的在看报纸，他捂着嘴可能就是在提醒女士不要说话。

生3：对，她嘴巴张那么大，还捂着自己的耳朵，可能是声音大得连自己都听不下去了。

生4：不对。我随便怎么看，都认为这个男的也可能是近视眼，有可能是他之前在和别人说话，这位女士在告诉他不要说话，他意识到了自己的错误，赶紧捂住嘴巴。

生5：我要补充生4的答案，这位女士捂住了自己的耳朵，很明显是不想听男的说话了。

生2：我不赞同这个答案。很明显这个女士的样子就是不讲道理的，这个男的样子很礼貌，我们照常理就不可能这样啊。

生4：看人的样子就一定能说明一个人有没有做坏事吗？这样子的说法是不成立的！

师：看来大家都有不同的观点。那么同学们，你们认为除了前面说的两种情况，会不会还有其他的可能呢？

（沉默）

师：比如说：这两个人都是近视眼？

生2：我明白了，他们两个人可能是在吵架，只是一个人含蓄一些，一个人看上去不讲道理一些。

生5：我同意这个观点，这两个人应该都在说话，他们是在吵架。

师：那么到底他们谁是"近视眼"呢？这个问题并没有标准答案，大家只要言之有理，就都是一个合理的答案。

我们可以看出，学生的欣赏回应倾听能力和批判回应倾听能力都有很好的体现。从倾听能力来看，在第一个同学抛出自己的观点之后，其他同学便能在其基础上进行补充；但是最值得表扬的是那位提出不同观点的学生（生4），其在听取了其他同学的意见之后，却能提出截然不同的意见，且能说出合理的理由。正是这位同学给出批判性回应之后，使得讨论后续大家可以提出更多的意见。对于一些较难或超出学生认知的问题来说，教师需要进行提示，使得讨论可以延续下去。从而使得回应倾听能力可以有一个良好的氛围进行培养。

四、自我反思与改进

通过为期一学期的教学实践和探索，以儿童哲学课堂为主体，学生在进行各项活动中，倾听回应能力确实有了不小的进步。以下是对于本次教育实践中的一些反思和改进想法：

（一）教师应当关注课堂中全体学生

在本次教育实践中，笔者最大的感受便是学生对于讨论的感兴趣程度大相径庭，有些爱表现的孩子非常乐于分享自己的观点，有些同学则是会根据自己喜爱的程度进行参与，但也有些同学仅仅只是接受，但很少给予回应，甚至于不接受任何信息。

其中，对于每个人轮流作答的哲学问题讨论，班级总体参与程度最高；故事接龙则会让有些同学可以提出推动故事发展的情节，有些同学的答案只是一个简单的补充，而非重要内容；到了绘本解读，班级学生的总体参与程度是最低的。所以老师应当在一些互动性较低的学习环节中对孩子的倾听回应有所要求。

要想培养学生的倾听回应能力，那么最重要的是必须要学生保持在一个倾听的状态，所以老师最重要做到的就是让每个学生都参与进来。首先，老师应当选择该年龄段孩子都感兴趣的教学内容，在教学中关注到每个孩子，同时要对每个孩子的性格和上课习惯有所了解，通过课堂调节的方式，尽可能地让学生去认真听，尝试说。这样一个高度参与，学生各抒己见的课堂，也会使回应倾听能力的培养在一个更加良好的情境下完成。

（二）教师应当避免个别学生对倾听情境的反作用

部分学生对于倾听情境有着巨大的引导作用。对于这样的学生，教师应当在不打击其兴趣的情况下适当限制，这样可以让教师在课堂内更好地贯彻原先设定的教学策略。

在一个学期教学后，笔者发现，总是那几个孩子会第一时间回答老师的问题，或者对其他学生的观点进行辩驳。这样的学生在课堂上反应是积极的，会带动全班的气氛，让班级进入倾听/反馈的循环之中，但是也难免会让学生有先入为主的情况，从而抑制了自我的思考。

在课堂中，对于一个没有正确答案的讨论环节，大部分情况下，学生会对他人的意见进行赞同或补充，也即是更大地发挥了自己的欣赏倾听回应能力，但是其中也会存在不少仅仅只是"盲从"的学生；而当有学生开始批判他人想法的时候，学生才会逐渐改变自己的思考方式，开始思考哪一个答案是自己更认同的，或者是否有更好的答案。

在一个良性的倾听回应情境中，欣赏和批判应当是共存的，且每个学生应当有合适的反应时间。所以老师应当将机会尽可能地给其他同学。如，将第一次发言的机会让给其他同学，提问后延长反馈的时间，有针对性地引导等方式，让学生能够"戴着镣铐跳舞"，即在老师框定的范围之内自由发挥，各抒己见。

（三）教师应对学生发言内容进行细致倾听和思考

在课程开始前，教师虽然已对学生进行了相应的要求，但是学生在真正发言的时候，很难顾虑到曾经教给他们的一种规范回答方式。当教师难以直接从"我赞同""我反对"这样有明确表示的词语得到信息时，教师应当更加注意学生所说内容的实质，从而判断其回应倾听能力的强弱。

除此之外，学生带有明确观点的发言有时也会具有欺骗性。有些孩子喜欢一味地反驳他人的观点，那么当这位学生说出"我反对"，其不一定是真正给予他人答案进行的一个批判或补充，更多的是其在第一时间听到提问后自己思路的一个呈现；同样，也有些孩子只是人云亦云，别人说什么，他都会说好，这充其量只是听见了他人的发言，却达不到"倾听"的程度，那么倾听回应能力也无从谈起。

最后，笔者作为授课教师在自己的身上感到了深深的不足，这样的讨论课堂，节奏快，学生集思广益，但是老师却没有能力去真正理解每个孩子的发言。如此一来，一些具有闪光点的发言，一些带有可操作性的观点都会在不知不觉中流逝，这对于课堂上培养孩子回应倾听能力是极其可惜的。所以作为一名教师，在这样的课堂上，我们也要有一颗学徒的心，因为"回应倾听能力"并不只是一个机械性的概念，更是教师的一种言传身教。这样学生才会在潜移默化中真正懂得倾听他人发言，并给出相应的反馈。

以上是我对于在儿童哲学课堂中培养学生回应倾听能力的一些不成熟的想法。通过本次研究，我希望能结合现有的教育理论知识，在时间和积累的过程中，总结经验和方法，以便今后更好地开展相关课程，丰富课堂，让课堂真正成为学生的"学习沙龙"，提高学生的素质。

参考文献：

[1] 钟萌萌.倾听教学下和谐师生关系研究[D].吉林大学,2014.

[2] 蓝曦.在小学语文教学中培养学生倾听能力的研究[D].华中师范大学,2014.

[3] 周杰.倾听教学研究[D].华东师范大学,2012.

[4] 于畅.李普曼儿童哲学教育思想的前提研究[D].东北师范大学,2019.

[5] 王福瑞.小学生课堂倾听问题及对策研究[D].福建师范大学,2018.

[6] 杨钦芬.小学生倾听能力：意蕴、结构与培养[J].教育科学论坛,2018(13): 11-14.

[7] 杨秀红.小学生倾听习惯养成的观察与研究[J].基础教育课程,2018(09): 43-48.

[8] 吉萍.儿童哲学课程实施个案研究[D].广西师范大学,2015.

[9] 华党生,金永生.儿童哲学的内涵及其哲学预设[J].学前教育研究,2014(06): 45-49.

笔尖下的美食

上海市浦东新区塘桥第一小学 沈 敏

中华饮食文化源远流长。由于我国幅员辽阔，地大物博，各地气候、物产、风俗习惯都存在着差异，长期以来，在饮食上也就形成了许多风味。在平时的教学中我就着力挖掘学生生活中的"美食资源"，引导学生运用所学的写作方法，将自己的体验用文字表述出来，以此来激发学生写作的兴趣，提升孩子的写作能力。

一、"尝"出滋味

糖果是孩子们日常生活中最喜欢的食品，那五颜六色的包装，香甜可口的味道对孩子们有强大的吸引力。

今天，我们班的小黄给我们带来了云南十八怪之一的水果软糖。

水果软糖？这种东西还是云南十八怪？我很疑惑。于是，我半信半疑地拿起糖，仔细地打量着，还不时地捏一捏。和平常的糖没什么两样啊？！算了，只有吃了才知道。剥开糖纸后，一股荔枝的清香钻入了我的鼻孔，再看看它的样子，黄黄的，但却十分晶莹，让人食欲大增。我咬了一小口，仔细地品尝着。它又软又甜，还有一种淡淡的酸味，却没什么嚼劲。什么荔枝软糖，还不如叫软糕呢！不过，可不能只吃一点，我把剩下来的糖塞进嘴里。一丝甜味在我嘴里回荡，虽然我不是很喜欢吃糖，但这味道勾起了我对童年的回忆。我想起了小时候和姥姥一起吃桂圆、荔枝时的笑声；想起了小时候我和父母一起去荔枝公园玩耍的情景；想起了小时候我吵闹着要吃糖的情景。这时，我心里突然有一种莫名的幸福和甜蜜。原来，这糖的甜味已经渗入了我的心里，真是令人回味无穷啊！

我感受着心里的甜蜜，油然产出一种感谢之情，正是这颗普通的糖，令我回忆起了往事，那些即将被淡忘的幸福的回忆。谢谢你，小黄。

——贾梓晨《吃荔枝软糖》

四季分明的气候赐予了上海每季最新鲜的食材，比如说春季吃刀鱼、螺蛳，夏季吃炒鳝糊、水晶虾仁，秋冬季吃大闸蟹。在享受美食时，孩子们全心投入、细心观察，积累了丰富的素材，消除了写作的畏难，激发了孩子的表达欲望。

你们有没有吃过羊肉面啊？我知道，桐乡乌镇的羊肉面很有名。可是在我们浦东也有一个地方有很出名的羊肉面，你们知道是哪里吗？那就是周浦。周浦位于上海浦东的西南面。它素有"浦东十八镇，周浦第一镇"之美誉。

羊肉一般我们都是在冬天吃，因为听说寒冬常吃羊肉可御寒。但是在周浦那儿的习俗却是在炎热的夏天吃羊肉，而且常常在凌晨四五点钟就有人在店里咪一口黄酒，吃羊肉面了。我真想去周浦看一下是否果真如此。

记得今年暑假的一个双休日早上，爸爸在网上查好了去周浦的路线，我们就出发了。到了周浦镇，爸爸放慢了车速，我和妈妈则伸长了脖子一家家仔细查找。最后，我们在路边一个不起眼的地方找到了一家羊肉面店。那家店看上去破破的，连店名都褪色了，仔细辨认才看出这家店的名字叫"老马羊肉面"。

虽然这家店很旧，可是顾客却不少。当我们到这家店时，已经有不少人在那里喝着黄酒、吃着白切羊肉和花生了。老板掀起纱布，用大刀把羊肉切了一小块放在一张大白纸上称重量，然后把价钱写在那张大白纸上。接着把羊肉切成小块，放到我们的桌上。

我闻到了羊肉的香味，馋得口水直流，迫不及待地忙用筷子夹了一块放进嘴里，觉得味道淡淡的，不过羊肉很酥。然后我又夹了一块羊肉并蘸了一点酱油放到嘴里，顿时感到鲜美无比。这时，热腾腾的面上了桌，我学着邻桌的当地人样子，吃一口羊肉，再尝一口面，第一次在夏天吃羊肉面，那大汗淋漓的感觉真是太爽了！

听老板说这家店已经开了15年了。晚上烧羊肉，要烧五六个小时，怪不得他家的羊肉这么好吃，每天能卖出十几只羊呢！吃完面后，我们还把羊肉打包回去和外公、外婆分享，尝一尝浦东的美食。

浦东是改革开放的排头兵，是上海最璀璨的新城区，更保留了许多老上海的传统，就像这周浦羊肉面是上海人的心头之爱，让每个尝过这道美食的人都会更爱浦东更爱上海。

——沈天屹《美哉，周浦羊肉面》

美食是孩子日常的生活内容，也是写作题材的宝库，在写作中学生的视野越来越开阔，视角也越来越独特。一篇篇美食作文内容丰富，表达流畅，有了自己独特的感受……

二、"做"出趣味

叶圣陶先生说过："生活如泉水，文章如溪水，泉源丰富而不枯竭，溪水自然活泼地流个不停歇。"这话道出了生活与作文的密切关系。

学生们的生活是丰富多彩的，我常安排学生们留意身边、观察身边的事物，展开想象，丰富自己的语言。有一次我就以学校庄稼地丰收后自制的三明治为内容，让班内学生分享这份食物，写下分享的过程和感受。

今天，我们班的沈天屹带来了用我们班在"庄稼地"里种的生菜做的"三明治"。

听沈天屹说，他的三明治是用花生酱、面包片、生菜和火腿做成的，因为材料有限，所以只做了五份。我听了后，想：只有五份三明治，何况三明治又那么小，怎么够吃？这时，沈老师仿佛看出了我们的疑惑，说："今天，我们就以'分享'为主题来吃这五份三明治，每组一份，由小组长来分三明治。"话音刚落，小组长们就开始行动了。不过10秒钟，我们的组长——林英便端着一个装着三明治的便当盒走了过来。等她放好以后，我们就一起把盒子打开了，哇！三明治小巧精致，还散发出一种扑鼻的香气，真恨不得一口把它给吃了。"贾梓晨，快想想该怎么分吧！"林英大声对我说。"有了，"刘锦华兴奋地叫道，"我们三个人，每人一片面包，再分一些生菜和火腿，不就成了吗！""好！"我和刘锦华异口同声地喊道。说干就干，林英先把三明治分开，叫我们选面包。"我选这片。"刘锦华指着一片没有涂花生酱的面包说。"我要这片。"我碰了碰一块涂了花生酱的面包。而林英，她只有最后一片了。这时，林英说："刘锦华和你的面包有些小，我分一些给你们吧！"说罢，她便一块一块地分了起来，直到她的三角形的面包变成了一块"四不像"。接着分火腿，林英一小块一小块地切，切到后面，林英发现我的火腿有点小，就又切了一大块给我，我见了，心里十分感激，对林英说："谢谢你！"没想到林英只是说："这是我们组长应该做的。"现在我们组的牙签已被林英卖力切得走了形，怎么办？只见，林英又熟练地把生菜撕成三份。终于可以吃啦！我一小口一小口地吃，口中被面包的麦香，花生酱的浓香，生菜的甘甜和火腿的鲜香所充溢，不过最珍贵的，还是分享的快乐。真美味！

今天，这份普通的三明治，让我更加清晰、确切、真实地体验了"分享"的意义。

——贾梓晨《分享》

慢慢翻阅、细细品读孩子的作品，我感到非常开心，同时也引发我深深地思考：为何有时学生碰到写作文总是干坐着觉得无事可写、无情可抒，而现在却能叙事清晰、表达流利呢？显然，亲自动手的体验更能让学生言之有物、言之有序、言之有情。

三、"访"出文化

《扬州茶馆》是一篇经典的老课文。作者朱自清是我国的一位语言大师，从他朴实的语言中，可以感受到扬州茶馆那独特的民俗文化和作者的扬州情结。

班上的学生来自五湖四海，利用节假日回乡探亲访友的机会，我就布置了采访、调查自己家乡感兴趣的美食，了解它的故事、制作、吃法、文化等。孩子们积极响应，情绪高涨。

"沧州小枣"（又名金丝小枣）盛产于我的家乡——沧州，属国家原产地域保护产品，是纯天然绿色营养品。"沧州小枣"具有止渴生津、补气养颜、安神补血、增强肌体功能等特效，享有"天然维生素丸"之美称。因干枣剥开时有金黄丝相连，入口甜如蜜，外形如珠似玑，故称金丝小枣。沧州金丝小枣是畅销于国内外的名贵果品。晒干后，入口香甜如蜜，口感极佳！我常常嚷嚷着，要爸爸给我买小枣，因为家乡的小枣特别甜，我非常爱吃。

——刘锦华《我爱家乡的小枣》

中国的饮食文化多姿多彩，内容丰富，孩子们采访、调查的内容从南翔小笼、西安肉夹馍、山东煎饼、武汉热干面等应有尽有。通过品尝、制作、采访等形式，学生不但增强了生活体验，有了创作的欲望，还从中感受到了浓浓的乡土情、中国味。

Wa Hu
Chun Xiao

壶艺

小学生音乐剧鉴赏之探索

上海市浦东新区进才实验小学　陆嘉莉

【摘　要】2020年发布的《关于全面加强和改进新时代学校美育工作的意见》提出:"义务教育阶段注重激发学生艺术兴趣和创新意识,培养学生健康向上的审美趣味、审美格调,帮助学生掌握1—2项艺术特长。"本文以"小学音乐剧鉴赏"为切入点,筛选、归理了适切小学生鉴赏的音乐剧作品,探索使学生喜爱音乐剧、感受音乐剧、鉴赏音乐剧的有效途径和方式,切实践行"以美育人"的宗旨。

【关键词】小学生　音乐剧　鉴赏

美育是党的教育方针的重要内容,是"五育并举"中不可或缺的一环。学生接受美育教养的过程,也是提升审美素养、陶冶情操、温润心灵、激发创新活力的过程。

音乐教育是美育的重要载体。国内外诸多教育工作者从不同的时代、不同的国度、不同的视域对音乐教育进行深入探索,为我们提供了宝贵经验和有益启示:美育是审美教育、情操教育、心灵教育,也是培养丰富想象力和创新灵感的教育;只有从学生出发、围绕学生特点进行音乐活动设计,才能丰硕音乐教育成果,增强以美育人实效。

现以小学生音乐剧鉴赏为切入点,探究音乐教育在"以美育人"中的应有作用。

一、小学生音乐剧鉴赏的基本认知

小学生音乐剧鉴赏是音乐教育园地中一株新苗。让我们走进音乐教育园地,见识这株新苗的形态特点吧!

1.何谓小学生音乐剧鉴赏

先简要了解何谓音乐剧。一般而言,音乐剧也可称为"音乐喜剧",是源于19世纪末西方的一项表现形式较丰富、综合性较强的音乐喜剧节目。通常借助演员的说、唱、演奏、表演等艺术手段来演绎剧情,将喜、怒、哀、乐之情和捧、逗、讥、讽之态传递给观众,赢得台上台下啼笑呼应、演员观众情感共振的演出效应。

小学生音乐剧,则是适切于小学生观看的音乐剧。除体现音乐剧的基本特点外,还应根据党和国家的育人大计和小学生的身心特征,选择那些能体现"以美育人"目标要求,符合小学生童趣天性的音乐剧。这类音乐剧,可称之为"小学生音乐剧"。

小学生音乐剧鉴赏,是对小学生音乐剧的鉴别与赏析。即引导小学生在观看小学生音乐剧的过程中,不仅要有眼、耳的积极参与,更须有心脑的过滤、辨析,进而获得健康正确的审美体验,培育高雅规正的审美情趣。

2. 小学生音乐剧的选择原则

(1)情感特点适切原则

欲设计出适合小学生的音乐剧鉴赏活动,首先得在作品选择上下功夫。了解小学生的情感特点便是选择原则之一。在毕爱华的《小学生情感特点及道德情感的培养》中,概括了小学生情感具有直觉性、依附性、矛盾性和不稳定性这四个特点。例如:当听到一首耳熟能详的欢快乐曲时,老师感受音乐、伴着音乐轻轻晃动,同学们也会逐渐受氛围影响随音乐摇摆。依附性是儿童少年普遍的心理属性,初入小学,学生的情感从依附家长转为依附老师,到中高年级依附的对象又有变化。因而,我们在音乐剧的选择和相关的设计中,尤应发挥教师的榜样示范作用。而对人对事的忽冷忽热,表现出小学生情感的矛盾性和不稳定性,但同时也促成了小学生的可塑性。这为教师选择合乎小学生心理特点的音乐剧提供了宽泛的天地。总之,作为洋溢情感与艺术元素的音乐剧,对其的选择、运用必须考虑小学生的情感特点。

(2)以美育人对标原则

党的十八大以来,以习近平总书记为核心的党中央不仅高度重视学校美育工作,强调美育在立德树人中的特殊作用,而且以"五育并举"为育人总目标,通过"五育融合"实现五育的相互渗透、相互促进。因而,对音乐剧的选择和运用,除充分考虑小学生的情感特点外,还应充分体现新时代中国特色社会主义的国家意志,在"培养什么人""为谁培养人""怎样培养人"等根本命题上做出正确的回应。选择的内容可丰富多彩,选择的时空可古今中外,但思想内容必须是健康的,艺术格调必须是高雅的,审美品位必须是健正的。

二、适切小学生鉴赏的音乐剧介绍

依据上述选择原则,笔者在汪肆的音乐剧天地中选择了可为我们小学音乐教师选用的一系列音乐剧。

1. 基本类型

（1）由学生熟悉的卡通动画改编而成的音乐剧。这是学生耳熟能详的音乐剧，集科技、童趣于一体，深受小学生喜爱。

（2）由小演员们担当主演的音乐剧。同龄人的表演传递着心有灵犀的气息与情感，一下子拉近了小学生与音乐剧的距离，更在欣赏中学习小演员的演技、风采。

（3）表现形式多样的音乐剧。集说唱、肢体动作等多形式表演于一体的音乐剧很能满足小学生的心理需求和感官刺激，学生喜笑不已、乐在其中。

（4）剧本内容贴近现实生活、细节生动感人。生活是包括音乐在内的文化艺术的创作之源，也使这类音乐剧同样对小学生充满比照、联想的吸引力。

2. 作品推荐

作品名	内 容 简 介	推 荐 理 由	推荐片段
《狮子王》	这部改编自小学生十分熟悉的卡通动画《狮子王》的同名音乐剧是百老汇音乐剧的王者之作，也是全球最受欢迎的音乐剧之一。整部音乐剧讲述的是一个扣人心弦的小狮子辛巴历险记的故事：辛巴找到勇气战胜自己，迈过艰难和不幸，从而荣登狮王之位	在这部音乐剧中，演员凭借华丽的服装和造型变身成为草原上的动物角色，舞台成了广袤无垠的非洲大草原，这种充满童趣的设计将学生们的注意力牢牢吸引，十分容易产生共鸣感	*Circle of Life* *Hakuna Matata* *He Lives in You*
《寻找声音的耳朵》	这是一部改编自第一部登上柏林影展的国产儿童电影，刻画社会现实、映射成长隐喻的音乐剧，由与学生们同龄的小演员们主演。一切的故事都围绕着有一只奇妙的"魔法般"的瓶子和一双纯真、空灵的耳朵的男孩小聘展开	这部音乐剧最大的亮点就是起用了一大批小朋友作为主演，内容贴近现实生活，这能够使学生在鉴赏的时候十分容易将自己代入，更好地和角色一起喜怒哀乐，充分体会其中充沛的情感	全剧欣赏
《音乐之声》	这是根据真实故事《托普家族的歌手》改编的音乐剧，讲述的是修女玛丽亚成了奥地利海军上校家的家庭女教师，上校自妻子去世后，像管理军队一样经营自己的家庭，7个孩子个性叛逆。玛丽亚的到来改变了这一家：她教会孩子们游戏、唱歌；其时恰逢德国纳粹占领奥地利，上校带领他的孩子们在萨尔茨堡音乐节上合唱一曲《雪绒花》，深爱家国的情怀感人至深的故事	除了朗朗上口的歌曲、多样的呈现形式，最吸引学生们的就是每个人都能在这性格各异的7个孩子中发现自己的影子	*Do-Re-Mi* *Edelweiss* *The Lonely Goatherd*

（续表）

作 品 名	内 容 简 介	推 荐 理 由	推荐片段
《猫》	《猫》的剧本取材于英国诗人T.S.艾略特的诗作《擅长装扮的老猫精》，由著名音乐剧大师、作曲家安德鲁·劳埃德·韦伯作曲。以杰里科猫们一年一度的月圆之夜升天大会为故事背景，讲述形形色色的猫纷纷登场，聚集在垃圾场内，等待着百岁高龄的首领老杜特洛诺米的到来。它们尽情地用歌声和舞蹈来讲述自己的故事，希望能够被选中升入天堂后重获新生	这部音乐剧除了爱与宽容的主题，最好玩的地方在于创造了很多个性鲜明的猫形象：领袖猫、迷人猫、魅力猫，还有富贵猫、保姆猫、剧院猫、摇滚猫、犯罪猫、英雄猫、超人猫、魔术猫等。各种形态各异的扮相十分吸引孩子们的注意，音乐剧中大量的唱跳段落也动感十足	*Jellicle Songs for Jellicle Cats* *The Naming of Cats* *The Jellicle Ball* *Memory*
《绿野仙踪》	《绿野仙踪》改编自经典童话故事《奇妙的奥兹男巫》，至今已有超过百年的历史。讲述了女孩桃乐茜误入了魔幻王国"奥兹国"，与稻草人、铁皮人和狮子一起化险为夷，破解邪恶女巫的阴谋寻找回家之路的故事	充满童趣的故事情节，童话般的人物形象，牢牢吸引学生的注意力，仿佛把他们带入一个充满泡泡的神奇世界	*Over the Rainbow*
《玛蒂尔达》	《玛蒂尔达》是少数以儿童为第一主角的儿童音乐剧。改编自英国著名儿童作家罗尔德·达尔的同名小说。玛蒂尔达天资聪颖，4岁读完家中百书，因为爸爸妈妈不喜读书，玛蒂尔达的读书之路颇为辛苦。她所在的康琴小学，校长特拉奇布尔是投铅球出身，哪个学生不听话，她就把孩子像铅球一样投出墙外。全校师生都生活在她的阴影之下，玛蒂尔达也不例外。虽然不如意事十之八九，但一年级老师汉妮小姐是小女孩心头的一缕阳光……	整部剧的故事都围绕着学生的生活环境进行，十分容易使学生与其产生共鸣，自然也成为适合小学生鉴赏的音乐剧的不二之选	全剧欣赏
《安妮》	《安妮》来自Harold Gray在报纸《芝加哥讲坛》上连载的漫画《孤女安妮》。剧作家Leonard Starr将剧情简化，只围绕安妮离开孤儿院、被Warbucks先生收养这一条主线展开	音乐剧内的歌曲歌词充满正能量，传递着积极乐观的人生态度，特别适合小学生进行鉴赏	*Tomorrow*

三、如何引导小学生鉴赏音乐剧

那么，如何在常态的音乐教育中灵活选取资源库的作品，引导小学生品悟鉴赏呢？

1. 初涉音乐剧

俗话说,兴趣是一切学习的根本动力。在初始阶段就能使小学生对音乐剧产生兴趣,无疑是重点工作之一。毕爱华的《小学生情感特点及道德情感的培养》一文指出,激发小学生情感的途径有设境激情、触景生情和捕捉"兴奋点"三个方面。这为我们提供了有力的理论支撑和路径指向。

（1）设境激情

我们可以利用一些小物件的环境布置、灯光的明暗调节以及教师的导语表述等为学生创设一个寄趣于音乐剧鉴赏的环境。例如,当我们在鉴赏音乐剧《猫》中的 *Memory* 片段时,可以适当地将环境灯光调暗,营造夜晚的意境;在鉴赏音乐剧《音乐之声》中的 *Do Re Mi* 片段时,可以利用教室里的凳子或学校的台阶捕捉乐段中音阶的感觉。

（2）触景生情

触景生情指的是仅有外部环境和条件是不够的,还应调动学生自身的心理反应,即如何使"景"和"自我"产生共鸣,使学生触境而动心,动心而生情。可见,小学生音乐剧鉴赏的选材是很重要的,应尽量选择贴合学生生活的体裁和简短的片段,进行音乐剧鉴赏入门的启蒙教育。

（3）捕捉"兴奋点"

由于儿童的天性是"玩",所以教师在引导学生进行音乐剧鉴赏的方式选择上,童真性、趣味性就显得十分重要了。以音乐剧《音乐之声》中《孤独的牧羊人》片段为例。在欣赏初期,我们可以设计一个"黄金耳朵"的小游戏,让学生在欣赏的过程中数一数其中约德尔调的重要歌词"Lay ee odl lay ee odl-oo"出现了几次。学生为了赢得"黄金耳朵"的称号,会思绪集中、仔细聆听,生怕遗漏掉一个细节。正是在类似于此的一个又一个触发学生"兴奋点"的小游戏中,学生对音乐剧的兴趣会日渐浓郁。

2. 走进音乐剧

随着学生年龄的增长和所积累的音乐剧鉴赏量的增多,他们对于音乐剧的兴趣与日俱增,对于音乐剧鉴赏的深度需求也逐渐提高。这阶段,我们可以引导学生借助模仿、体验等方式来深化音乐剧鉴赏。通过模仿音乐剧的片段,能使学生在实践的过程中迅速了解音乐剧的内涵和艺术形式。这个模仿并不是指简单的模仿唱段,而是从讨论片段剧本内容开始,从整体框架到人物细节都进行一一模仿。例如,在排练模仿《狮子王》的 *Hakuna Matata*（《哈库拉马塔塔》）片段时,我们可以参照该片段中三个重要角色狮子辛巴、猫鼬丁满和野猪彭彭将学生进行分组,让他们分别研究该人物的服装特点、表演姿态、歌唱音色及语气等细微之处。在此,我由衷建议将学生的模仿成果录制成视频,便于教师和学生一起将其与原片段进行对比,在找出不同点、探索原因的基础上,反思改进,这样能更加直观、深入地对片段进行解读和鉴赏。

须注意的是,模仿阶段的过程会是漫长的、反复的,但是学生的学习积累是厚实的,呈现效果会是惊喜的。教师在这一阶段需要认真观摩、及时点评学生的表演,关注学生的排练进程与学习心态,做好组织、协调与鼓励工作,引导学生放开身心、摆脱拘束,全神贯注地投入到音乐剧模仿活动中。当然,也应避免学生因争抢角色或无法施展所长产生争执和矛盾。

在模仿阶段,学生会逐渐找到自己在一部音乐剧中所擅长的角色,无论是台前还是幕后,大家都会适应分工、进入各司其职的状态。当学生进入角色又齐心协力的时候,大家都能不分主次、乐在其中,真切感受到音乐剧的魅力。例如:一些学生擅长乐器,可以划分在配器组;一些学生擅长唱歌或舞蹈,可以划分在歌舞组;一些学生动手能力强,可以划分在道具组……尽管在音乐剧鉴赏活动中,每位学生的鉴赏侧重点有所不同,鉴赏水平也有差异,但有了合作互助的共识,大家都会在集体交流中主动交换各自的想法,从而在互补互助中整体提高音乐剧鉴赏的能力。

3. 改编音乐剧

小学生音乐剧鉴赏不限于鉴赏经典音乐剧影像和模仿音乐剧片段,当鉴赏能力达到一定程度时,教师可以鼓励学生以教材歌曲为素材自主改编为小型音乐剧,也可以拓展为生生之间共同鉴赏改编的音乐剧。由于在模仿阶段,学生已经找到在音乐剧活动中自己所擅长的工作,教师根据分组,提供主题素材,让学生对主题素材进行二次创作,形成小型音乐剧片段。通过生生间的互相鉴赏,仔细推敲剧本逻辑与台词,正确认识、分析、把握剧中角色的动作表演及心理变化,在对比、修正自身问题中完善二次创作的音乐剧片段。在此过程中,教师要有意识地引导学生将相关的资源和知识有机融合,充分展示自己的想象力、创造力和艺术综合能力,切实提升对小学生音乐剧鉴赏的品位和能力。

四、总结与展望

小学生音乐剧鉴赏是以音乐为载体的综合艺术实践活动,对于培养学生的组织协调和合作探究能力、增强学生的艺术表现力和对音乐作品的鉴赏能力,全面促进学生的五育融合、全面发展,均有相得益彰的教育功能。这与国家颁布的《关于全面加强和改进新时代学校美育工作的意见》中提出的"艺术基础知识基本技能＋艺术审美体验＋艺术专项特长"的教学要求十分吻合。目前,在小学生音乐剧鉴赏的课题研究中仍有许多的问题需要研析、解决。例如:校园音乐剧的剧本撰写、本土音乐剧的创作等,这需要社会各界和音乐老师们形成共识通力合作,在理论与实践的整合中守正创新、"以美育人",谱写小学音乐教育的新篇章。

把握整体结构,促进深度学习

——"数与运算"主题教学

上海市浦东新区华林小学　朱　英

　　深度学习是一种基于理解的学习,是指学习者以高阶思维的发展和实际问题的解决为目标,以整合的知识为内容,积极主动地学习新的知识和思想,并将它们融入原有的认知结构中,且能将已有的知识迁移到新的情境中的一种学习。在我看来,数学是有联系的,数学是有结构的,数学是有系统的。繁杂的知识中一定会有一些核心的概念统领,抓住了关键问题,就能举一反三,触类旁通,纲举目张。

一、沟通不同数域之间的联系,感悟"数"本质的一致性

　　小学阶段"数的认识"主要包括整数、小数和分数,不同的数域所涉及的核心概念有十进制、计数单位、数位、位值。如何从不同数域找到数本质的意义,体会数的一致性呢? 重点要把握两点：1. 数是对数量的抽象。2. 数是对计数单位多少的表达。二年级第二学期在认识千以内的数时：324 表示 3 个百、2 个十、4 个一之和,当学生看到这个数的时候,马上就能反应出 $324 = 3 \times 100 + 2 \times 10 + 4 \times 1$,这就是 324 表示的意义；到了四年级第二学期认识小数时,同样的道理：3.24 表示 3 个一、2 个 0.1、4 个 0.01 之和,$3.24 = 3 \times 1 + 2 \times 0.1 + 4 \times 0.01$,在数学中 "一、十、百、千、0.1、0.01、0.001……" 等统称为计数单位。三年级第二学期认识分数时：$\frac{3}{4}$ 表示 3 个 $\frac{1}{4}$ 之和,$\frac{3}{4} = \frac{1}{4} + \frac{1}{4} + \frac{1}{4}$,这里的 $\frac{1}{4}$ 就是计数单位……不管是整数、小数还是分数,也不管它们分散在小学的哪个阶段进行认识和学习,它们的本质属性都是对数量的抽象和对计数单位多少的表达,这是它们的共性。整数加减法要求末尾对齐、小数加减法要求小数点对齐、分数加减法要求先通分也是和它们的核心概念计数单位有关,因为相同的计数单位才能相加减。

1是整个自然数的计数单位，一而十，十而百，百而千……十倍十倍地累积，无穷无尽，世界上只有10个数字，却可以通过十进制演绎成无穷无尽的数。在学习小数的意义时，我们又打开了一扇窗，从整

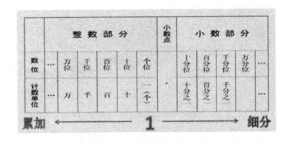

数到小数，依然是对十进制这个核心概念的再理解，把1等分成10等份，就有了0.1，以此类推：0.01、0.001等等，没有尽头。前不见头，后不见尾，这是怎样的数列，答案就是：1不断地累加，把整数进行不断地延展；1不断地细分，把小数部分无限地延展。整数、小数都是十进制，浑然一体。这样的学习主题抓住以下这些核心要素：十进制、计数单位。以核心概念统领着整个小数意义的单元教学，在不同课时的具体教学中有计划地进行渗透，让学生有机会围绕不同的内容，在多层次、多角度的探究中，不断加深对小数本质意义的理解，从而建好认知结构的"承重墙"，沟通不同内容之间的内在联系，打通小数和整数之间的"隔断墙"。

比如，在"小数的意义"教学中，我设计了一个贴近实际生活的教学活动——量身高：当一个小婴儿的身高是不足1米时，我们怎么精确表示出他的身高呢？学生马上想到要把1米平均细分成10个小一点的单位，就是分米，一个单

位就是1分米，占整个1米的$\frac{1}{10}$，就是$\frac{1}{10}$米，也就是0.1米。以此类推，这个小婴儿的身高正好占了6个单位，也就是6分米，6分米相当于把1米等分成10等份，其中的6份就是0.6米，也可以用$\frac{6}{10}$米来表示。在这个过程中，学生体会着十进制，也体会着计数单位的细化。但是探究到这里还没结束，我继续让这个小婴儿"长高"到0.6米到0.7米之间。目前的10等分已经无法精确地表示出他的身高，怎么办呢？这时候学生又想到了继续分，把每一分米再等分成10份，这样1米就被等分成100份，每一份就是0.01米，如果还不能精确表示身高的话，就要继续分下去……学生在不断地细分单位的过程中体会小数产生的价值和意义，理解整数和小数的核心要素：十进制、计数单位。

最后，我出示正方体图，引导学生反过来看：10个0.001是0.01，10个0.01是0.1，

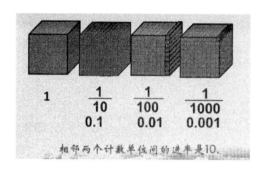

1　　　$\frac{1}{10}$　　$\frac{1}{100}$　　$\frac{1}{1000}$

0.1　　　0.01　　　0.001

相邻两个计数单位间的进率是10。

10个0.1是1，学生又一次体会到相邻两个计数单位间的进率是10。在这样的学习中，学生体会着小数与整数之间的关系，在这个关系的背后，不就是对单位的细分吗？细分成10等份、100等份、1 000等份、10 000等份……在一位小数、两位小数等这群数中肯定有着最与众不同的一个数：像0.1、0.01、0.001等等。0.6是由6个0.1组成的；0.66是由66个0.01组成的；0.999是由999个0.001组成的……而当"0.66、0.999"出现的时候，我们是不是可以让学生进行思考和交流：两个"6"，三个"9"长得都一样，那它们表示的意义一样吗？推动学生从位值、计数单位等来深入地理解数的本质。

二、以"加法"为核心，感悟"运算"本质的一致性

在"数与运算"的教学中，如果教师只是按照一个一个知识点去教，学生按照一个一个知识点去学，这些零散、碎片化的知识点在学生头脑中无结构、无系统、无逻辑，会导致学生在陌生的新情境下解决问题时，不能很快建立关联，不能快速准确地提取知识和应用，在学生心中仍然是加是加、减是减、乘是乘、除是除。其实北京特级教师马芯兰老师在20世纪80年代就对运算之间的关系进行了探索，她提出以"和"的概念为核心，来统领加、减、乘、除四则运算。她讲到加、减、乘、除意义的时候，提出不仅要让学生知道加、减、乘、除分别的意义是什么，更要让它们之间建立联系，一切运算都是可以从加法推演出来：减法是加法的逆运算；乘法是加法的简便运算；而除法首先是乘法的逆运算，同时它也是做减法的一个过程。在刚入学时，一年级的学生会借助数线模型学习10以内的加减法，这时候，就可以给学生机会，让学生自己动手在数射线上数，加法就是一个一个单位的累加，减法就是一个一个单位的递减。到了二年级，学生开始接触乘法和除法，同样也可以借助数射线，让学生自己动手在数射线上数，比如4×3，4个1为一组，一组一组地累加；18÷5，是5个5个地递减，最后剩下3。在数线模型上可以清晰地看到加法和减法互逆的关系，乘法和除法也是，而除法也是做减法的一个过程，所以也可以说是减法的简便运算。这样的学习过程让学生初步感知四则运算之间的联系，但由于一二年级学生的年龄层次较低，对运算本质的一致性概念比较模糊。所以到了四年级第一学期，教材通过让学生观察线段图上各部分的关系，归纳出了求部分和整体的方法，梳理了加法与减

法的关系：减法是加法的逆运算。又通过方块图，引出求若干个相同部分的简便运算，叫作乘法，打通了加法和乘法之间的关系：乘法是加法的简便运算。那么除法的运算本质呢？我以 12÷4=3 为例，从 12 里面一个 4、一个 4 的减去，正好减了 3 次，所以 12 里面有 3 个 4，就可以说除法是减法的简便运算。这样一来，从核心概念"加法"出发，在辨析、反思中明朗加法的本质，理解"和"的意义。通过梳理关系，学生体会到运算本质的一致性，建立整体知识结构，培育了推理能力和抽象能力，让学生不仅仅分别清楚加、减、乘、除的本质意义，更是打通了四则运算之间的"隔断墙"，让学生在无形中形成一个知识结构体系。这个完整的知识体系形成的过程其实就是学生"结构化思维"培养的过程。

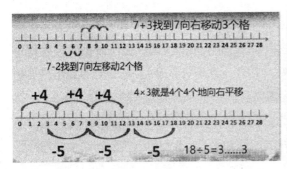
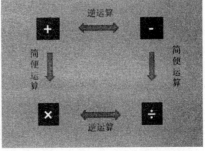

当用单元学习主题的视角去思考学生学习时，学习不仅仅是一个知识点一个知识点的累积，更应该是对围绕着核心概念与关键能力组成知识团、知识群的探索，形成相互贯通的整体结构。

数学理解性的学习过程就是一个构建数学知识结构的过程，这种结构彰显了数学知识间的丰富联系，少量主题，深度覆盖，建立整体结构，促进了学生理解性学习，这样的学习才能更长久地保存信息，更深入地理解概念，更有效地解决问题，逐步实现深度学习。

小学音乐课堂中学生创编
能力培养的研究

上海市浦东新区华林小学　汤　慧

《音乐课程标准》中指出:"创编是学生在音乐学习领域发挥自身想象力与思维潜能的结果,是学生音乐创作的基础和手段,对于培养当前社会所需要的具有创新实践能力的创新性人才具有重要作用。"活泼生动的音乐课堂,是学生的创作热情和表达表现的舞台,创编活动也频繁运用于我们的音乐课堂教学活动中。那么,什么样的创编教学能激发学生的创作源泉,学生的创作源泉又从何而来,如何有效提高课堂创编环节的有效性呢? 带着这样的问题和思考,本人在小学音乐课堂中进行了一定的实践和研究,现作一小结,如下。

一、小学音乐课堂中学生创编能力培养的意义

创编教学是能够培养学生音乐学科素养的重要教学活动,包括学生的想象创作力、音乐审美能力、音乐感受力和音乐表现力等,同时在参与音乐创编的活动中,促进学生个性化的发展。

1.音乐创编有利于开发学生的想象力,提升学生的创新意识

音乐创编活动是一项极具创造性的活动,是音乐新课标"创造性"基本理念在课堂中的具体表现。它以多领域的综合、表现形式的多样促进学生能力的培养,提供开发学生创造性潜能的空间,引导学生积累音乐创造的经验,重视音乐实践中的创造过程,发展学生的发散性思维和创新能力。

2.音乐创编有利于深化音乐知识和技能的理解和运用

一切创造都是建立在原有的知识和技能的基础上的,音乐的创作也不例外。音乐创编是对先前音乐学习情况的一种检验,学生将所学的音乐知识和技能灵活运用到创编活动中,活动形式有趣生动不枯燥,对于音乐学习活动起到了积极良好的促

进作用。

二、小学音乐教学中音乐创编活动的实践

（一）节奏的创编

节奏是音乐的灵魂，长短不同的音符有规律地组织在一起就构成了节奏。节奏创编就是让学生将节奏进行设计和组合，创作属于自己的节奏作品，并能将创编的节奏运用到演唱或欣赏中，提高学生对音乐的感受能力、反应能力和自控能力，最终达到自由表现音乐的目的。

如，复习八分音符和四分音符，我们可以以"门铃声"作为节奏创编的"引子"，引导学生创编自己家独一无二的"门铃声"。老师先进行示范，出示四组由四分音符和八分音符组成的节奏型，让学生看着节奏卡在听辨中找出"老师家的门铃声"；随后由学生自己创编两小节的节奏，"邀请你来我家做客，请正确敲击我家的独特门铃声"。学生们玩起了节奏游戏，正确拍击节奏解锁门铃，掌声祝贺；如果拍击错误，就由小主人将自己创编的节奏进行示范拍击，达到共同复习巩固的效果。在情境游戏中，节奏创编和拍击游戏玩得不亦乐乎，"创造"的种子播撒进了学生的心田，学生们自己体验，自己发现，在游戏中挑战，在挑战中互助，充满趣味地掌握节奏，也激发学生都来试一试的创作热情。

（二）歌词的创编

歌词的创编是替换歌词演唱的一种创作方式，它可以充分调动学生的学习兴趣，养成良好的倾听习惯，激发创作灵感，培养创新性思维。儿童歌曲中的歌词，大多都来源于我们的生活，是对生活提炼之后凝结而成的。在开展歌词创编教学活动中，我们一定要在学生学会新歌之后再安排创编，学生熟悉了歌曲的旋律，教师进行简单的创编引导，创意的大门就此打开。

1. 词语替换，激发兴趣

低年级孩子具有天马行空的想象力，他们的情感纯粹简单又直接，我们采用让学生进行少量的歌曲填词游戏，就能实现富有意义的创编。孩子们可以用自己喜欢的事物、看到的情境、难忘的感悟填进旋律中分享和歌唱，旋律越唱越美，情感越唱越浓。

例如沪教版二年级第一学期的歌曲《同唱一首歌》，教材中"小冬木，小卓玛，小古力，小莲花，从小同唱一首歌，亲爱的祖国像呀像妈妈"。歌曲短小简单，在创编过

程中，我们就可以引导学生，"能否将自己喜欢的小伙伴的名字替换歌曲中藏族小朋友的名字，一起来唱一唱呢"？学生将自己的同桌，幼儿园的朋友，校园中认识的大哥哥大姐姐，甚至将任教自己学科的老师也编进了歌词，一首歌曲在反复的吟唱中，激发着孩子们浓浓的伙伴情谊，师生情谊，也是音乐带给他们对于校园大家庭的热爱和向往，在歌声中进行传递。

2. 仿写乐句，激发灵感

中高年级的学生有了一定的写作基础，积累了一些生活经验，我们可以鼓励学生将自己的想象和语言天赋，创造出属于自己的歌谣，收获独特的创作成果。

例如沪教版三年级第二学期的歌曲《我给太阳提意见》，原有歌词为"夏天阳光太多了，请你减少一点点，冬天阳光太少了，请你增加一点点"。学生们提议将歌名改为《我给四季提意见》，根据四季的气候特点和优势劣势进行歌词的仿写。如，"冬天北风太猛了，请你减弱一点点，夏天台风太多了，请你减少一点点"；"冬天雾霾太重了，请你减少一点点，夏天气温太高了，请你降低一点点"，等等。通过演唱和分享达到歌曲的复习巩固，并在这个过程中提出歌唱的要求，进行歌曲的处理，激发学生的歌唱兴趣，点燃创作的欲望，也达成了教学目标和要求。

（三）律动的创编

律动是指学生通过身体和简单的肢体动作，包括舞蹈动作，来体验旋律的节奏，感知情感的表达。小学生参与音乐律动的创编，就是引导学生根据音乐的情绪、旋律的起伏、节奏的快慢创编出各种相应的简单而有规律的动作来抒发美好的情感，加深对音乐的理解，激发学生的学习兴趣，丰富想象，优化课堂教学效果。

1. 根据节拍进行律动创编

节拍是音乐的心脏，节奏是音乐的脉搏。学生在轻松愉快的音乐中，根据一定的速度设计走路、摇摆、跳、点头、跺脚、拍掌、拍肩、摆手、造型等动作，跟随音乐进行律动，理解和表现音乐要素。

2. 根据歌词进行律动创编

小学阶段歌曲的歌词，大多都用通俗易懂的文字描述情境，表达情感，演唱起来朗朗上口。小学生活泼好动，想象力丰富，情感表达直接，演唱中配以律动舞蹈，使之具象化，在律动创编活动中理解音乐，感受音乐，表达情感，学生会更为满足。

如沪教版一年级歌曲《小雨沙沙》，它是一首旋律欢快活泼的歌曲，通过稚嫩的富有想象力的歌词，唱出了春天的可爱，抒发了小朋友热爱大自然的真挚感情。教学中，我们可以先让学生聆听这首歌曲,感受歌曲的情绪,从听觉方面激发学生的学习兴趣;接着,出示小芽成长的情境图,让一幅幅展示春天生机勃勃的插图去唤醒学生对春天的想象,引导学生开展讨论"种子在泥土中心情怎样""它和春雨说了什么""它是怎样长大长高的"等问题,学生根据图片的提示,用创编的舞蹈律动将种子发芽的情景表现出来,这样的教学过程贴近学生的生活,学生在"玩中学""动中学"。

3. 根据国家、民族的特点进行律动创编

我们的教材中既有国外的优秀歌曲和作品,也有我们中国独具地域特色的少数民族歌曲和乐曲。教学过程中,我们通过歌曲和音乐,讲述这些国家的地理风貌,音乐故事,介绍祖国各民族的生活习俗,风土人情,学生们听得津津有味,兴趣浓厚。唱完学完,我们就可以指导学生们学习一些简单易学的具有代表性的舞蹈动作,让学生们自己组合和创编,载歌载舞,用律动组合表达对音乐的感受和理解。如,沪教版二年级教材中《民族舞曲大连跳》,孩子们设计了傣族姑娘们的三道弯动作,男孩子们学起了蒙古孩子策马飞奔,大家兴致勃勃扭起了陕北秧歌,舞起了藏族的哈达礼……课堂气氛活泼热烈,也激发了学生们的爱国情感。

三、小学音乐课堂教学中创编活动的注意点

1. 音乐创编活动需要基于教材,立足大纲

值得注意的是,音乐创编并不是根据老师的意愿,学生的喜好随意地开展活动,我们必须精选严选,为教学服务,创编的内容取材于教材,创编活动的难易程度要立足于教学大纲。教师要充分理解课程标准中"即兴创编"的内涵和要求,以学生为主体,找到适合学生创编的形式,用好适合开展创编活动的音乐素材,以导促创,开展有效的节奏、歌词、旋律、律动等创编活动,促进学生的健康成长。如沪教版一年级第一学期中的"创——可爱的动物",音乐素材来源于圣桑的音乐组曲《动物狂欢节》,我们就要根据本年级的教学要求对乐曲的素材进行取舍,寻找最适合学生听辨的音乐版本和片段引导学生认真聆听,根据音乐的情绪和律动创编动作,探索每段音乐主题的情绪分别是哪一个动物,再通过自己的联想和想象,创编出符合动物姿态的动作跟随音乐进行表演。这样的创编活动,都是根据学生自己的独特想象力与内心的真实情感的表达,有趣而又有创意,同时也紧扣本单元的主题"创"环节的教学要求。

2. 音乐创编活动需要由易到难,从简到繁

"君子教人有序,先传以小者近者而后教以远者大者。"音乐创编活动也不例外,

我们一定要根据学情设计创编活动,符合学生们的年龄特点和知识结构,探寻学生们的生理特点和心理特点,由易到难,由简到繁。如,歌词创编,先从简单的换词到填词,高年级可以尝试主题式的创作;节奏创编,可以先从模仿自然音效与动物的叫声开始,逐渐发展到创作音响小作品;旋律创编,可以先进行旋律的结束音创作,发展到同头异尾的旋律创编,最后尝试进行简单二声部创作等。这样,学生就收获满足感和成就感,化为更积极主动的参与状态,投入探索求知的学习氛围中。

3. 音乐创编活动需要以生为主,教师辅佐

低年级的学生好奇心强,活泼好动,善于模仿,身心可塑性强,但注意力集中时间较短,在创编活动中建议主要采用游戏的形式,让学生在玩中体验,玩中创造。高年级的学生随着年龄的增长、见识的拓展,自主意识不断增强,创编活动就要考虑学生个性的发展,选择学生喜欢的新兴事物来开展活动。

同时,对于学生们创作的"作品",作为教师,在激发学生大胆思维,积极创作,关注学生主体的同时,要以一位"参与者"的角色进行平等的对话,适时的点拨,建立起良好的师生关系,激励他们积极热情地进行创编创作活动。如,歌词创编,需提醒学生注意歌词的韵律感;节奏创编,需提醒学生注意时值的准确运用;律动创编,要强调动作和音乐的配合,符合音乐的情绪;旋律创编,要注意音高音准,旋律线条准确表达音乐主题和情绪……

丰富多彩的音乐创编活动,能活跃学生的思维,充分展现学生的聪明才智。作为一名音乐教师,关注日常音乐教学过程中创编活动的设计和实施,提高创编活动环节的有效性,正是培养学生创造性思维和音乐审美情趣,发展学生个性和特长,达到提高学生核心素养的培养目标。音乐创编活动是一个广阔的舞台,期待我们每一位音乐教师在实践中不断摸索,探寻方法,分享智慧和经验。

探索小学语文阅读体验式教学

【摘　要】传统语文阅读教学多为"被动学习",忽略孩子的阅读体验,效果不佳。而"十四五"期间,上海基础教育将继续全面践行"为了每一个学生的终身发展"的核心理念,全面提升学生综合素养,促进学生全面而有个性发展。因此,本文将针对存在的问题,以儿童立场为评价标准,通过"创设情境、巧设问题、品味语言、交流互动"四个策略来进行小学语文阅读体验式教学,让学习的主体——孩子们在主动参与过程中体验并审视自己的活动实践,积累正确的经验,心智得到改善。

【关键词】儿童立场　体验式学习　策略

对于儿童来说,阅读在语文学习中占有举足轻重的地位。传统的语文教学以分析文本内容、句段含义为主,忽略了儿童情感体验的培养。随着体验式学习概念的提出,教师教学时逐渐注重引导儿童从其亲历和反思中获得认识和情感。但还存在几个问题:首先是被体验。教学时,教师依然是中心,学生被动接受教师安排的体验式教学活动,被动接受知识。这样的教学忽视了儿童的已有经验和学习期待。其次是浅体验。学生为体验而体验,活动设计缺乏获得感,儿童并未拥有思考的空间。

因此,小学语文阅读体验式教学就是以儿童立场为评价标准,体验式学习为实际操作方式的一种理论与实践相结合的新型教学手段。

一、基于儿童的语文阅读体验式教学的应用价值

(一) 凸显儿童主体性,提升儿童参与度

所谓"体验",既是一种活动,也是活动的结果。作为一种活动,即主体亲历某件事并进行反思;作为活动的结果,即主体从其亲历中和反思中获得认识和情感。

体验式学习是个过程,是个直接认知、欣然接受、尊重和运用当下被教导的知识及能力的过程。因此,体验式学习从根本上确定了儿童的主体性地位,是基于儿童的感受出发的,也尊重每个儿童的发展特点和认知风格,给儿童提供参与的"入口",也让儿童从原本的被动学习转向为主动学习,促进了儿童自主学习意识与能力的发展,更好提升儿童的参与度。

(二)促进教育生活化,无缝融入真实世界

教育与生活密不可分,小学语文阅读感悟更是离不开生活。儿童眼中的真实世界,又不同于成人眼中的世界,因此,设计者不能设计太多的抽象概念、数字、生字等。体验式学习强调儿童的体验,以真实生活中的生动实例和熟悉的内容,激发儿童的学习兴趣,并增强他们的知识和情感体验,以此促使儿童自主投入到相关内容的学习与谈论中,更好促进教育生活化。

二、基于儿童的小学语文阅读体验式学习策略

(一)创设情境,鼓励体验

1.文本情境体验

建构主义认为,儿童在与周围环境互相作用的过程中,逐步建立起关于外部世界的知识,从而使自身认知结构得到发展。教师在进行阅读教学时,既要关注文本中的情境是否符合学生的认知需求,又要找出合适的方法创设情境,帮助学生更好更快地感悟文本中情境,获得相应的感悟。

以部编版语文三年级上册《铺满金色巴掌的水泥道》为例,梧桐树叶对于三年级学生来说相对陌生,而由金色梧桐树叶铺满的水泥道所呈现的自然之美更是远离儿童的生活体验。因此,教师在授课伊始,出示学生所熟知的大自然的美景图,如朝霞、黄山云海、波涛汹涌的大海、电闪雷鸣图等,并请学生交流感受,激发学生对自然美的感受,以此为体验文本中的情境做情感铺垫。同时,在引导学生进行文本情境体验的过程中,要给学生预留表达认知和自我感悟的时间,以此促进学生的思维发展。

2.表演活动体验

有趣的教学活动设计能激发儿童的学习兴趣和学习积极性。小学生的天性本就是爱玩爱动,在课堂中,根据具体的教学内容,构造"模拟情境",通过一些表演环节,加深儿童对抽象文本的体验。

如《青蛙卖泥塘》,该文讲述了青蛙如何听取小动物们的建议在泥塘周围栽了

树，种了花，还在泥塘旁边盖了房子。在不知不觉中，以前的烂泥塘被青蛙用勤劳的双手创造成了一个美好、舒适的住所。看到这样美好的环境，青蛙就不再卖泥塘了。在该文教学中，为了让学生体验到青蛙心境的变化，从之前卖力地"吆喝"，到最后质疑自己为什么还要卖泥塘，笔者在学生已基本了解文章内容的前提下，组织学生分角色演一演，通过对不同角色的真实体验把握，加深学生对这篇文章的理解，同时还能在表演活动中，让学生体验到展示自我的愉悦感，提高学习兴趣和体验的热情，并获得更真实的情感体验。

（二）巧设问题，引导体验

问题的设计是激发学生疑惑、引导学生自主思考和探究的关键，但并不是所有问题都能达到增强学生体验的目的。问题的设计需要基于学生的已知，再根据教学目标，设置他们须知的任务，给予他们富有一定挑战的学习，并最终能够连接学生的须知，为他们的需求和所期望的设计问题，如此才能在引发学生阅读兴趣的基础上使学生既能体验到相应的知识，又能在自主探究中实现对知识的有效内化。

如在感受《一曲胡笳救孤城》中的情感时，儿童的情感不是一下子就达到高潮的，而是一点点积蓄起来的。这时候，教师的问题设计和引导尤为重要。通过出示课件，展现匈奴人原来过的是"天苍苍，野茫茫，风吹草低见牛羊"的生活，可以在草原上牧马放羊，在树林里狩猎，在帐篷里与亲人快乐地生活，与朋友们大块吃肉、大碗喝酒。现在他们面对的是冷月、荒漠、山丘、孤城。这样的强烈对比，引导学生设想，假如他就是匈奴士兵，离家已久，听到胡笳曲，仿佛会听到了什么？年老的慈母又会怎么呼唤久别的孩子？年轻的妻子又是怎么思念着在外的丈夫的，她们又会怎么说？

继而在交流过后，再次追问，联系真实生活体验，回忆平时电视中看的类似的情景，思考将士们还会想到哪些人，他们还会怎么做？通过神态、动作等进行描写。如出示句式练习：周围的乡亲们又会说些什么？最后追问：你们想不想亲自演绎一下当时的场景，编个小短剧？学生们跃跃欲试，都想尝试。教师就请学生利用课余时间，自己组队、排练，下次课进行分享。通过教师引领孩子在文字里来回体悟，使他们的心灵变得柔软，情感变得丰富。图片的利用，知识点的补充，让学生扩充已知，再由此引导学生体会感悟时，都能"有话可说"。但是要挖掘学生更多的想象力，需要老师引导，通过问题的设计，让学生想象自己就是匈奴士兵，甚至当编剧、导演，演一演，这样学生就更能有代入感，真实涌动的情感伴随着孩子们的理解由表及里、由浅入深不断攀升,达到教学目的。

(三)品味语言,增强体验

品味揣摩文本语言是语文阅读教学最基本的任务。品味语言的最基本方法就是朗读。教师根据不同的文本内容,选择恰当的朗读方式,如个别读、小组读、分角色读、师生配合读、齐读等,引导学生在反复朗读中展开想象,将文本中的文字内化成自己的情感体验,继而指导他们通过选择合适的朗读节奏、语速和语调,将从中获得的思想感情借助声音的方式再现出来,使文本与个人的生活经历不断融合,这不仅激发了学生的阅读兴趣,还丰富了他们的体验过程,并深化体验。

所以,要给予充分朗读体验的时间,让儿童在不断增强语感时,形成自己的独特情感体验。如部编版三年级上册第27课《父亲、树林和鸟》,文章通过"我"和"父亲"关于鸟的对话,了解到"父亲"通过看动静、闻气味知道林中有鸟,还知道鸟儿什么时候爱唱歌,什么时候最容易受到伤害,并通过对父亲的神态、动作等的细致描写,让我们感受到了父亲对鸟深深的爱。教师在引导学生朗读时,可以让学生细细品读周围的环境描写以及"我"和父亲的几处鲜明对比,如"突然,父亲站定,朝幽深的森林上上下下望了又望","幽深的森林"可以知道树林里视线并不好,但父亲却能肯定地说"林子里有不少鸟"。这声喃喃自语道出了父亲对鸟绵长的深情,读时语气要舒缓,语速慢一点,但却包含着父亲对发现鸟的惊喜与欣慰。在读与父亲的反应截然相反的"我"的反应,如"我茫然地望着凝神静气的父亲""我只闻到浓浓的草木气,没有闻到什么鸟的气味"语速可以快一点,读出"我"的茫然、疑惑,通过鲜明对比,反衬父亲对鸟的熟悉。随着父亲的娓娓道来,"我"渐渐感受到了父亲对鸟的喜欢,但话锋一转,父亲却道出"鸟最快活的时刻,是向天空飞离树枝的那一瞬间,也最容易被猎人打中"。这其中有父亲深深的担忧,读时语气也不再是轻松、愉悦的。课文最后"我"的感慨:"我真高兴,父亲不是猎人。"多么稚气又多么纯真,却又意味深长,蕴含着"我"因父亲的感染,所产生的护鸟心愿以及对父亲的佩服、骄傲。读时感情充沛,可引导学生加入自己的想象来读,读时有欣喜、自豪,读得也要深沉些。

对文本语言这样的朗读指导,能够唤起学生对保护大自然的真实情感,在朗读中也获得了更多的体验,产生共情,丰富了自己的内心世界,深化对文本的理解。

(四)交流互动,升华体验

不同的人对事物的理解各不相同,同时也不存在对事物理解的绝对正确。所以,小学语文阅读教学的最终目的应是能够让孩子收获体验的升华,能超越自己的知识,看到自己的不同,这就需要师生之间、同学之间的合作与交流。

部编版语文二年级下册第五单元中,尤为重视这方面的引导。其中《小马过河》一文的课后练习中有这样一道题目:

> ☺ 你同意下面的说法吗？说说你的理由。
>
> ◇ 河水既不像老牛说的那样浅,也不像松鼠说的那样深,所以老牛和松鼠对小马撒谎了。
>
> ◇ 小马向很多人请教,是对的。
>
> ◇ 别人的经验不一定可靠,得自己去尝试。
>
> ◇ 什么事都要自己尝试,别人的话不可信。

对于这些说法的看法不全是唯一的,教师在教学时要注重引导学生结合文本情境,结合生活体验,言之有理即可。并通过师生之间、同学之间的交互学习,拓展自我的认知,从而形成更丰富的理解,使学习更广泛的迁移。

综上,我们的课堂需要站在儿童立场教语文,需要我们更好地理解儿童、发现儿童,顺应儿童的自然本性与成长规律,为儿童提供体验文本、体验生活的平台,从而开发儿童、引领儿童、发展儿童。唯有如此,我们的语文课堂才能充满激情与智慧、充满生机与活力、充满挑战与创新。

参考文献:
[1] 夏静.抵达深度学习的语文体验教学策略[J],上海教育科研,2019(8).
[2] 雷青林.体验式教学法在小学语文阅读课堂中的应用[J],语文教学通讯,2019(12).

利用自主平台开展DIY刺绣教学之探索

上海市浦东新区晨阳小学　施海燕

在大力推行素质教育的今天,拓展性课程越来越受重视。拓展性课程是适应新时代教育大背景下,构建德智体美劳全面培养的课程体系中的重要的一项,是回归学生自身的主体性教育方式的一个不可忽视的载体。通过课程活动,能够帮助学生在自主实践中发现自我,通过双手改变和创造自己的生活。如何让学生爱上有别于基础课程的拓展性课程?如何让拓展性课堂呈现灵动性?如何让学生在拓展性课堂上展示他与众不同的一面?我校自主开发了"晨阳活动吧——拓展平台",借助网络平台,让学生在线上延续拓展课程的学习和实践。下面就从我组织的DIY刺绣拓展课来谈一谈借助自主平台开展拓展课程的实践。

一、自主平台在DIY刺绣教学中的意义

苏联著名教育家苏霍姆林斯基说:"儿童的智力在他的手指尖上。"我组织开展的DIY刺绣拓展课是一项以手指运动为特征的儿童手工活动,是一项促进儿童身心健康发育的课程。通过学习刺绣,学生的小肌肉群和手眼协调能力都能得到发展,专注力得到提高。

参与课程的学生年龄在10—12周岁之间,这个年龄段学生自主意识较强,接受新鲜事物的能力也很强。

刺绣是中国民间传统手工艺之一,在中国至少有两三千年历史。我们的学生在生活中能够欣赏到美丽的刺绣作品,亲自尝试完成一幅刺绣作品对他们而言充满了挑战性和诱惑力。学生会因完成作品而产生成就感和自信心。

(一)提升审美情趣

DIY刺绣拓展课的基础部分是构图。从认识刺绣、欣赏刺绣作品入手,引导学

生对刺绣产生浓厚的兴趣,然后迸发创作的欲望,最后能够独立完成构图。在这个过程中,引导学生了解构图的基本方法,例如:比例准确、构图饱满等,能够在有限的材料上绘制出适合的图案。然后渗透色彩搭配等审美情趣。如:《缎面绣(七色花)》这一课时,请学生设计一朵七色花。在平台预习讨论时,学生奇思妙想设计了各种形状的花瓣,有:针形、椭圆形、心形,等等。在颜色的搭配上,不少学生关注到了冷色调或暖色调的搭配,还有学生在创作中采用了对比色。这些图案的设计别具一格,颜色搭配各具特色,学生最终呈现的七色花真的是色彩斑斓,可见在设计构图的过程中,学生能自主学习,潜移默化中,形成自己的审美情趣。

(二)树立正确的劳动观念

　　在构图的基础上,DIY刺绣拓展课立足动手能力的培养,借助穿针引线,缝缝补补,让学生能够熟悉针线,做巧织娘。从学习穿针开始,到能够依据图案用不同针法刺绣,如平针绣、直线绣、轮廓绣、缎面绣、法式结等来完成作品。虽然看似很简单,但实际上能熟练使用针线是件很不容易的事,能够在构图的基础上按照图案进行针法实践需要学生有足够的细心和耐心。在反复穿针引线的过程中,学生体会到劳动的不易,并明白完成一项任务,是需要耐心和细心合作才能完成的。如:《平针绣(穿针引线)》这一课时,学生刚开始使用针线时感觉还很新奇,但是反复练习后,就会不停地抱怨:老师,为什么针眼这么小? 老师,不能只穿过去一根线吗? 老师,为什么我的针这么不听话呀? 甚至有的学生直接打退堂鼓,坐在座位上唉声叹气。这时,平台上的视频展现出绣娘们不厌其烦、细致地制作绣品,老师相机出示绣娘被针刺出血,然后又巧妙地借血绣成红梅的片段。学生们看了之后很有感触,光鲜亮丽的刺绣后面,隐藏着的是绣娘的心血。宝剑锋从磨砺出,梅花香自苦寒来。道理都懂,不需要重复提醒。孩子们调整心态,继续学习穿针引线,这一次,大家变得更加认真。

(三)培养合作的团队精神

　　DIY刺绣拓展课不仅强调个体劳动能力、审美情趣的提升,还重视团队精神的培养。借助平台上的自主交流,能更好促进学生完成作品的设计,在讨论中激励学生放飞想象力,让思绪激扬起来。每周我们会有一项线上活动:小组创意设计比赛。要求在小组成员的分工合作下,完成指定主题的作品设计。然后在线下进行实践操作,学期结束时展示小组成果。如:《我眼中的春》这一课时,学生集思广益,从春天的颜色,春天的景色,春天的动物,春天孩子们最喜欢参与的活动入手,设计了关于春天的构图。然后分组合作把这些关于春天的事物整合在一个完整的图案上。接着进行组和组之间的PK点评,最后完成定稿。完成了第一环节的构图后,进入第二环节的刺绣任务,也采用合作方式完成,选择构图中的自己最擅长的部分刺绣,最终完成整个图案。

(四)形成主动参与学习的意识

1. 网络平台是一个开放的平台,学生学习的空间和时间完全不受限制。一学年的课程资源已经在平台上展示。学生可以根据自己的兴趣自主选择学习内容,不受学习时间和学习地点限制,可以是周末休息时间,可以是寒暑假,可以在学校学习,也可以在家里学习。针对学习过程中产生的问题,可以在课程平台留言,老师或者同学帮助解决。可以说借助拓展平台,最大程度激发了学生自主学习的意识。从预习针法,讨论设计图,实际绘图,开始刺绣,完成上传作品,最后评价作品。一系列的活动,学生可以按部就班地进行,也可以跳跃式选择进行。

2. 本课程目标的重点在于培养学生的态度和能力,而非知识和技能。所以评价时,不过于看重学生所获得的知识的多少及作品的优劣,而是关注学生参与的态度、解决问题的能力和创造性。即关注学习的过程和方法,关注交流与合作,关注动手实践以及所获得的经验与教训。在自主平台上,学生会有学习时间的记录,学习成长足迹的记录,这些学习的痕迹让学生收获成就感,对于主动去平台学习产生浓厚的兴趣。

二、自主平台在DIY刺绣拓展性课程中的应用

(一)自主预习,激发兴趣

学生在开学初根据自己的兴趣爱好,科目纲要的介绍,自主选择DIY刺绣拓展课,并进行报名选课。老师根据学生选课情况,开展适合这些学生的教学。

课前,学生会自主利用学校"晨阳活动吧——拓展平台"中所提供的教学资源,完成预习任务:观看学习内容的教学录像。同时,在视频讨论区发表自己的想法:看了新课录像后,有什么疑问? 有什么困难之处? 如:学生在观看了《牛年大吉——轮廓绣》这一课时的录像后,纷纷留言:设计牛的图案,是复杂点好看,还是简单一些好绣? 该怎么选择? 可不可以只设计一个牛头? 轮廓绣中,返回的那一针一定要从两根线的中间返回吗? 旁边可以返回吗? 等等。这个留言处是开放的,老

师、学生均可以解答。在提问和解答的你来我往中,学生了解了课程的新知识,并且能够发现自己不懂的部分,推动学生在课堂上更认真地倾听和实践,一些学生在解答疑问的同时,也培养了自信心。当然,学生的质疑,为老师更好地实施教学环节提供了帮助。让老师有针对性地开展课堂教学,更加有的放矢地解决学生的困惑。如此,学生课堂效率也会提高,专心听老师解惑,更积极地投入到课堂学习中。

(二)课中解疑,启智探究

课堂上,老师利用平板展示自主平台,学生在完成作品的过程中,一旦遇到困难,可以利用自主平台反复观看刺绣视频,解决自己的疑惑,通过观摩视频也启发学生不断思考,怎样才能将刺绣作品完成得更完美。在平台上也可以充分地畅谈自己参与活动的体验、经验和教训,自由地交换意见。和同学一起复习学过的针法,探究新的针法和新针法适用的图案。学生的交流和反馈通过平台信息采集,老师可以根据主要问题进行全班讲解,辅助学生解决问题的同时,激发学生探究的欲望。

在学生自我评价的基础上,课堂中多采用集体讨论和交流的形式,并将个人和小组的经验及成果借助平台展示出来,鼓励相互之间充分发表建议和评论。这样的评论不仅可以使学生吸收他人的有益经验,而且还可以促使学生加深对问题的认识,有助于培养学生善于发现问题并发表个人见解的优良品质。

(三)课后延伸,多元评价

1. 课堂延续学本领

DIY刺绣是个考验学生耐心的课程,一个小时的拓展课时间有时完不成任务,这时课后的延伸就很有必要性。学生不仅充分利用学校"晨阳活动吧——拓展平台"这个开放平台,复习巩固刺绣的针法,在完成作品后,登录自己的用户名,自主上传作品照片,并留下制作心得和感悟。有些优秀的学生甚至能在交流中也学着制作刺绣视频,上传至视频,分享给其他的同学。教师设置成首页展示,欢迎校内其他兴趣组学生浏览、评价。老师和其他学生也可以根据留言内容互相沟通交流。

2. 多样评价显自信

借助平台上的评价可以让传统评价更丰富,参与面更广。一个作品上传后,不仅有老师的评价,还可以观看学生的自我评价,收获更多的是同伴之间的评价,甚至家长也可以参与到评价中来,这样的评价加深亲子关系,让家校沟通更紧密。另外,有的家长带着学习的态度评价作品,让学生更有成就感,获得更大的自信心。如:

《幸福一家》一课后，就有家长评价：针脚平整，构图完整，颜色搭配和谐，比我的手工还要棒！能备注一下共用了哪些针法？能教一下吗？还竖上三个大拇指！学生收获这个评价后，刺绣展示更自信，并快乐地与那位评价家长留言沟通。

同时，评价方式呈多样性。除了课堂上面对面的语言评价外，在平台上，学生可以选择喜欢的符号评价，语音评价或文字评价！如：《快乐的节日》一课后，学生们纷纷上传作品，评价五花八门，有赞扬的，有讨教的：你的笑脸就像气球一样圆鼓鼓的，真可爱！★★★，还附送了三颗五角星，有时候还有"颜文字"的标注让这段留言充满趣味；你是怎么把小姑娘的裙子绣得这么平整的？能跟我说一说吗？这是一位其他社团同学的留言。

三、自主平台在拓展性课程中的改进和反思

借助网络平台，师生间的沟通更便捷，评价也更及时，更多元化。尤其看到其他学员的作品，学生们会及时给它点赞、评价，让制作者明白自己作品的成功之处和不足之处。这样的平台更是突出学生自主学习的作用。

学生基本能根据"晨阳活动吧"拓展平台上提供的电子教材和学习资源学会简单的刺绣制作。但教师在上传电子教材时也有困惑，电子教材是在word里制作的，然后以图片格式上传到平台，由于受技术限制，用的是截屏保存为图片的，所以学生反映电子教材比较模糊，教师只能在图片的下面再上传word的文件，但首页显示不明显。这也是以后需要改进的地方，是否能允许更多上传文件的格式。另外，平台对于学生上传的作品图片不能及时显示在首页，首页上显示的图片张数太少，录像的上传也需要平台进一步改进。同时，学生评价维度单一和评价语言的匮乏也应该引起教师的重视！

总之，将校资源平台所提供的教学资源与教师设计的PPT做了有效结合，能更有效辅助拓展课课堂教学，采用多种形式的评价方式，激发学生兴趣，实行小组合作，提供更多的机会学习，从而提高孩子的动手能力和合作能力。

借助思维导图培养小学高年级学生的习作能力

上海市浦东新区晨阳小学　周　妲

一、背景

新课改的推进过程中,"语文素养"一词越来越受大家的关注。同时,新课标中提到:"写作能力是语文素养的综合体现。"因此,培养和提高学生的写作能力尤为重要。身为一线教师,我深知写作能力培养的重要性,故授课时总是一有机会就做一些写作方法的渗透,课余时也经常鼓励孩子多阅读、多积累。可是,在学生实际写作时,我发现他们虽然已经积累了较多的写作素材,也学会了一些写作方法,却不知如何选取和运用,导致文章内容空洞,行文思路混乱。看来,一味地积累还是远远不够的。面对这一现状,我进行了如何提高学生写作能力的研究。经过阅读大量的资料和亲身实践,我发现东尼·博赞发明的思维导图对于提高小学高年级学生的写作水平有着较大的作用。

二、思维导图运用于小学高年级习作课的优势分析

思维导图作为一种思维工具,将各分支主题以图文的形式表现出来,对于小学生来说不失为一种简单、高效且可操作性强的思维工具。发散式的思维方式,使思维导图能从不同的角度对问题进行扩散,能够较有效地提升学生的写作水平。

(一)提高专注力,激发学习动力

小学阶段无论是低年级还是中高年级的学生普遍存在注意力不集中的问题,课堂专注度十分有限,尤其是相对来说比较枯燥的习作课,学生们在课堂上更容易出现走神的情况。思维导图有着图文并茂的特点,很能抓住学生的眼球,学生的课堂专注

率自然会提高,课堂效率也大大提高了。同时,在积极参与课堂活动后,学生体验到了写作也可以是一件如此快乐的事情,间接地激发出了他们对于习作的学习动力。

(二)提升思维能力,激活想象力

以往的习作课总给人刻板的印象,老师为了让课堂上的每个学生能顺利"作文",总爱给他们几个固定的写作模板,规定好文章的写作方向,这样一来,学生易形成思维定式,常常会出现班内学生的文章大同小异的怪现象。思维导图的运用可以开发学生的发散性思维,为其打开思维之门,拓展他们的习作思路,从而产生更多、更新奇的想法。可以说,运用思维导图能够很好地改变以往习作课堂刻板的教学模式,开发学生的潜能,提高其习作水平。

比如在教授五年级上册的想象作文《二十年后的家乡》时,我就运用了思维导图,让学生围绕"家乡"这一主题自由畅想,从家乡的建筑、交通、环境,以及家乡人民的衣着打扮等多角度进行发散思维,这种围绕某一关键词进行发散性思考的形式激活了他们的想象力,拓宽了学生的写作思路。

(三)培养自查能力,促清晰思路的形成

思维导图在绘制完成前都是可以随意修改的,绘图者可以在不同的分支上对内容进行修正和完善。绘图遇到困难时,可以在不破坏整体结构的前提下,对相应的分支进行删减。思维导图的这一优点,使学生在写作时可以在审视自身以及同伴的交流互助中不断完善导图结构,最终理清行文思路,建立写作框架。

三、思维导图运用于小学高年级习作课的实践

了解了运用思维导图的优势后,我们就着手来操作了。下面就从认识到运用这两方面来谈一谈如何将思维导图与高年级习作课堂有效融合的。

(一)巧借"东风",认识思维导图

为了提高我校学生对课外阅读的热情,拓展他们的知识面,提升他们的语文素养,我校语文组举办了读书笔记征集活动。我们班的学生也纷纷响应号召,积极报名参加。我们五年级拿到的是一套关于地球和生命的科普类图书,因为是非连续性文本,因此对于主题的把握和内容的选择难度很大,学生们纷纷表示无从下手……于是,我想到了可以利用思维导图来解决这一难题。我先给学生看了几种常见的思

维导图：气泡图、树状图、流程图……让他们对思维导图有一个印象，然后以地球的起源为例，手把手地教他们如何进行信息的筛选与整合，如何选择合适的思维导图，把有效信息填充进我们的图里，最后成功绘制出一张思维导图。经过这一启发，同学们对思维导图这个新事物有了一定的认识，了解了其优势，最终都饶有兴趣地绘制出了自己人生中第一张思维导图，成就感满满。读书笔记活动不仅让学生认识了思维导图这一实用性很强的工具，学会了如何对思维导图进行绘制，也激发了他们把思维导图运用在其他课程的积极思考。

（二）实践出真知，运用思维导图

当学生认识了思维导图，了解到它的优势，并成功绘制出一张思维导图后，我就把它引入习作课堂，在习作教学中渗透思维导图这一概念，并鼓励学生积极运用。

1. 用于素材的整理，使积累的素材得到有效利用

素材的积累是写好文章的第一步。可是，如果我们对辛苦积累的大量素材不去做及时、有效的整理和分类，使它们犹如散沙式地呈现，那么这些素材怎能为自己的习作带来实质性的作用？所以才会出现上文提到的怪现象：学生明明已经积累了丰富的素材，但在写作时还是无从下手。思维导图是一种对素材进行整理的非常有效的工具，因此，教会学生通过绘制思维导图的方式来梳理所积累的素材，是非常有必要的。它有利于学生今后在作文时对素材的合理运用，帮助他们真正做到厚积而薄发。

以五年级上册第五单元为例。这个单元是第一次正式引入"说明文"这一概念，因此，在学生明白了什么是说明文并了解了基本的说明方法和一般写作思路后，我认为他们已经学会写说明文了，便让他们"初试身手"，自己搜集资料，用说明文的写法改写《白鹭》一课中的第2至5自然段，效果可想而知。虽然学生在课下查阅、整理了大量资料，但写出来的文章内容大多都是素材的堆砌，有些甚至与主题无关（文章要求从颜色和身段两方面介绍白鹭），毫无章法可言。于是，我向学生渗透思维导图这一概念，告诉他们不仅完成读书笔记时可以用到，在习作中亦可。接着，我引导他们尝试着把本单元的两篇课文《松鼠》和《太阳》中的有效素材提炼出来，并运用思维导图把刚才提炼出的素材一一分类，让学生了解名家是如何选择和运用素材的，在这一过程中，学生了解到了思维导图的运用能使素材的梳理变得更简单、更高效，进而提升了他们今后运用思维导图来整理素材的积极性。通过这次的学习，我发现，在学生进行课外积累时，常会主动选择绘制思维导图的方式进行，看来，思维导图对于素材整理的积极意义已经被越来越多的同学认可。

2. 用于辅助审题,使文章不"跑偏"

习作中的审题非常关键,即使是再好的文章,如果写得离题了那就不合格。我们的学生或多或少都在审题上吃过亏,看来如何审题还是习作中的一大难点。利用思维导图分类的概念可以帮助学生突破这一难点。

以《我的心爱之物》一课为例。上课时,我先出示本次习作的题目:我的心爱之物,并提问学生他的心爱之物是什么。学生们七嘴八舌,有一个男孩说他要写昂贵的乐高玩具,因为它很贵;有一个小姑娘说她要写毛绒玩具,因为她喜欢可爱的东西;还有一个女孩子说她要写母亲送她的围巾,因为这是母亲在寒冷的夜里亲手为她织的……每个人对于"心爱"的理解是不一样的,因此,对于他们的回答,我并没有表态。随后,我提出建议:"我们为什么不试试用思维导图来分析题目呢?看看怎样写才更切合题意呢?"于是,我们试着利用思维导图把题目切割成"我的""心爱"和"物"三个小元素,然后我马上提问他们:"哪部分是文章所要重点阐述的?"经过这一提点,他们都能知道此"物"称为"心爱"的原因是文章的重点,然后,我帮助他们进一步剖析"心爱"一词,让他们明确"心爱"与"喜爱"的区别,使他们明白文章其实是要围绕有意义展开,要求写一样对我特别有意义的东西。在完成习作时,大家根据这个要求,都能写出切题的文章。

像这样,利用思维导图把习作的题目进行切割,通过这些没有歧义的词汇,学生才更易把握住重点,理解出题的意图,避免了离题的担忧。

3. 用于文章的构思,使谋篇布局更有章法

我们解读一篇课文时,最重要的就是摸清作者的行文思路。在写文章时亦要讲究行文思路,也就是我们通常说的按一定的顺序来写,只有这样,才能使文章条理清晰、主题突出。思维导图的直观性和系统性,能够帮助作者把其所思所想十分清晰而有序地展现在图中。在习作教学中,教会学生利用思维导图来架构文章框架,对文章进行谋篇布局,是非常可取的。

还是以《二十年后的家乡》为例,在确定了写作主题后,我马上提问学生:"你们觉得二十年后的家乡会与现在有什么不同?"学生进行了大胆畅想,将所有符合主题的内容通过"关键词"的形式一一记录下。然后,引导学生思考这些内容之间有什么内在的联系,促使他们对其进行细致的筛选,并建议他们把内容相近的部分整合在一起,为接下来架构文章的框架做准备。接着,我引导学生思考可以按照什么顺序来进行创作,哪些详写,哪些略写,于是学生便会更全面地审视这些素材,按照自己的行文思路对其进行合理布局以便之后能按图索骥来作文。思维导图这一直

观的形式有利于学生习作的构思,让学生在谋篇布局上更得心应手。

四、对于实践中反映出的一些问题的思考

(一)问题一:呈现方式太单一

由于课堂时间、学生能力和教师的素质等各方面因素,导致学生构建的思维导图都比较单一。其实思维导图的框架形式有很多,为了得到不同的教学效果,我们可以采用不同形式的思维导图,所以,在思维导图的形式这一块上,我们还是需要向学生进行更多的拓展,以便在今后学生能熟练掌握思维导图绘图时,进一步引导他们按照自己的意愿,选择喜欢的方式对文章进行构思,这也体现了以学生为本的教育理念。

(二)问题二:从题目中提取关键信息的能力尚弱

由于学生接触思维导图时间不长,因此这方面能力还尚未达到理想的水平。再者,小学作文大多都是命题作文,这类作文需要学生先学会拆分要素,然后找到关键信息,并对关键信息进行发散性思维,这就对学生的分析能力有了很高的要求,对于那些分析能力差的学生来说难度较大,因此在实施的过程中发现班级里学生的习作,总还是会出现离题的现象,这是学生能力的问题。当然,我相信只要坚持长期训练,情况定会有所改变。

(三)问题三:各级分支内容筛选、整合能力弱,语言提炼不够简洁

结构清晰、内容简练是思维导图的一大优势,这也是我们选择把思维导图运用在习作课堂的一个重要的原因。但是,通过实践观察后,我发现学生虽然有意识地把思维导图融入习作的构思中去了,也能够列出自己的行文框架,但细看这些内容会发现存在各级分支内容有重叠;语言表述过于繁复;搭建的框架不够合理等问题。对于这些问题,我们除了让学生在长期实践中慢慢积累经验之外,还可以在前期以优秀作品展示、小组互评、教师点评等方式让学生对于如何构建好思维导图有一个更清晰的了解,以榜样的引领,促其他同学的成长。

思维导图为传统的习作教学提供了新的思路。它能有效激发学生的习作热情,培养其思维发散的能力,提升想象力。通过课堂实践证明,思维导图在素材整理、正确审题和文章构思方面对学生都有很大的帮助,学生的习作能力因此也有所提高。在今后的习作教学实践中,我会就上述问题做进一步的研究,希望能找到更有效的方法来指导学生运用思维导图,使其为我们学生习作能力的提高再助力!

浅谈绘本在小学英语教学中的应用

上海市浦东新区晨阳小学　刘晓霞

英语新课程标准强调"英语课程的学习，既是学生通过英语学习和实践活动，逐步掌握英语知识和技能，提高语言实际运用能力的过程；又是他们磨砺意志、陶冶情操、拓宽视野、丰富生活经历、开发思维能力、发展个性和提高人文素养的过程"。绘本，可以在视觉冲击鲜明、生动形象的情况下，进行教学知识点的渗透，达到事半功倍的效果。绘本教学在活跃课堂气氛，提升学生语言能力和思维品质方面有着十分重要的意义。

一、巧用绘本，激发学习兴趣

小学英语学习以激发学生的学习兴趣为主，希望通过形式多样的教学形式，寓教于乐，使学生愿学习、想学习、爱学习，总之要利用一切有效的教学方法和手段，激活我们的小学英语课堂，激发学生学习英语的热情。绘本的运用，能使英语课堂更加丰富多彩，能让学生在乐中学，学中乐，提高学生学习英语的积极性。

（一）创设情境，激发兴趣

根据小学生的特点，英语课堂需要根据不同的教学主题和内容，设计不同的语言情境，创设贴近生活的语言环境，让学生可以感受语言、获得语言并运用语言。例如 1B Module2 Unit2 Food I like 的第一课时，我创设了绘本故事 Preparing for Piggy's party，围绕 Piggy 的四个朋友 Winnie, Tiger, Rabbit, Mickey 为 Piggy 挑选生日礼物这一故事主线展开学习词汇 jelly, ice cream, sweet, biscuit。附文本内容：

Piggy's birthday party is coming. (At the supermarket) Wow, so much food!

Winnie: Oh, I see jelly. I like jelly. Juicy! Juicy!

Tiger: Oh, I see ice cream. I like ice cream. Cold and sweet.

Rabbit: Oh, I see sweets. I like sweets. Sweet! Sweet!

Mickey: Oh, I see biscuits. I like biscuits. Yummy! Yummy!

Now let's go to Piggy's party!

通过直观的图片和生动活泼的人物语言,使得学生能快速进入学习英语的氛围中,并在故事推进中,感受人物语言,理解语言内容,进而学会表达。

(二)体验趣味,享受阅读

我们在选择绘本或是创编绘本时要注重内容上的趣味性,满足少年儿童的心理特征。可以通过动物之间,或是人物之间的趣味性对话,来激发学生的学习兴趣,调动他们的课堂积极性。使用的语言也要在满足英语教学内容的范围内尽量具有趣味性的特点,从而让学生们喜欢阅读,享受阅读。享受阅读是阅读的最高境界,学生需要把阅读当作是一个有趣的任务,才能真正地把"阅读"提升为"悦读",即让学生愉悦地进行阅读。好的绘本故事可以激发学生对绘本阅读的兴趣,使学生体验到阅读的快乐,从而对阅读保持长久的兴趣和热爱。

(三)挖掘信息,品味阅读

很多经典绘本的作者同时也是优秀的插画师,这些绘本拥有大量生动形象的图画,所以图片阅读也是绘本教学中非常重要的一部分。图片阅读除了增添绘本教学的趣味性,很重要的一点是能帮助读者更好地理解故事,特别是对低年级的学生而言,图片阅读显得尤为重要。所以我们在绘本教学时不能忽略图画信息,要引导学生学会读图,挖掘信息,关注每一个细节,联系生活,才能真正明白作者的意图,读懂绘本内容。

例如我们非常熟悉的绘本 *My Mom*,其文图作者 Anthony Browne 是国际著名的儿童文学作家,获得过国际安徒生大奖——这是儿童文学作家及插画家的最高荣誉。他的绘画技巧细腻,画作里常暗藏许多小细节,挑战读者眼力,例如:展现厨艺的妈妈,厨师帽上有颗小草莓;不管妈妈是芭蕾舞者、宇航员、女明星、女总裁,还是女超人,都可以看到那双妈妈超爱的粉红毛鞋;妈妈的碎花图案睡衣,也一直被改装为不同角色的装扮,就连严肃女总裁的西装造型,都可以发现碎花图案的领带。同时绘本中还渗透着深厚的文化内涵,故事里对妈妈的赞美和观察,反映出英国人特有的幽默。例如:称赞妈妈像杂耍特技员,可是图片里妈妈耍弄在两手间的不只是球,还有车子跟房子,暗指兼顾家庭事业"She's juggling work and family."。英文谚语称擅长园艺的人有"绿色大拇指"(green thumb),而妈妈的园艺技术更厉害,不只是大拇指,所有的手指都是绿的。这些像宝藏一样的细节之处需要我们在绘本阅读时挖掘,细细阅读,慢慢品味。在不同年龄段阅读可能会挖掘出不同的信息,在每一次的阅读中都能挖掘出新的乐趣。

二、巧用绘本,提高语言能力

绘本涉及许多方面:学单词、学语法、学阅读、学道理。灵活运用绘本可以辅助小学英语教学,提高学生的语言能力。

(一) 积累词汇,增加语量

绘本中含有大量的词汇和语言表达,特别是原版的绘本故事,许多文字都是非常地道的英语表达。除了掌握书本要求掌握的几百个词汇以外,学生可以通过绘本阅读,大大增加词汇量的积累,同时也能掌握一些常用的生活用语。即使是遇到不懂的生词,或者是陌生的表达,学生也可以通过图片帮助、前后文联系或者一定的语感加以揣测。学生可以在绘本阅读的过程中独立思考,感知语言,体验语境,帮助语言的积累。例如,2A Module4 Unit1 In the sky的第一课时中,我创设了绘本故事 Mr Day and Mr Night。学生在图片的帮助下立即就理解了单词day和night的含义,积累了词汇,也了解了人物特点。

(二) 有效活动,提升表达

绘本阅读,并不单单是读故事,常常分为读前、读中、读后三部分开展学习,由不同的教学活动串联起来,学生可以在形式多样的有效活动中完成语用任务,提升语言表达能力。除了围绕听、说、读、写这四个语言学习基本技能展开活动以外,还加入了戏剧表演、音乐律动、实际操作等特色活动,学生可以通过戏剧化朗读、小剧场表演等形式,在活动中学习语言,运用语言。例如,在学习3B M2U3 Clothes时运用了绘本故事 Let's play in the forest,通过歌曲 Let's Play In The Forest,我开展了"欢唱无限"活动,增加了语言的训练。老师提前准备单词underpants, undershirt, T-shirt, pants, jacket, socks, shoes等服饰类的词卡,当每唱完一遍,请个学生抽选一张词卡,全班运用"I am putting on my _____."的句型说出完整的句子。学生在欢乐气氛中唱熟这首歌曲,同时也学会了绘本中的单词及句型。

(三)感知寓意,体验情感

绘本阅读,除了可以增强词汇量,提升语言表达能力,还有一个很重要的作用是让学生通过绘本阅读,感受语言背后的文化情感和育人价值。绘本故事较多是讲了一个道理,包含着深刻的寓意,我们可以通过绘本教学弘扬和传播正能量,重视英语学科的育人价值。例如3A Module3 Unit3 In the park中我运用到绘本故事 In the magic park,讲述了一朵乐于助人的Rainbow Flower牺牲自己的花瓣,分享给三位动物朋友Little Ant, Little Mouse, Little Bird的故事。通过绘本教学,学生能感受到Rainbow Flower身上的优秀品质,懂得分享,并愿意帮助别人。学生们不仅可以在绘本阅读中增长知识,体验快乐,还能提升自己的道德品质和修养,树立正确的人生观、世界观、价值观。

三、巧用绘本,提升思维品质

在小学英语教学中,提升学生的思维品质也是非常重要的一部分。绘本严谨的语言逻辑,生动的图文信息,能够提供给学生完整的语言情景,提供猜测和想象的空间,学生在绘本阅读的过程中大脑积极转动起来,在交流互动中碰撞出智慧的火花,逐步提升思维能力。

(一)巧设问题,激发想象

图文并茂、色彩鲜艳的绘本故事总能吸引学生的注意,生动的故事情节也给予学生足够的想象空间。在绘本教学中教师可以创设一些发散性的问题,穿插在绘本阅读过程中,使故事发展更具情节性,取得更好的教学效果。在回答发散性问题时要求学生理解所学的知识点,并能根据已有的知识,通过自己的想象和语言组织,给出一些富有情趣的回答。例如在故事推进中猜测一下人物之间的对话,或是故事的走向,或是绘本阅读后谈谈自己喜欢的故事人物,等等。发散性提问的生成来源于教师对课堂的把握、对学生的理解,更来源于师生之间的默契,这样的问题可以当堂生成。有效的提问,可以帮助学生理解故事内容,体会故事人物的性格特点。在学生们富有想象力的回答中,绘本阅读充满了灵动和情趣,语言学习变得更鲜活,英语课堂变得更生动。

（二）思考问题，创新意识

我们的学生习惯了以接受式学习为主，教师在课堂教学中往往忽略了学生的主动性。在绘本阅读中，教师可以通过设计一些创造性的问题，逐渐培养学生的创新意识。这些问题没有标准化的答案，而是围绕绘本故事的情节发展、深刻寓意合理展开的产物。例如4B M2U2 Cute animals的Read a story板块，我通过增加人物对话，创编了新的绘本故事 The cat and the mouse。学生通过对故事的阅读，联想各人物之间的对话，赋予故事主人公鲜活的人物性格。在故事学习的最后阶段，我给学生设计了这样的一个问题：Can you make a new ending in groups?学生在小组合作学习过程中，通过自己的想象和集思广益，编出了一个个生动富有创造性的故事结尾，使整个故事学习显得更加完整，同时升华了寓意。

（三）解决问题，训练逻辑

我们通过绘本阅读，不仅能提高语言能力，更能在阅读过程中锻炼学生的逻辑思维能力。在绘本教学中我们要活用绘本，巧设问题情境，挖掘出绘本中蕴藏的逻辑关系，以大问题带动小问题，将低阶思维和高阶思维融入英语课堂，学生在回答问题中解决阅读，在阅读过程中训练思维。例如在绘本阅读中我们经常运用Story Map来帮助学生理解故事，通过解决绘本故事中的主要人物（characters）、故事背景（setting）、主要矛盾（problem）和解决措施（solution）等问题，获取主要信息串联成思维导图，从而达到理解文本的目的，最后学生能根据Story Map进行故事的复述，训练了语言逻辑和思维逻辑。

总之，绘本作为英语教学的重要工具，凭借其图文并茂、生动有趣的特点激活了英语课堂。绘本阅读，为小学英语教学打开了一个新的思路，帮助学生收获语言、习得语言，最终学会表达。教师可以在课堂教学中发挥绘本的优势，打破传统的教学模式，真正做到对学生学习兴趣、语言能力、思维品质的培养。但绘本，最终还是要服务于牛津教材，如何选择适合的绘本内容，改编绘本语言，与教材相结合，是值得我们进一步思考与实践的。绘本的合理运用是课堂教学吸引学生的关键所在，高效实效的英语课堂内容需要绘本阅读的合理穿插与灵活运用。

"云端"新模式：小学古典名著教学初探

上海市浦东新区晨阳小学　毛肖燕

古典名著是中华文化艺术的瑰宝，是语文学习的永恒经典。统编小学语文教材五年级下册第二单元以"走近中国古典名著"为主题，截取了四大名著中的四个片段，旨在带领学生走近中国古典名著，初步学习阅读古典名著的方法，产生阅读古典名著的兴趣。

2020年，突如其来的新冠肺炎改变了传统教学模式。各地坚持"停课不停学"，以"空中课堂＋线上互动"相结合的方式展开教学。面对改变，面对新时代的需求，面对学生成长的需要，如何解决时间和空间的分隔，延续教学的实效性，成了当前迫切需要解决的问题。我结合小学古典名著教学的特点，利用"云端"教学新模式，探索实践教学新理念、新思路、新方法。

一、古典名著教学意义与价值的探索

（一）文化知识涵养的提升

阅读是积累起来的。古典名著作为中华文学瑰宝，蕴涵着丰富的文化内涵和品德精神，不仅利于拓展学生思维，打开眼界，更利于积累丰富的语文知识，积淀文化内涵。《红楼梦》是我们古典小说中一部优秀的现实主义文学作品，作者充分运用文学艺术中的传统手法，以精湛的书法绘画、丰富的诗词歌赋等向世人展示中国文学的魅力。因此阅读古典名著，可以有效提升学生的知识涵养。

（二）传统文化精髓的承续

古典名著不仅见证了我国文学历史的繁荣兴衰、时代变迁，更是古人的智慧结晶。古典名著中蕴涵着大量的文言词汇，每一部名著都代表着不同时代下的文化传承。如《水浒传》以108位好汉的故事为题材,形象地描绘出水浒英雄们在面对封建社会腐败时所表现出的反抗精神,耐人寻味。

二、传统模式下古典名著教学的不足

古典名著一般篇幅较长,语言又偏文言。基于小学生的心理特点,他们对故事性的文章会比较感兴趣,而对难懂的内容都会产生畏难情绪,遇到长篇的古典名著不愿意认真阅读,只是泛泛而读。

（一）形式单一,学生缺乏兴趣

传统教学组织形式单一,以"问答式"贯穿整堂课的学习,大部分时间都是老师问,学生答。教师是课堂的主导,部分学生游离于课堂之外,没有完全参与到课堂活动之中。对于古典名著阅读大部分停留在朗读和认识生词阶段,实施教学过程也都停留在对文章本身的分析拆解中,学生并不能通过这样的学习去深入了解、体会我国源远流长的历史文化。大多时候阅读教学效果并不明显,这种教学方式并没有深入学生的内心,所以不能使学生完全理解。

（二）评价单一,学生缺乏主动

传统教学中,教师评价占主导地位,学生没有参与到课堂评价中。教师的评价多以口头形式评价为主。大部分学生处于被动状态,学生无法在课堂上获得老师的直接评价,长此以往,学生的能力得不到发展,也不能很好地调动学生主动学习的积极性。

（三）课时限制,学生管中窥豹

略读课文中课时安排只有一课时的时间,无法充分调动学生对古典名著学习的兴趣,对课文的理解也停留在表层,这样的学习对古典名著来说,只是管中窥豹,无以知其全貌。

三、"云端"新模式 古典名著教学三部曲

（一）抛砖引玉——"云端"预习初感知

1.发布预习单,扫除初读障碍

在每节课的课前,设计一份预习任务单,利用平台发布预习单。主要有名著的特点、作者简介、字词理解和内容理解。出示古典名著的目录,一般都有"第几回",

并且标题语言高度概括精练,根据这些标题,还能猜出故事的大致意思。比如出示《三国演义》的目录,第四十六回"用奇谋孔明借箭,献密计黄盖受刑"让学生猜测内容,就能发现是和课文《草船借箭》的内容相关;出示作者简介,积累文学常识;出示课文中出现的生字的读音,重点词语的理解,难读句子的断句。

2.上传微视频,激发学习兴趣

经典的四大名著已经被翻拍成多部影视剧,对于课文中出现的片段,可以借助影视资料来激发学生的学习兴趣。我会在课前,将和课文相关的名著微视频发布在班级文件中,让学生提前观看。利用观看影视作品,让学生更直观地亲近、感受、欣赏到课文中栩栩如生的人物和引人入胜的故事,体会到我国古典名著的独特魅力,从而激发学习古典名著的兴趣。

(二)多措并举——"云端"学习品名著

课中学习是通过20分钟空中课堂的观看,20分钟"直播课堂"或"线上讨论"的模式进行学习。上课前"五分钟演讲"作为课前预热,事先请学生准备"今天我是朗读者",按照学号进行一段主题朗读或演讲,朗读的内容可以是和名著相关的作者介绍、人物性格特点、故事内容等,提高线上学习的参与度。

1.空间互补,品读名著人物

空中课堂有限的20分钟无法对名著中经典的人物进行细致的分析和体会,需要课后20分钟进行相对应地补充。例如古典名著中神通广大的孙悟空,机智过人的诸葛亮,多愁善感的林黛玉……值得学生去细细品读,去体会作者塑造的人物特点。

(1)猜谜游戏,了解人物特点

小学生对于古典名著中人物的了解,有些通过影视作品,有些通过绘本漫画,还有些通过阅读青少版的书籍,在讨论互动时,发布名著中人物的谜语。比如在教学《草船借箭》时,我出示了这样一则谜面:"身材八尺,面如冠玉,头戴纶巾,身披鹤氅,飘飘然有神仙之概。"学生纷纷跟帖回复"诸葛亮"。教学《景阳冈》时,出示"身躯凛凛,相貌堂堂。一双眼光射寒星,两弯眉浑如刷漆。胸脯横阔,有万夫难敌之威风;语话轩昂,吐千丈凌云之志气"这个谜面时,跟帖"武松"的学生就更多了。通过猜谜,了解人物外貌的描写,激发学生的学习兴趣。

(2)思维导图,梳理课文内容

古典名著的课文篇幅较长,要迅速理清故事的事件发展,了解故事的曲折多变,对于大部分学生是有困难的。在线上讨论时,我指导学生通过思维导图抓主要人物的方法,梳理课文内容就容易得多了。比如在学习《草船借箭》这一课中,借用思维导图,既快速地梳理故事的起因经过和结果,也让故事情节发展更清晰明了,激发了学生学习兴趣。

(3)圈画细节,体会个性鲜明

语文教学都离不开对于文本的品读,抓住了人物的语言动作,就是抓住了关键词,再按照事件的线索,就更能体会人物的性格。在线上讨论时,我让学生对人物的动作进行圈画,拍照上传,交流体会。比如《景阳冈》这一课中,武松打虎时有一系列的动作描写,第一回合主要抓住"闪",第二回合抓住"揪、按、踢",由此来感受武松的机智勇武。同时发布朗读语音,朗读人物的语言、动作,另外小组对学生朗读进行评价,以读促悟,体会人物个性。

2. 多媒体辅助,品读名著内容

(1)思辨质疑,碰撞思维火花

在讨论课堂时,组织"思辨会",分小组进行,先一组提问,一组进行答疑,然后再交替,最后统计查看,哪一组学生会提问,哪一组学生会回答,进行PK。一次次的提问也是思考的过程,而答疑的过程也是学习整合的过程,思维火花碰撞着。比如《草船借箭》中,有一组学生就进行了提问,诸葛亮让鲁肃帮忙借船时说,"不过不能让都督知道,他要是知道了,我的计划就完了"。这是为什么呢? 经过组内你一言我一句地回答,诸葛亮知周瑜懂鲁肃、鲁肃忠厚且顾全大局、周瑜心胸狭隘的性格特点就逐渐显现出来了。

(2)微课总结,归纳阅读方法

在本单元学习的开始,我就制作了微课视频,对阅读名著的方法进行了归纳,帮助学生阅读名著。

① 跳读法——保持阅读连续

五下第二单元中,除《草船借箭》是以白话文的形式出现,其余三篇都是用原著的语言编入,遇到一些难读懂的,如果全部借助工具书,那么肯定会大大影响速度,所以要学会跳读,比如大段的对于环境描写的句子,学生只要知道一个大概,就不必去深究具体的含义了。

② 猜想法——提高阅读速度

第二单元的语文要素就是"初步学习阅读古典名著的方法",课后提示也提到了"遇到不懂的词语",如《景阳冈》一课中的"筛酒、梢棒"可以引导学生借助上下文,猜一猜其中的意思,也可以借助插图或者生活经验来猜测,不用反复推敲,从而提高阅读的速度。

③ 批注法——体现阅读个性

批注是一种很好的读书方法，通过批注可以让你的阅读贴上个性化的标签。在每节课后，我会让学生在线上讨论中上传自己的阅读批注，有些学生提出的是自己的疑问，有些学生是对人物的评价，有些学生是自己阅读的感受……学生用自己的真实感受亲近名著，亲近人物，使读与思结合起来，思与写结合起来，突出了阅读个体的自主性、思维性和独特的审美情趣。

（三）拓展延伸——"云端"反馈促提升

1. 学习资料，弥补互动不足

空中课堂的内容容量大，节奏快，小学生无法记录所有课堂重点。为了帮助学生进行课堂笔记的整理，也为了让学生养成笔记整理的习惯，在课后提供学习资料包，包括课堂笔记整理的指导、课文多媒体课件、练习册的讲解视频，错误之处的分析点拨，放入班级文件中，弥补互动环节讲评时间不足的问题。

2. 习惯养成，助力阅读习惯

在学习完课文后，鼓励学生有计划地开展古典名著阅读。利用线上平台中的"习惯养成"，在线上开展读书交流会，按照学号开始轮流交流读书心得，可以是自己摘抄的好词好句，也可以是讲故事的内容。每天坚持阅读，发布自己的读书心得，有些同学声情并茂地表演，在读书交流中赢得了众多点赞。在一次次相互收听与互动的过程中，学生们渐渐学会了创造性复述的方法与技巧。

3. 问卷调查，收集学习问题

发布问卷调查，设计单选题、多选题、填空题和简答题等形式，收集学生学习中的问题，了解学生的学习情况，对古典名著的掌握程度，从而更准确地组织接下来的教学。

4. 发布作业，反馈学习效果

利用平台发布课后小练习，主要考查学生对于课文内容的掌握，文学常识的积累，以及人物性格的了解，等等。等学生做完测试以后，进行文字和语音批改，并通过"订正提醒"功能及时向学生反馈，让他们了解自己学习的不足之处，同时也可以帮助老师更好地提高古典名著教学的实效。

5. 线上活动，展现学习成果

古典名著的学习不能仅仅局限于课堂之中，在课后可以通过开展多种多样的线上活动来拓展延伸名著的阅读，促进学生之间相互学习，相互鼓励、相互竞争。在线上平台中每周开展古典名著交流活动,比如采用"绘一绘、演一演、写一写"的形式,通过组内学生互相点评,相互点赞,由获赞最多的学生获得古典名著最佳"小画星、小演员、小作家"的荣誉称号,给予表扬。

（1）画一画,绘名著精彩

在阅读名著的过程中,对自己喜欢的情节,可以自己配上插画,制作成绘本连环画,可以是制作一张人物电子小报,将人物的性格特点、人物代表故事等画出来。在学完《猴王出世》一课后,进行了"美猴王绘画大比拼",学生们纷纷画出心中神气的美猴王形象,设计了帽子、金光闪闪的战衣……在学生们的画笔下,一个个古典名著的人物形象跃然纸上。还有学生图文并茂地制作思维导图,将四大名著结合起来进行比较。

（2）演一演,研人物形象

为了能更好地演出古典名著中的一些故事情节,学生们化身导演、道具师、编剧等,有些学生还找来了家长合作演出。有些学生找到了小组成员,对视频进行了拼接,实现了空间上的统一,将阅读积累直接转化为表达输出。促使学生深入文本,再读文本,深研词句,再现词句,有效引导学生品读名著,品味名著。

（3）写一写,悟经典内涵

教育心理学研究表明,"看"仅仅是大脑皮层的表面活动,"写"则是大脑皮层的深层活动。因此,"写"是对名著加深理解的必不可少的途径。在指导学生读完名著之后,引导学生动手写一写,可以是对名著的创造性改编,也可以是自己阅读的体验。通过写作,学生的学习能力又一次得到了提升,也更能感受古典名著的魅力所在。

四、"云端"新评价　多元模式促成长

（一）自主评价

设计课堂学习自评表和课后学习反馈表,每节课的课后按照自评表的内容对自己进行点评。自评表中主要从课堂参与度,与老师的跟帖回复、同学之间的点评等进行自评。在一天学习之后,填写课后学习反馈表,主要是完成作业的速度、质量、对线上学习的掌握度等方面。通过自主评价,让学生认识到自己的不足之处,加以改进。

（二）小组互评

1. 小组合作,相互监督

按照"组内异质,组间同质"的分组原则,经过教师与学生的沟通协商组建小组

群,每组5—6人,保证组间学习能力均衡,小组"云演出"、小组"云讨论"形成互帮互助模式,增强组内凝聚力。

2.组内互评,组间竞争

组长对小组成员的学习情况、行为习惯、线上文明用语,出勤等进行督促和检查;对表现突出的组员进行表扬和鼓励;对小组成员的学习、活动参与、课堂表现等提出要求。每节课后,组员之间互相点评,完成互评表。同时对于每周名著活动中组员的表现,以点赞、文字或者语音评论的方式进行点评。小组与小组之间在无形之中形成了竞争,变得更积极了。

(三)教师点评,家长督促

教师对于学生课上的优秀表现给予"点赞、加星"等形式的反馈,对于学生回答错误的地方给予及时的文字或语音评价。课后的作业每天进行及时的云批改,将优秀作业展出,鼓励优秀学生并促使其他学生进行学习。每周评选优秀学员,出示优秀成果展示。家长每天可以通过学生的自评表和课后反馈表来了解学生一天的学习表现,与老师及时沟通,并做好监督工作。

古典文学名著是传统文化的传承,随着"云"时代的到来,运用"云端"新模式,带领孩子们走近名著,品读名著,欣赏名著,感悟名著,将课内阅读向课外阅读延伸,由表层阅读向内化阅读拓展。教学现代化,融传统与创意为一体,合预想与效果为一脉。

自编短视频在小学英语教学中的应用初探

上海市浦东新区晨阳小学　杨　欢

随着如今信息技术的发展进步,教育信息化获得了广泛的普及和运用。作为一种先进便捷的形式和手段,精彩纷呈的自编短视频教学已经润物细无声地进入了小学英语课堂。短视频具有精简短小、易传播等特点,教师们将它与英语课程进行整合,在各种教学环节中积极投入实践应用,不仅为小学英语教学带来新思路和新样态,还丰富了教学资源和形式,使其更富有活力,为生成高效英语课堂奠定厚实基础。

一、自编短视频在小学英语教学中应用的理论依据

(一) 自编短视频的概念

在小学英语教学中,教师可以利用录屏软件等工具,选择原本课堂中的某个或某些知识点进行讲解,录制成简短的小视频,以图文并茂的形式更加直观地呈现教学内容。它具有切口小、针对性强的特点。学生在课前观看了视频后,对将要学习的知识就会有初步感知。除了能激发其自主学习的热情,也为学生课堂中完成对知识的理解和吸收做了铺垫,在寓教于乐中收获事半功倍的学习成果。

(二) 自编短视频的优势

1. 整合资源,突出重点

自编短视频只针对一两个知识点进行讲解。教师必须先深入剖析教材,而后进行信息整合、提炼重点,制作微课视频。没有繁杂的教学目标和内容,让学生快速了解知识重点,也使教学更具针对性。

2. 精简知识,延伸课堂

有别于传统课堂,自编短视频通常为5到10分钟左右,简短的特点使它能有效

吸引学生注意力,更便于在课前、课后的空余时间进行观看预习、复习或是作为补充资料进行学习。这让学习从课堂内延伸到课堂外,学生在放松的状态中习得知识,更好地根据自己的不足加强针对性的操练,从而在最短的时间内获得最大的学习成效,促进自我提高。

二、自编短视频在小学英语教学中的实际应用

(一)课前观看自编短视频,自主预习兴趣浓

古语云:"凡事预则立,不预则废。"无论做什么事,都要事先有充分的准备。通过观看短视频预习,将课堂教学有效前置,则学生对所要学习的内容有了一定的认识,将简单易懂、自己有兴趣的内容进行内化,在上课时就会主动地、有重点地听讲;在预习过程中学生也会发现在哪些方面不能理解,这时可以带着问题进入课堂,教师在课前集中学生的典型问题,教学时进行针对性的施教,从而提升了课堂效率。

在牛津上海版 5B M2U1 Food and drinks 第三课时 Healthy or unhealthy?围绕健康饮食展开讨论,因此我在课前进行了名为 "What food do you like eating?" 的小调查,了解学生们的饮食习惯,然后将调查结果数据图呈现在短视频中:76.6%的学生偏爱肉类;62.5%的学生爱喝软饮料;92.1%的学生喜欢吃水果。这样的调查激发了学习兴趣,其结果也自然引出了本课的新授知识。在学习健康饮食、健康生活这一概念时,学生就能快速理解,最终的效果呈现令人满意。显然,在预习环节中巧妙利用短视频,对学生的预习习惯和自主学习能力的培养有着积极正面的作用。

(二)课中再看自编短视频,探究学习能力强

在信息科技飞速发展的今天,传统的英语课堂教学模式已经无法满足师生们的需求。新型的小学英语教学模式应当积极采用自主学习、合作探索的方式,提倡形式多样的学习模式,自编短视频在课堂中可以勇挑重担。传统的教学模式和方法比较呆板,黑板加粉笔,学生的地位消极被动,教学氛围沉闷,久而久之,学生就会失去学习的兴趣。在英语课堂中引入学生感兴趣的短视频来丰富课堂教学,易将抽象的内容变得具体,使教学活动更加生动。

1.把握重点,突破难点

语法既是语言学习的重点,也是绕不开的难点。特别是对于小学生而言,要理解枯燥抽象的语法知识绝非易事。自编短视频则能够有效解决这一问题。教师可以巧用短视频辅助语法教学,具象化语法知识,实现有效突破,当学生们掌握了一个

知识点后,其他的知识点也就能够循序渐进,逐一攻破。例如,在学习介词这类抽象词汇时,教师可以自编短视频,展示in、on、at、under、outside、beside、for等的位置关系,并通过短视频中人物的问答对话,让学生们了解这个词类。

另外,教师还可以把学生容易混淆的知识汇编进入短视频中,通过小组合作的形式完成学习。在学习牛津上海版2B M2U3 My hair is short时,教师可以把发音相近的几个单词hair, head, hand, hard, hear, here混合在一起,然后学生以四人为单位进行小组学习探究,完成音标、语义、归类的练习。虽然每个人的掌握情况不同,但在短视频的辅助下,小组都能顺利完成这一学习任务。

2. 拓展学习,开发课程

教师如果只局限于基础教材中的知识,那必然是鼠目寸光、坐井观天。作为学生学习的组织者和指导者,教师可以借助自编短视频这一手段,打破传统教学的禁锢,带领学生进行探究型课题研究、拓展型课程学习等。

比如在学习Fire safety这课时,教师可以自制短视频,让学生系统、翔实地学习了解有关火灾安全的相关知识。学生获得的信息不再仅仅是课本上的字词句,而是理解火的两面性:Fire is useful but dangerous.此外,教师还可以以 "What can you do with fire?" 为主题,让学生们展开讨论与调查。

在日常教学中,教师也可以鼓励高年级学生自己动手,结合已经掌握的信息技术,尝试制作短视频。英语歌曲、影视片段、精选广告都可以成为短视频的素材。这样一来,学生都能积极参与到学习活动中,英语课堂也更加缤纷多彩。

(三)课后利用自编短视频,巩固复习效率高

语言是交流的工具。口语交际在英语学习中的重要地位自然不言而喻。只有能听会说才能够体现出学习英语的使用价值。以往传统的课后任务都以朗读和书写为主,形式单一且枯燥,许多学生面对这样的任务逐渐失去了兴趣,有时甚至会应付了事。当教师将自编短视频引入作业之中,情况则会有明显改善。通过完成交际性视频作业,学生可以将课堂中刚学的字词句在情境中实践运用,真正地用英语交流并且表达观点。

例如:在学习牛津上海版2B M2U1 Things I like doing后,教师可以再布置 "What do you like doing?" 的小调查,让学生采访同学、家人、朋友,并用拍摄视频加以记录。最后教师整理剪辑,展示轮播每位同学的作业以便大家相互学习。这样的作业既新颖又实用,充分发挥了短视频灵活易操作的特点。

三、自编短视频在小学英语教学中应用的成效与展望

短视频的制作需要教师投入大量时间和精力。从确立教学目标到搜索、筛选资料素材，再到录制视频，最后加工完成剪辑，整个过程需要反复推敲，不断打磨。这是对教师水平的检验，亦是对教师能力的锻炼和提升。在实际的英语课堂中，自编短视频之于教师之于学生，都是提高效率的利器，使英语课更具有灵活性和趣味性。

（一）呈现简洁明了的知识内容

短视频的特点在于对教学内容的精简展示。如果屏幕上的单词、语句过多，则学生在观看时注意力会被分散，难以捕捉到核心知识。因此教师在熟悉教材后，需要提炼知识重点，再结合学生的实际学情，制定出这一堂课的教学目标，进而完成教案的撰写，切忌烦冗复杂。在牛津英语上海版4B M2U2 Cute animals第一课时 In the pet shop中，我确立了如下四个教学目标：（1）了解四种小动物名称的词汇；（2）了解四种小动物食物的词汇；（3）运用It eats ...句型来表达小动物的饮食习惯；（4）感受小动物的可爱以及它们为生活带来的乐趣，从而唤起热爱、保护小动物的情感。在编辑短视频的过程中，我紧紧围绕这四个目标展开教学，同时确保画面呈现清晰简洁。

（二）展示丰富多彩的影音资料

在注重趣味性教学的课程设计时，教师需要在形形色色的网络资源中进行筛选，取用合适的素材。有趣的英语动画片、搞笑的电影片段、发人深省的纪录片抑或是意味深长的英语广告，都可以被拿来制作成适合小学生学习的教学资料。教师不仅要火眼金睛完成资源的搜集，还要发挥聪明才智对它们加以整合与利用，最终融入短视频之中，为己所用。完成了素材搜集后，教师根据教案的需求，着手完成课件的制作。由于要作为预习资料供学生在课前观看学习，因此课件应具备清晰明了、生动活泼的特点。同时，教师在制作完成后，应该进行多次操作演练，以便及时发现问题加以改进。

在牛津英语上海版4B M2U2 Cute animals第一课时In the pet shop中，parrot是一个学生比较陌生的新单词。因此我找到了一个有趣的视频：一只会唱Happy Birthday的鹦鹉。学生们对这个神奇的场面啧啧称奇，既认识了parrot这个动物，也了解了它们会模仿的特殊技能，教学效率由此得到显著提升。

（三）创造真实有效的交流情境

托尔斯泰说过："成功的教学所需要的不是强制激发学生的兴趣。"由于生理、心理年龄幼小，小学生的学习较多依赖教学的趣味性。因此，教师在教学过程中可以借助短视频创设贴合重点、难点的语境，让学生们在语境中发现和探索英语的魅力。例如在牛津上海版2B M2U3 Animals I like的第一课时中，我制作了Peppa一家去动物园游览的短视频，配合充满童趣的动画，让动物们的特征更为显著，观察总结也更轻松。学生们仿佛置身于动物园中，留下深刻印象，有效提高学习效率。

（四）反馈翔实全面的学习效果

在进行课程设计制作时，教师需要考虑照顾到每个人，尽可能保证每名学生都能够扎实有效地掌握新授内容。因此，反馈环节的设计至关重要，这能够让教师对学生的掌握情况有细致的了解，也有利于进行薄弱环节的针对性操练。例如，教师可以增设自评、互评的交流环节，将学习效果的反馈落到实处。

总　结

当下，自编短视频已然作为优化课堂教学的高效方式存在于小学英语的日常教学之中。它让扁平的英语教学立体化，让英语学习更生动形象、更扎实有效。然而，短视频尚处于发展初期，虽苗壮成长但仍有不少问题有待解决。如：视频质量良莠不齐，许多教师只是照本宣科导致收效甚微；教师过度依赖短视频而弱化课堂教学；学生缺乏自控力，沉迷玩电子产品、沉迷网络，根本没有利用微课视频进行学习……这些问题都亟须我们解决。因此，教师要适时、适度、适当地运用短视频。希望在不久的将来，我们能一起见证自编短视频成为学生个性化英语学习的好伙伴，教师多角度英语教学的好帮手。

"线上线下混合式"口语交际教学初探

上海市浦东新区东方小学　徐天域

一、案例概述

"线上线下混合式"教学将"课堂"从教室的一方小小天地拓展到了更为广阔的领域,既保留了线下传统教学重视"教师教学生学"的特点,又凸显了线上教学能满足学生个性化需求促进自主学习的特点。本案以一年级上册《用多大的声音》口语交际教学为例,探索如何通过"线上线下混合式"教学的方式将低年级学生的言语智能调动起来,进而促进口语交际能力的提升。课前,在线上抛出交际话题激发交际兴趣,培养学生深入探究、独立思考的能力。课堂上,行之有效的口语交际互动能培养学生"面对面"交际的表达能力,逐步形成场合意识和对象意识,习得良好的交际礼仪。课后,口语交际练习实现"线上"和"线下"的联结,能更大程度地满足学生在实际生活中交际的个性化需求。

二、案例背景

随着科学技术的发展,现代化教育手段的兴起,线上教学模式已然成了促进教育方式变革的新型模式,单一的传统课堂教学已不能满足学生差异化的学习需求。然而,线上教学模式的弊端在于脱离了教师的时效性监督与指导,也无法达到理想的教学效果。因此,一种结合了线上教学与线下教学优势的混合式教学模式应时而生。学生的自主学习辅以教师的有效引导,可以极大地激发学生的学习动机,培养学生的学习能力,使学生真正成为学习的主人。

小学阶段的语文教学,口语交际是儿童语用训练的重点和难点。在课程标准中,每个学段都设置了明确的口语交际培养目标。但是,低年段的口语交际教学还是受到了时间短、交流面窄和交流条件有限的制约。如何满足不同层次学生的交际需求，如何开展内容丰富的交际训练，如何开拓更为广阔的交际环境，以及如何通过全新的现代化教育方式将学生的言语智能调动起来，进而提升口语交际能力，成了新的教学研究方向。

三、案例过程

片段1：课前，借助"线上交流"激发交际兴趣。

课前，教师利用"钉钉"平台发布两条视频并组织"线上讨论"。

视频1：中午自习时间，同学们正在安安静静地写作业。忽然，强强站起来大喊一声："作业写完喽！"同学们都被吓了一跳。

视频2：课堂上，老师请强强读课文。只见他不自信地站起，用微弱的声音念起来。同学们有的把耳朵凑过去想努力听清，有的在一旁嘀咕"他说什么"，还有的在底下小声说话……

学生观看两个视频后通过钉钉自带的"录音"功能进行评说，线上讨论强强的做法是否合适并说明理由。教师逐一聆听，利用"批改"功能点评并"置顶"优秀答案。

生1：第一条视频中强强的做法不合适，因为大家都在安安静静地写作业，强强突然大声说话会影响到别人。

生2：第二条视频中强强的做法不合适，因为他朗读课文的声音太小了，同学们都听不清，这样就没人愿意听他读了。

片段2：课中，通过角色扮演感知交际情境。

（一）根据阅览室场景图开展课堂交际活动

师：请同桌两人根据插图一分别演一演明明和朵朵，对话的内容可以自己设计，说的时候要特别注意做到评价表中的三个要求。

出示评价表：

《口语交际：用多大的声音》评价表	
★声音大小合适	
★说话时看着对方的眼睛	获得（　　　）★
★有礼貌，态度自然、大方	

（同桌分角色表演插图一场景，教师巡视并指导）

师：我们请一组同桌上台为大家展示表演成果。

生1坐在座位上安静看书。

生2（指着生1旁边的座位，轻声）：你好，请问这里有人吗？

生1（摇头摆手，轻声）：没有，请坐。

师：表演完了，谁来点评一下他们的表现？

生3：我觉得他们都做到了声音小，说话时看着对方的眼睛，有礼貌，态度自然、大方，所以我给他们三颗星。

生4：我觉得生1在说话的时候可以凑近生2一些，因为阅览室一般比较小，就算说话声音小别人也会听见，凑近了说话别人就听不见了。

师：是的，在公共场合小声说话是懂礼貌的表现。

（在阅览室场景图下板书：有时候要小声说话）

（二）根据办公室场景图开展课堂交际活动

（学生自主观察得知插图二内容，师生合作表演）

生（敲门）：老师，我可以进来吗？

师：请进。

生（拿出橡皮递给老师，轻声）：老师，我在教室里捡到一块橡皮，您能问一问是谁掉的吗？

师：好的，交给我吧。

生（鞠躬）：谢谢老师！

师：这位小朋友在对老师说话时声音小小的，还用了"您""谢谢"这些礼貌用语，真是个懂礼貌的好孩子。

（在办公室场景图下板书：有时候要小声说话）

（三）根据教室场景图开展课堂交际活动

（学生自主观察插图三得知明明在教室里给同学们讲故事）

师：看明明手舞足蹈的样子，他一定讲得很尽兴，底下的同学也听得津津有味。谁也想来给大家讲一个课本故事？（请三位学生上台讲述）

生1声音响亮，但是故事讲得不熟练，学生点评时提出了合理建议。

生2声音较轻，讲故事时低着头，学生点评时指出了这个问题。

生3态度大方、声音响亮地讲完了故事，得到大家的一致好评。

师：听了同学们的发言，你知道什么时候要大声说话吗？

生1：我觉得在人多的地方要大声说话。

师：公共场所也是人多的地方，能大声说话吗？

生2：我给他补充，一个人在人多的地方发言要大声说话。

（在教室场景图下板书：有时候要大声说话）

师：当我们在公共场所说话时要小声，不能打扰别人；当我们在人多的地方独自发言时要大声，让别人都听清。另外，当我们和长辈、老师说话时也要轻声细语、注意礼貌。希望小朋友们都能注意说话的场合和说话的对象，做个讲文明的好孩子。

（四）根据实际生活场景开展课堂交际活动

（播放两段"求助信"录音，呈现生活化交际场景）

录音1：你们好，我是明明。周六，爸爸妈妈要带我去医院探望生病的叔叔。我应该用多大的声音和叔叔说话？请你们帮帮我。

录音2：你们好，我是朵朵。后天，我的外婆要过80岁生日了，我想给她送上生日祝福，可是我的外婆有些耳背，我要用多大的声音给外婆送祝福呢？请你们帮帮我。

（四人小组选择其中一个交际场景合作表演，师生评价）

片段3：课后，链接生活、大胆分享拓展交际范围。

课后，学生在大人的帮助下，以"这个声音合适吗"为主题选择一个生活场景拍摄成一段视频。

场景示例1：爸爸妈妈带朵朵去自然博物馆参观，朵朵轻声向工作人员询问化石场馆的位置。

场景示例2：两个小男孩不顾众人的眼光在广场上大声打闹。

学生将自己的视频上传至"钉钉群"，并观看别人的视频。针对感兴趣的视频留言说一说视频中人物说话的音量合适吗？为什么？

四、案例效果与反思

（一）课前组织线上讨论，抛出交际话题

第一，线上引出交际话题、组织讨论有利于激发学生的交际兴趣。低年级学生的注意力容易被新鲜事物所吸引。"动"的画面对于一年级学生来说很有吸引力，所以低年级的语文教学离不开多媒体创设的生动有趣的情境，线上的作业形式对于低年级学生来说更是一种刺激交际兴趣的新鲜尝试。

片段1呈现了教师在组织学生开展交际活动前,引导学生根据视频情境和问题支架的导向自主探究、主动思考,提前将学生带入到本次口语交际的环境中。两段视频展现的事件也是一年级课堂中时有发生的,具有典型性和普遍性。学生在观看视频时,会不由得联想到自己和实际课堂事件,从而产生情感共鸣,这是本次口语交际的情感起点,为后续课堂交际活动的开展提供助力。

第二,线上完成口语交际练习有利于培养学生深入探究、独立思考的能力。根据"钉钉"后台数据显示,一部分学生在反复观看视频之后才发表评论,这部分学生更倾向于关注视频的细节,评说的内容更为具体、深入。可见线上自主学习跳脱了时间和空间的限制,为学生的仔细观察、深入思考创造了有利条件。

此外,低年级学生从众心理强,易人云亦云。线下课堂教学中就经常出现内容近似的回答,部分学生一旦听了其他人的答案,自己的思维就会受到束缚。线上学习反馈则打破了这一桎梏,教师在布置口语交际练习时可以设置"作业查看权限——学生提交后可查看"。这样做,哪怕学生们的答案大同小异也都是经过独立思考后的成果。

值得注意的是,布置线上练习所选择的视频素材应控制时长,问题指向应清晰,语言表述应简练,这样更有利于学生明确交际任务的意图,注意力不会过分集中在新媒体带来的视觉冲击上。

(二)课中开展线下互动,学习交际方法

通过在"钉钉"上完成课前交际练习,学生已经将关注点聚焦到本次口语交际的主题:有时候要大声说话,有时候要小声说话。口语交际活动离不开"面对面"的沟通对话,伴随着语调起伏、视线接触和动作变化的交流才更有温度。因此,线下课堂教学的口语交际练习仍是本课的核心环节,其重要作用也是不言而喻的——

第一,课堂上的口语交际互动有利于培养学生"面对面"交际的表达能力,形成场合意识和对象意识。本课教材出示了三幅学生熟悉的校园场景图,分别是"阅览室里的问话""捡到橡皮后到办公室交给老师"和"在教室里给同学们讲故事",三个场景对应了不同的交际场合以及交际对象。片段2中,教学第一幅场景图时,以同桌两人角色扮演的形式引导学生体验校园交际情境,进而萌发场合意识。学生在演一演的过程中能初步感知不同场合要运用不同的音量与人交流。教学第二幅场景图时,采用了师生合作表演的方式让学生感知当面的交际对象不同时,说话的口气也要发生变化。教学第三幅场景图时，鼓励学生自主代入角色演一演，增强了口语交际的实际体验感，锻炼了口头表达能力和语言组织能力。同时，此处的设计和课前线上讨论"强强的做法是否合适"的话题相呼应，学生可切身体会在人多的场合独自发言时声音要响亮，让别人都听清，加深了对场合、对象的认识。最后，根据实际生活场景开展交际部分，"求助信"录音展现了两个具体的生活化交际场景，采用小组合作表演的形式来帮助学生巩固交际方法。教师指导学生做好角色扮演前的准备：小组内安排角色，确定发言顺序和发言内容，选择合适的说话声音进行配合表演。通过课堂自主交际活动的展开，学生的思维能力、条理性以及团队协作能力得到了全面提升。在表演后请学生相互点评，通过评价他人的表现再次强化了学生对交际目标的认识。

第二，课堂上的口语交际互动有利于帮助学生习得良好的交际礼仪。在线下课堂的口语交际练习中，学生与教师能够在口语交际活动中通过语言符号与非语言符号的交流与互动来实现口语交际练习①。相比于线上教学活动，学生主要通过语言符号进行交流互动，线下课堂活动的非语言符号也在口语交际中起着至关重要的作用。譬如，交际发生时的表情、眼神、手势、动作等体态语言也是传递情感，促进理解的重要部分之一。良好的交际礼仪能帮助学生在今后的社会交往中创造和谐融洽的氛围，建立、保持、改善人际关系。因此在指导交际时，加入了评价指标"说话时看着对方的眼睛"和"态度自然、大方"。学生进行表演和点评前教师需要特别提醒关注这些非语言符号。

（三）课后鼓励双线结合，丰富交际体验

学生的语文学习与日常生活交织在一起，密不可分。片段3中，课后口语交际练习实现了"线上"和"线下"的联结，更大程度地满足了学生在实际生活中交际的个性化需求。线下，学生在实际生活中自主感知交际情境，在家长的帮助下选择合适的场景拍摄成短视频上传至"钉钉群"。这时，学生的交际环境不限于校园，而变成了社会的其他场所，学生的交际对象也不限于师生，而可能是父母、亲友或者陌生人等。立足于实际生活情境的口语交际活动要求学生不断观察、体验和感悟。线上，

---

① 陈靖.小学语文教学中培养学生口语交际能力的实践探索［A］.中国管理科学研究院教育科学研究所.《教师教育能力建设研究》科研成果汇编（第七卷）［C］.北京：中国管理科学研究院教育科学研究所，2018：1799-1803.

学生根据别人上传的视频仔细观察场合，判断人物说话的音量是否恰当，并留言发表看法。根据生活场景开展讨论需要学生结合自身经验，依照课堂中所学的交际原则来评判对错，发表看法的过程也再次强化了根据不同场合选择合适声音的社交礼仪、场合意识和对象意识。这一环节将口语交际的实践范围延伸到课本外、校园外，将语文学习与实际生活紧密地联系在一起，体现了口语交际紧贴学生生活的特点。

新课标倡导"以学生发展为本"的教育观念，强调学生学习的主动参与。"线上线下混合式"口语交际教学，一方面提高了学生的交际兴趣，有效地拓宽了交际范围，极大地满足了学生交际的个性化需求，丰富了交际体验；另一方面是现代化信息技术手段与传统教学手段有效整合的一种新模式，既提高了教学效率，突破了传统课堂在时间和空间上的限制，又达到了最佳的教学效果，实现了教学方式的全面革新。

小学自然微课教学设计案例与分析

上海市浦东新区东方小学　陈叶婷

21世纪被称为是信息技术的世纪,其发展迅猛,已渗透到人们日常生活的各个方面,教育教学也不例外。比如:在《中小学教师专业标准(试行)》中就提到,要求教师将现代化教育技术渗透到教育教学中。由此可见,我国的教育资源运动在急速发展中。由此诞生了许多新型教育资源,微课便是其中之一。在新冠疫情期间,上海空中课堂的成功开设更是将微课这一新型教育资源带入到了大众的视野中。虽然微课以其三大突出特点——内容精、文件小、时间短广受师生好评,但是由于种种原因,微课的选题、制作、呈现等方面都存在很大进步空间。所以笔者认为有必要对微课进行一定的分析研究。本文的研究背景可以分为以下几方面:

第一,信息技术的迅猛发展。微课的出现依靠信息技术,信息技术推动了教育信息化的步伐,使教育教学方式更加多样化,由此诞生了许多国内外与微课相关的优秀网站,例如:网易公开课、中国微课网,等等,给予学生多种多样的学习方式和资源。

第二,小学自然学科高效率的教学要求。现在的小学自然学科课时较少,每个年级每周自然课时数都为两节课,总计70分钟。任务重,不仅需在每周仅有的两课时中达成教学目标,突出重点突破难点,还有一系列的自由探究活动给学生进行拓展。若按照传统的教学方式进行上课,师生都会觉得十分疲劳,效率低下。且新课程改革后的小学自然教材,知识结构全面新颖、逐层递进,还有一些学生在日常生活中很难接触到的知识,比如:家蚕的一生、能与能源、地球的内部、船的发展等。如果使用较为死板的教学方式上课,照本宣科,看教材读教材,学生肯定会觉得非常枯燥,从而学习积极性降低,自然课堂就失去了探究的意味。而微课,在这里使用则格外合适。运用恰当的动画、图片、视频、音乐等教学资源,能提高学生的自主学习性,对于自然的抽象概念等内容能更高效地掌握。

第三,微时代。现代学生学习节奏较快,课业繁忙。微课正适应了学生碎片化的学习方式,使其能随时随地学习,想学就学,充分利用时间。

笔者通过研究以及自身教学经历发现,自然作为小学阶段的必修课程,具有系统性、抽象性、微观性等特点,有很多学生在日常生活中难以接触到的知识。若适时使用微课来进行教学,可以激发学生对于科学的兴趣,能够自主地进行学习,更好地认识这一门学科,对各种实验,教师也能区别于传统教学方式高效地进行教学。对于学生而言,又多了一种学习方式和资源;对于教师而言,运用微课可以完善他们的教学,提升教学效果,及时进行自我反思,促进教师自身成长以及专业发展。

一、微课的设计原则

微课的设计原则要基于微课自身的特点以及《小学自然课程标准》和《小学自然教学基本要求》,依据教学目标和各年龄层的学生能力水平及学习需求共同考量下进行设计。为保证微课的设计既科学又符合学生需求,需遵循以下原则。

(一) 以学生为本

学生是学习微课的主体,教师设计微课时要以学生为本。所以,教师在设计制作微课之前,要先了解现阶段学生的身心发展特点及相应知识点的前概念,这样才能更有针对性地设计微课,帮助学生更好地掌握知识点。对于微课内容而言,一节微课只说一个知识点,若知识点多且杂,反而会适得其反,学生无法在短时间内接受大量的知识,极易导致他们思维混乱。

(二) 时间短、内容精、文件小

首先短时间。一般而言微课时间长度都比较短,在10分钟左右。现在小学阶段一节课为35分钟,学生在上课时间中往往不会每分每秒都高度集中注意力听讲,高度集中注意力的时间只有10—15分钟,如果强迫学生始终高强度学习,反而会适得其反,使他们疲劳感徒增,且容易对学习产生厌烦的心理。微课的短时间正好能让学生在碎片化时间中进行学习。其次文件小。微课由于所需的储存空间较小,可以在多种设备中进行观看,例如:手机、平板,同时也方便了学生之间的分享和交流下载,能随时随地想学就学。最后一点内容精。微课的内容应该短小精悍,针对学生的学习需求选择一个知识点或重难点进行教学,并进行切割,将其变成多个小知识点,方便学生更好地学习。若知识点众多,对于学生而言反而会丧失兴趣,适得其反。

（三）使用恰当的教学资源

现代教师可选用的教学资源越来越多,例如:文本、图片、视频、动画、音频等,如何在微课中选择使用是需要斟酌的。若将这些资源很好地结合起来,便能调动学生的注意力和学习兴趣,使他们获得更多的直接经验,有助于实践活动。但是需要注意的是,教学资源的使用一定要宁缺毋滥。若在一节微课中使用过多的教学资源,反而会导致学生眼花缭乱,不知所云,抑或是被花哨的图片视频所吸引,抓不住知识点,反而注意力在边边角角上,背离了制作微课的初衷。

（四）激发学生兴趣

微课在绝大多数情况下,是给学生在课余时间进行学习的,可以说完全依靠于学生的自制力。所以微课在设计过程中要时刻谨记吸引学生兴趣去学习。小学自然是一门复杂的学科,融合了生物、物理、化学、地理等多学科的知识,而且有时会有一些凌乱的知识点,再加上有些学生对于自然学科的不重视,认为是副科所以不花费精力去学习,很容易在学习过程中转移注意力。所以激发学生兴趣在微课设计中就格外重要。

二、微课的制作

（一）微课制作的准备

微课制作有如下步骤需要进行准备。(1)牢记微课的作用是解决疑惑,并不是跟日常教学一样展开长达35分钟的课堂,注意时间长度。(2)选题,准备恰当的知识点。选择重难点或是学生在日常生活中难以接触的知识,有且只有一个知识点。(3)了解学情。(4)按逻辑分割知识点。(5)制作PPT。(6)准备好录制所需器材设备。(7)开始录制。

（二）选题标准

选题是制作微课过程中最为重要的一环。一个优秀的选题可以使微课大放异彩,帮助学生更好地掌握知识点。一个错误的选题则会使学习南辕北辙,对学生毫无益处,事倍功半。

首先,一节微课的选题有且只有一个知识点,最好是重难点,因为学生往往较难理解,甚至学困生很难当堂理解,需要课后反复学习。其次,微课主题要适宜通过视频来剖明。若该知识点使用黑板教学或进行活动实践的教学效果更佳,且省时省力,那就没有必要制作微课,否则反而会使学习者失去学习欲望。

参照《小学自然课程标准》和《小学自然教学基本要求》提出的具体内容标准,笔者以沪科教版小学自然第十册第一单元为例,将其教学重难点总结如表1。

表1　第一单元《简单机械》教学重点和难点

章　节	教 学 重 点	教 学 难 点
第一节　斜面	斜面坡度越小越省力	比较引桥的直线形设计与螺旋形设计的优缺点
第二节　杠杆	知道利用杠杆可以省力或工作方便	杠杆在生活中的各种应用
第三节　滑轮	认识定滑轮和动滑轮的组合使用	了解滑轮组
第四节　轮轴	轮轴的作用	轮轴在生活中的应用

这些内容一方面是重难点,另一方面在笔者的教学过程中以及向其他教师的了解中发现,许多学生表示一课时时间较短,理解起来会比较吃力,故以上重难点可作为微课选题。

三、小学自然微课教学设计案例——《地球的内部》重点

以沪科教版小学自然教材,四年级上册第五单元第一课时《地球的内部》为例。

(一)前期分析

1. 教材内容分析

《地球的内部》是上海科技教育出版社第七册第五单元《地震与火山》第一课时内容。本单元在上海市小学自然课程标准中对应的是地球、宇宙与空间科学模块下一级主题地球概貌下二级主题地球的构造与运动。

对于地球内部可以分成地壳、地幔、地核三部分的内容,可让学生自学教材,完成学案的相关问题,讨论明确后借助多媒体动画来加深理解与巩固。再在教师的引导下,将地球内部结构与熟鸡蛋剖面图作对比,之后通过模型、互动问答来巩固所学知识。

2. 学生学情分析

这一节课的授课对象是小学四年级的学生。他们活泼好动,求知欲旺盛,对于自然科学现象也非常感兴趣。所以教师可通过制作一些直观的教具或让学生自己动手实验来调动他们学习的积极性,帮助他们更好地学习知识。学生通过之前的学

习,也已知道地球上有很多自然景物等相关的地表形态与结构知识。

3.确定本节微课的教学目标

（1）初步知道地球内部可以分成地壳、地幔、地核三部分。

（2）初步知道地壳具有分层结构。

（3）培养学生仔细观察的科学态度。

（二）教学过程设计

学 生 活 动	指 导 要 点
1.观察：地球内部构造视频和模型 2.思考：我们可以把地球内部大致分成几个部分 3.观察：熟鸡蛋纵剖实物图 4.游戏：乘坐超级汽车的小活动，完成学案上相应练习 5.小结：地球内部由内向外可以分成地核、地幔、地壳三部分。	※教师出示纵剖的熟鸡蛋以及地球内部结构剖面图，使学生自然而然地发现两者之间的相似处，进而进行介绍 ※引导学生发现不同结构之间厚度及温度的差异

学 生 活 动	指 导 要 点
1.观察：地壳剖面模型和图 2.思考：地壳圈层的特点 3.记录：学案 4.小结：土壤层往往位于地壳表面，下面是岩石层。地壳下面存在着温度很高的岩浆	※引导学生认识到地壳圈层的特点

（三）学案设计

《地球的内部》学案

班级：_____   姓名：_____

活动一：观察地球内部构造

深度（千米）	所 在 圈 层
15	
150	
2 000	
4 000	
6 000	

活动二：观察地壳剖面

我发现,表面往往是(＿＿＿＿＿＿),下面是(＿＿＿＿＿＿),存在着(＿＿＿＿＿＿)。

四、总结语

综上,笔者对小学自然微课进行了分析并设计了案例。笔者结合自己的教学经验,以及制作微课视频的一系列实践经验,总结了几点微课教学设计与制作的建议,希望能与同行共同探究。

一是要充分了解学生的学习状态、学习特点、前概念、认知水平等各方面,然后再设计制作微课。我们经常说的"因材施教",就是根据学生自身的身心发展特点和学习情况来进行教育。

二是要明确微课的知识点。不能在短时间内灌输多个知识点,这样会适得其反。微课,顾名思义首要的特点就是"微",在短时间内紧紧抓牢一个知识点,使学生对于这一个知识点把握住,这节微课也就成功了。

三是要注意录制时的语音和语态。若老师在录制微课时无精打采,语气乏力,学生也势必看得昏昏欲睡,事倍功半,毫无学习兴趣可言。

四是要不仅仅设计教学环节、微课视频,还要注重与学生的交流互动,时不时提问,给予学生思考的机会,配合学案,使学生眼动、脑动、手动,充分参与到学习中来,才能提升学习积极性。

参考文献:

[1] 罗天兰,王忠华.微课的研究现状及其发展趋势综述[J].软件导刊(教育技术),2014(07).

[2] 钟绍春,张琢,唐烨伟.微课设计和应用的关键问题思考[J].中国电化教育,2014(12).

[3] 上海市中小学课程教材改革委员会.上海市小学自然课程标准[M].上海:上海教育出版社,2004.

信息时代英语教学资源的有效运用

上海市浦东新区东方小学　杜翠翠

　　信息技术改变了人们生活和学习习惯。在移动互联时代,知识资源的膨胀、获取途径的多元既给我们的英语教学带来了极大的便利,也带了巨大的挑战。当前,移动互联技术越来越摆脱了空间的限制,也摆脱了时间与传输手段的限制,英语学习有逐渐走向个体发展的趋势。对于广大英语教学工作者来说,尤其是中小学基础阶段的英语教学工作者,如何有效地运用资源服务于教学,是值得我们思考的问题。

一、信息技术的使用,让英语课堂更加灵活

(一)直播课堂的使用,让英语课堂形式不拘一格

　　此次新冠疫情的突发,给所有人的生活工作学习造成了极大的影响。网络教学却给我们学校教学工作带来了不同的机遇和全新的探索。学校通过市级空中课堂与腾讯、钉钉和小黑板等不同的直播软件相结合,可以完成直播课堂的教学。这种教学方式过去在学校教学中极少出现,但是在特殊时期,却将我们所有人的损失降到最低值。空中课堂的录制,集中了全市最优质的师资资源,虽然学生居家学习却能接受最优质的教育资源。以二年级英语教学为例,空中课堂实现了英语教材知识点的全覆盖,老师有清晰的上课思路,有老师带读,句型操练,上课老师准备了图文并茂的实际操练的句式例如 What do you like eating? I like eating ....。"空中课堂"的优势明显,但是不足之处也是存在的,如"空中课堂"师生互动较少,老师无法面对面纠正学生读音和朗读。这需要任课老师充分发挥20分钟之后的互动课堂和课后作业设计和多样的评价来解决。在互动课堂中我通过与学生的小活动的设计,视频连线,问题抢答,比一比画一画等,来巩固视频课堂中老师的新授知识。虽然我们之间有空间的距离,但是同样可以完成课堂里的教学活动。

（二）教学软件的使用，让英语作业与评价更加多元

教学软件如此丰富的今天，对于老师来讲，有了更多的选择，多样性的英语作业设计与评价可以在学生之中得以实施。根据英语的学科特点，英语作业通常围绕听说读写做和演来布置。在传统的教学中，我们布置的听说作业无法进行精准的评价，评价的形式也较为单一，主要以学生读老师听为主。但现在有教学软件的辅助，口语作业有了更多的选择。我给学生设计过动画配音的作业，给学生布置过课文跟读作业，在对话的练习中可以让学生拍短视频上传平台，彼此相互学习。疫情期间居家学习时学生之间的互动少了，我设计了互听互评的环节，提高学生的参与积极性。具体实施是，班级按学号前一半的同学上传语音作业，后面一半的同学听，然后进行一对一评价，之后老师给予指导；下一次听评学生名单互换。这种方式避免了平时学习不够积极的同学不想参与的情况出现，也给学生带来小老师的荣誉感。在疫情之后的教学工作中，我延续了其中的某些作业，例如朗读打卡，英语配音等，学生的参与积极性依然很高。朗读作业里的自动评分，让精益求精的学生总要以满分为目标，大大提高了他们自我钻研的积极性。

（三）信息技术的便捷，使英语资料的获取更加精准

英语学科不同于其他学科。英语是一门外来语言，在非英语母语的国家，没有语言环境，没有英语使用习惯，如今我们却通过信息技术，实现了传统英语学习与现代教学形式的完美结合。我们可以直接买到英国孩子的分级读物，获取世界上最先进、最地道的英语学习、教学资料。在二年级的英语兴趣阅读课上，配合Module1 Using my five senses的主题，我为孩子们选择了培生系列绘本Feelings；教材中讲的是感官的感受，兴趣阅读课上拓展的是情感方面的内容；配合Module2 My favourite things的主题，我选择了绘本 *I love rocks*，讲述一个喜欢石头的孩子的故事；这些绘本都是原汁原味的"舶来品"，不仅让孩子们的学习更加有趣，而且更多的体验到原版绘本的语言运用。在我们备课的过程中，英语老师通常会采用动画视频短片，在信息技术的支撑下，我们获取原版动画的途径更广阔，老师的选择范围更广泛。例如，在牛津英语3BM3U3 Story time课时中讲述的三只小猪的故事，我找到迪士尼的8分钟原版动画作为教材故事的补充。这一课时的教学设计与英语戏剧相结合，通过动画短片的观看，让孩子们更直观地体验到剧本与表演。儿童时期是语言学习的黄金期，如此丰富的资源，让今天的学生从小就告别Chinglish的困扰，从接触语言初期就可以接触到最准确的学习资源，使孩子们对语言的感知能力大大增强。

二、信息技术的发展，为英语个性化学习提供可能性

（一）信息资源平衡英语学习者的差异性

面对英语学习资源，使得英语学习不仅仅是课堂学习的问题，也与家庭学习息息相关。它需要与学生大量业余时间、零散时间结合起来，与家庭的基本教育，学生自我学习、自我控制、自我监督、自我教育的能力结合起来。没有这两个方面的有效结合，就会面临课堂上学生英语学习水平参差不齐的问题。这些个体的学习差异在传统教学环境中同样是存在的，但是并没有如此的明显、表现如此突兀。移动互联技术无限放大了这种学习能力的差别，同时也能够通过丰富的资源弥补差异性的存在。更为重要的是，这些学习能力是综合能力的体现，因为它不仅仅是英语学习本身，背后还有学习途径的拓展、学习资源的遴选，等等。老师在充分了解学生的学习情况下，帮助学生制订有效的学习计划。例如在空中课堂期间，教学内容主要以教材为主，而有一些同学英语基础较好，教材内容不足以满足他的学习需求时，学生完全可以通过恰当的选择做出适合自己学习需求的调整，可以通过其他的平台补充更适合自己的学习需求，时间安排更加灵活，学习目标更加明确。同时，我也鼓励学生们在自己能力范围内探究更多与教材相呼应的知识，例如英语科普阅读，英语戏剧欣赏等。对于英语学习能力弱的同学，空中课堂有着最大的优势，可以反复观看。如果单词发音没学会，可以后退视频反复听和练。通过基础知识的扎实学习，为学生打下良好的英语学习基础。这不仅有利于学生的学习，更有利于家长了解学生的学习内容。还可以促进家校共育，与父母共同解决疑难问题。

（二）处理信息为英语个性化学习提供帮助

学校里教师的教学面对的是全体同学，作为教师通常有我们个人常用的教学软件，例如一起作业、口语100、晓黑板、钉钉群等，这些平台的信息处理功能强大。例如，我曾经发布作业调查问卷，让学生投票最喜爱的作业项；我通过发布的试卷错题统计调查，了解到学生学习的薄弱之处；数据让我们的一切活动有据可循，给我们减轻了很大的工作量。与传统教学相比，教师可以看到每个孩子的完成情况，软件系统可以直接将直观的结果呈现在我们的面前，我们通过这些信息数据可以真正了解到每个孩子的英语掌握情况。英语老师通常带的班级较多，这些信息工具能够给我们的教学带来最直接最便利的反馈，我们通过不同的作业类型来完成英语个性化的学习，因材施教、量体裁衣在这才能真正的得以体现，这是我们传统的英语学习中难

以达到的效果。

三、信息技术的发展,让教师专业成长更加便利

(一)信息技术的发展带来教学活动的思考

移动互联技术与各种相关设施的配套、相关领域的发展密不可分,它们共同构成了当前英语学习教学的生态环境,让英语学习教学更加方便、立体,实现了全方位、全天候的覆盖,同时也带来了无比的愉悦,让学习不再是一件单调、枯燥的事情。铺天盖地的英语教学资源可以迅速而有效地渗透到我们生活的每个角落,只要一个人想要学习、甚至有学习的意愿,海量推送信息就会来到面前。在这种情况下,英语教学已经不仅仅是努力、勤奋、刻苦的领域,更是机智、灵巧、通透的领域,不是占有资源,而是分析、辨识、正确地使用资源。面对丰富的英语教学和学习资源,我们要开拓自己有效获取教学资源的途径,选择合适的教学材料,培养学生有意识地获取英语教学资源,能够从众多教学和学习资源中选取适合自己的那一部分。

(二)信息资源为英语教师自身成长带来机会

作为英语教师,我们需要更广阔的视角,我们需要更了解这个世界。在信息技术发展的今天,我可以通过BBC的新闻和纪录片看看世界;我可以通过TED演讲练习听力与语言表达。可以说当今是英语老师的幸运时代,英语已经不再是一项稀缺资源,而是我们触手可及的工具。在教师专业成长方面也同样深有体会,平时听课我只有机会聆听本学段的英语课,但在"空中课堂"实施期间,我可以聆听不同学段、不同学科的课程;无论是初中物理,还是高中化学,拓宽了自己的视野,对提升自己的综合素养有极大的帮助。就我个人而言,在教师的教研活动中,也同样采用了前所未有的线上模式。过去我们的教研活动只是听,手动笔记;现在资料可以网络存档,我可以随时选取适合自己的需求反复学习,一次教研活动的价值被大大提升。

总之,不论对于英语老师还是学生,丰富的资源都带给我们前所未有的机遇。我们都知道,学习最重要的莫过于"坚持"二字,不论选择了什么,贵在持之以恒。在教学资源如此丰富的今天,找到最适合自己的才最重要,努力做好信息的处理,让每个孩子每位老师找到适合自己的那份资源,并让资源得到有效的运用,为教与学服务。

小学英语课中运用任务型语言教学策略的实践探索

上海市浦东新区东方小学　黄丹红

一、任务型语言教学的特点

所谓任务型语言教学,是一种语言教学途径,其以任务为基础,或者基于任务本身而产生。确切地说,这不能被称为一种教学方法,而是一种教学途径。在教学课堂中,教师创设一个任务,营造出一种现实中真实的活动语言环境来让学生学习语言,使学生在完成一项项任务的过程中熟悉语言、学习语言,进而掌握语言,达到促进学生英语能力提高的目的。我认为,任务型语言教学具有以下特点:

(一)任务必须涉及信息的互动交换

交流和互动是信息交换的必要环节。这需要在英语课堂中以完成任务为目的的交流和互动,需要两个或两个以上的学生参与。在此期间,教师和学生间、学生之间需要互动合作才能达成任务的要求。在上海版牛津英语4AM2U2Jobs中,教师发布任务——采访同学家人的职业情况。在这个任务中还出现了一个"信息差"的概念,即你的信息我不清楚,我的信息也需要在交流中让你知晓。所以要通过语言交流来填补这个"信息差",在信息的相互交换过程中操练、使用语言,进而完成任务。这里要注意的是任务的完成要重视学生如何使用语言沟通信息,不过分强调学生使用语言的正确率,首先鼓励学生大胆表达,采用"意义优先"原则。

(二)任务的完成更注重过程性学习

传统的语言教学追求的是学习的结果,教师只是将书本的知识点和语法规则灌输给学生,学生属于被动地学。而且在学习的过程中缺乏运用的过程,即没有通过思考后的语言输出过程，学生知识点的掌握仅限于"机械使用"，"语言运用"的场合少，直接导致学生开口机会少，缺乏实践操练。交流是任务型语言教学过程中必不可少的载体，学生间的语言交际是完成任务的必要手段，交流的目的是通过语言的运用来掌握语言。即语言的运用是达到目的唯一的途径，只有运用了语言的过程才是任务完成的重头戏。教师要选择能激发学生运用语言的任务，设计学生感兴趣的任务，只有这样才能让学生乐于完成任务，得到语用的操练。如果任务过分简单，学生容易跳过当中运用语言的过程直接达到结果，得不到必要的操练，若任务过难，同样也会让学生望而却步，所以在这个过程中教师的作用尤为重要，适切的评价方式也必不可少。在上海版牛津英语3AM3U2 Shopping中，教师创设了去水果店购买水果的情境，学生通过分组模拟店员、顾客A、顾客B完成购买水果的任务。在此过程中设立了一个巡视员的角色，他在过程中是一个监督小组成员是否使用相关语言的评价者，既监督了小组成员完成任务的完整性，又适时地对任务的各个细节做出了评价。

（三）任务的实施需要生活场景的再现

语言是文化学习的载体，语言教学不仅是语言知识的传递，也是一个群体思维方式训练和价值观认同的延续。真实的语言情境有助于学生在真实的感受中尝试使用相关语言表达想法，与人交流互动。所以教师设计的任务需要在真实世界中发生的，今天的课堂完成的任务应能迁移运用到现实生活中。曾经看到过一个非常真实而有趣的任务，教学内容是上海版牛津英语3BM2U1Toys，睿智的教师模拟了跳蚤市场，让学生们成为buyer和seller，在完成任务的过程中，学生们仿佛进入真实的市场，有的极力推销自己的商品，有的看中了商品缠着摊主讨价还价，热闹的课堂背后是学生对真实场景的熟悉，是真实生活场景和任务场景重叠后学生语言运用的如鱼得水。

综上所述，任务型语言教学注重于"真实"，通过教师的引导，让学生在课堂上用"真实"的语言实施"真实"的任务，用"真实"的表达完成预设的教学目标。

二、任务型语言教学的案例分析

（一）单元教学内容

牛津英语上海版4A M3 U2 Around my home

（二）学情及单元分析

本单元的教学主题是"Around my home"（在我家的周围）。在学本单元内容之前,学生已经学习并掌握了许多场所类单词、常见的方位介词、与能力有关的常见动词和动词词组;能够熟练运用can句型、there be句型、to be句型等对相关场所、场所设施及场所活动进行描述与介绍。

通过本单元的学习,学生能了解与运用更多的居家周围的场所,如:supermarket, post office, restaurant等,能正确描述这些特定场所内的设施、功能与特定活动。能运用相关介词如: in front of, behind, next to, between等来准确表达场所方位。能运用there be句型的一般疑问句来询问场所的空间位置以及场所内的物体位置,并能作出合理回应。能较为完整、合理地感受与介绍现实生活中的社区场所。在此过程中,进一步感受居家周围场所的特点,感受社区生活的便捷,以此渗透热爱家、热爱社区、热爱生活的情感。同时,循序渐进地学习与运用字母组合在单词中的发音,通过朗读语音儿歌,培养语感。

(三)单元教学目标

1. 能掌握并运用Look and learn中表示各类场所的单词,表示方位的介词。

2. 能熟练掌握there be这一核心句型的一般疑问句形式,并给出正确的答句。

3. 了解自己家附近的社区场所,能运用所学进行询问、回答,进而绘制简单地图,初步感知方位及空间概念。

4. 通过了解特定地点(如家附近、学校附近、城市地标景点如南京路)的位置、设施、活动等,感受身边的生活场所,感受街区生活带来的快乐和便捷,培养学生对家、所在社区、所在生活城市的熟悉度和认同感。

(四)第三课时教学目标

1. 能熟练地运用表示场所类词汇及方位介词,如: supermarket, post office, restaurant, next to, between等,能结合已学旧知对其进行合理描述。

2. 能够进一步在创设的情境中合理运用Is there .../Are there ...?及其回答进行场所的方位描述,进一步感受场所的空间位置。

3. 能根据旧知结合新知,以小组为单位合作完成学校附近生活设施的地图绘制,并在延伸学习环境中尝试表达、交流和分享,并开展评比。

4. 在画一画、问一问、答一答的过程中,感受家附近社区生活的便捷与多样,感受其人文性进而渗透热爱家、热爱学校、热爱城市的感情。

（五）第三课时教学过程

1. Post-task preparation:

欣赏 *Our school will shine today*，将学生带入课堂氛围和语言环境中。

通过简单的问答，引导学生开展旧知的复习。在一张表示彩虹小学及周边地区的地图上，教师通过描述性语言，复习本次任务需要使用的表示地点的词汇，如 supermarket, post office, restaurant, shop, park, school, Garden Street, Rainbow Road，使用 Where is ...? What's on ... Road? 等句型复习回顾地点方位的表达。

［教学过程］

Teacher: Hi, children. Please look at the map. Here we can see the places which around Rainbow Primary School. According to the map, can you tell me what's on Rainbow Road?

Student: There is a supermarket, two shops and a school on it.

Teacher: Well, Where's the post office?

Student: It's on Park Street. It is between a bakery and a restaurant.

Teacher: Yes, you're right. Is there a restaurant near your school?

Student: Yes, there is a restaurant behind my school.

...

2. While-task procedure:

结合 Post-task 复习内容，教师布置一个后续拓展任务。将班级学生分成四人一组，每组发放一张 A4 任务纸（大屏幕上投放，A4 纸上是学校附近的简略地图，上面仅有四条大路及学校的位置），通过小组间成员的问答、共同思考、合作完成学校附近地图的绘制（各条马路上需要有大致的真实设施）。建议学生本次任务使用 there be 句型的陈述句和一般疑问句。

［教学过程］

Step 1：

Teacher: Now, I want you to draw a map of our school's neighbourhood. Please look at TV. Which road can you see?

出示一幅学校周边的简略地图，有蓝村路、杨高路、东方路、浦建路。

Student: I see Lancun Road, Yanggao Road, Dongfang Road and Pujian Road.

Teacher: Very good. And what's on Lancun Road? Are there two supermarkets on this road?

出现蓝村路的照片,有超市、邮局、商店等。

Student: Em ... Let me see. No, there is only one supermarket on Lancun Road.

Student: There are two post offices on Lancun Road. One is near Dongfang Road and one is near Yanggao Road.

Teacher: Yes, You know a lot.

Let's practice it in pairs.

出现学校附近简略地图,通过学生间提问和回答加深对学校周边设施的了解。

Step 2:

Teacher: Now you have a new task. Please make a map around our school. On this sheet you can draw and write some places around our school. Four students, one group.

出示一幅学校周边的简略地图。

Step 3:

Teacher: Look. We can see a post office. What can we do in the post office? Do you know something about it?

Student: There are many postmen in the post office. They often send letters for us. Every day they deliver the newspapers to us. And the postmen always wear the green uniforms. They are busy and kind.

......

3. Post-task activities:

在教师提供任务评价单后,各小组依次上台展示任务场景,由教师及其余小组根据各小组的完成情况进行评价。

[教学过程]

A小组活动片段:

Student1: Where's your home, Coco?

Student2: It's at No. 455 Lancun Road. Look. It's my home.

Student3: OK! Let me draw your home on the map.

What is near your home? Is there a post office?

Student2: There are many restaurants on Lancun Road. Look! There are two post offices on Lancun Road.

Student4: I know. One is near Dongfang Road and one is near Yanggao Road. I can draw it on this map.

Student1: Where is the Zhangliang Restaurant? Is it here?

Student3: Yes, It is near our school.We always eat spicy food in this restaurant. Now I draw it on the map.

B小组活动片段：

Student1: Where is our school?

Student2: It's at No. 31 Lancun Road. I can draw a sign on this place. It is our school.

Student3: My home is near the school. Look，it is 100 meters from our school.

Student4: My home is on Dongfang Road. There is a Senior High School near my home.

Student1: I go home pass the school every day.My brother is in this school. He is a good student. He likes playing basketball in the playground after school. I can draw the school on the map.

Student2: Is there a children hospital on Dongfang Road? Is it near the Metro Station?

Student4: Let me see. Yes,Line Six is near the hospital. There are many doctors and nurses in the hospital. They always help sick children. I like them. I can draw it now.

……

根据任务评价单，进行组内评价，组间评价和教师评价。

任　务　评　价　单			
项　　　目	组内评价	组间评价	教师评价
1. 小组合作完成任务，人人参与交流活动	☆☆☆☆	☆☆☆☆	☆☆☆☆
2. 过程中，正确使用到提供的任务语言结构	☆☆☆☆	☆☆☆☆	☆☆☆☆
3. 完成任务后获得与真实事件相匹配的信息	☆☆☆☆	☆☆☆☆	☆☆☆☆

三、运用任务型语言教学策略的实践反思

1. 任务型语言教学中，教师通过任务的设计与布置，给学生指明完成任务的方向，并在任务完成过程中起到助推的作用。上述案例中，教师仅在任务前对旧知进行一个必要的回顾，将任务中涉及的学习内容作进一步的提炼。在任务的实施过程中，教师的角色功能渐渐弱化，只是在旁观察和监控学生完成任务的进展，适当地加以提醒和纠正。真正的学习过程是发生在学生身上，是学生依据教师发布的任务单

实施完成的，是一种学生自己进行"做中学"的过程。虽然此处的老师不像往常那样全程把控进程，但在前期需要教师进行大量的预设和大量的信息输入，在学生内化知识之后，才能通过"任务"运用学习的语言，"用语言"的过程其实就是"学习语言"的过程。从这个角度来讲，开展任务型语言教学的课堂实践对教师的要求是比较高的。

2. 提倡任务型语言教学并不意味着每节课都能设计出"任务"进行"运用"。有的教材内容可以设计一个大任务，在这个大任务中可以设计一个个小任务形成一条任务链，还有的课中只有某个环节设计一个任务进行语用的操练。设计任务时，应充分考虑它在课堂上的适用性和学生的认知度，凸显优点，克服局限性。只要设计的"任务"合情合理，不生搬硬套，不为了完成任务而设计任务，遵循儿童语言学习本身的规律，才能不断完善和发展任务型语言教学策略的内涵。

3. 为了使学生获得学习成就感，教师要重视任务完成后的即时评价和适切鼓励，以促进学生更好地投入后续任务。传统的评价可能会注重考查学生对知识体系的掌握情况，而运用任务型语言教学策略的评价主要是通过学生在完成任务中的实际表现来考查学生的实际语言运用能力，这有利于引导学生向重视学习的过程而不是唯结果论的转变。

巧用微课提高小学语文写作教学效率

上海市浦东新区东方小学　季智慧

《语文标准》强调："语文课程的建设应继承我国语文教育的优良传统，注重读写、积累和感悟，注重整体把握和熏陶感染。"小学语文教学的根本目的是培养学生的阅读、写作能力。实践证明，微课在写作教学中可以发挥重要作用。

一、使用微课的现实意义

（一）顺应写作教学现状的需求

1. 学生的学

提及写作，大部分学生都望而生畏。往往表现为：缺乏积累，认为没有素材可写；词汇贫乏，语句不够优美、生动；结构混乱，重点不突出。因此，碰到上作文课，根本提不起精神，抓耳挠腮写不出几句话。对于写作有"畏难""讨厌"的心理。

2. 教师的教

传统写作教学中，教师重视概念性、轮廓式的指导，通常以一篇或几篇范文为例，让学生学习其中的优点，并依葫芦画瓢进行练习，但是这样指导出来的文章千篇一律，出不了新意。再换同类型的习作题目，学生往往还是无从下笔。

（二）微课特点决定其意义

1. 什么是微课

随着信息技术的快速发展，一种非常流行的教学模式正影响和改变着我们的教学，那就是微课。

微课是指以视频为主要载体，记录教师在课堂内外教育教学过程中围绕某个知识点（重点、难点、疑点）或教学环节而开展的精彩的教与学活动全过程，一般为5至

8分钟。微课的核心组成内容是课堂教学视频(课例片段),同时还包含与该教学主题相关的教学设计、素材课件、教学反思、练习测试及学生反馈、教师点评等辅助性教学资源,它们以一定的组织关系和呈现方式共同"营造"了一个半结构化、主题式的资源单元应用"小环境"。

2. 微课的特点

从微课的定义来看,我们不难发现其特点:

(1)短小:教学视频一般在5—8分钟,最长不宜超过10分钟,因此也被称为"课例片段"或"微课例";

(2)直观:微课多以视频、图片等形式呈现,从表现形式上看更为直观、形象;

(3)针对性强:"小环境"中知识点相对集中,一般来说就一个主题,其指向更明确;

(4)灵活性强:微课多为教师在备课时事先制作完成的,除了上课利用之外,教师还可以将内容与学生在课外进行分享,达到最大化利用,可以说微课不受时间和空间的限制。

二、微课在写作教学中的使用策略

(一)培养兴趣,提高写作积极性

著名的教育学家苏霍姆林斯基说过:"如果学生没有学习的积极要求,教师越是把注意局限在知识上,学生对自己学习上的成绩就越冷淡,学习愿望就越低落。"学生不会写作文的一大原因是对写作与写作课没有兴趣,一提到写作文往往头就低下去了,老师讲课时也是无法集中注意力认真听讲的。而微课的教学时间短,5到8分钟是学生保持注意力集中的最佳时间,学生能在这段时间内聚精会神地观看视频。对于小学生而言,动画、视频等往往比普通授课方式更能吸引他们的兴趣,最终达到更佳的效果。另外,微课的内容较短,主题突出,能够整合学生零碎经验,通过图片、视频、文字等调动学生多种感官,更直观、形象,激发学生表达内心感受,使缄默知识显性化。

比如,《我的好朋友》是部编版教材二年级下册语文园地二的写话内容,我在备课时根据教材中提供的素材找了相关的资料制作了一段微课,视频中"掉了一颗门牙"的张池小朋友激起了大家的兴趣,看微课时大家笑得前俯后仰,一下子记住了他的这一显著特点;又觉得张池圆圆的脸蛋和脸蛋上的小酒窝非常可爱。又以身边的同学为例,将他们有特点的外貌做成视频补充材料,这样给了学生强烈的视觉冲击。在这样的铺垫下,当我跟学生一起得出"写人物长什么样子(即外貌)要抓住人物最具特征的方面来写,而不需要面面俱到"这样的结论时,学生们对抓特征就有了更深的理解。

(二)实践分层,提升写作教学效率

教育家陶行知先生指出:"培养教育人和种花木一样,首先要认识花木的特点,区别不同情况给予施肥、浇水和培养教育,这叫'因材施教'。"在习作教学中亦是如此。教师应从学生的实际情况、个别差异出发,以人为本,让每个学生都能够获得最佳发展是作为教师应该要贯穿始终的教学理念,这也是课堂公平性的体现。

1.分层制定教学目标

教师在备课时要考虑到学生的差异性,根据学生的差异制定不同的学习目标,在制作微课时有针对性地进行不同情境的创设与答案的预设。

比如:《小小"动物园"》(部编版四年级上册第二单元习作),教师根据单元目标"写一个人,注意把印象最深的地方写出来",从学生的差异考虑设定三个层次的教学目标并制作不同的微课。第一层次:通过人物和动物的比较,写出相似之处最突出的特点,可以从"外貌、喜好、性格"等方面进行简单描写,能写出少许感受,语句表达通顺即可;第二层次:能够抓住人和动物的几个特点和相似点介绍,从"外貌、喜好、性格"等方面加以描写,谈感受时能用感叹句等句式,抒发对家人的喜爱之情;第三层次:能够清晰有序地抓住人和动物相似点进行描写,能有详有略地描写特点,能借助修辞抒发情感。三个层次的微课配以图片和不同的情境给学生,当需要完成较低要求的学生学习了相应内容后就可以着手开始写作,教师可以适当进行适时指导,这样也赢得了更多接受个别化辅导的时间。需要完成较高要求的学生继续深入学习。

这样的备课实现了因材施教,避免了能力较强的学生"吃不饱",能力较弱的学生"吃不了"的现象。

2.分层实施课堂教学

在课堂实践中,教师可以将学生分成高、中、低水平不同的三组,对于能力较弱者,我们可按照已定难度较低的教学目标进行一一落实;对于能力中等及较高的学生,除了完成较低难度的目标之外,还需要高级目标,以达到最优化发展。

例如:教师在教学习作《我的心儿怦怦跳》(部编版四年级上册)时,教学总目标要求学生能写清楚事情的经过,能写出自己的感受。写作是学生传递感情,表达自己内心所想的一个重要途径,同时也说明写作应该是自身情感的自然流露。这

阶段的学生基本掌握了把一件事情的内容写清楚的表达方法,但是对写出感受还比较陌生。对能力较弱者要求只要写出感受即可,而对能力较强的学生,则要求他们把感受写清楚,这个重难点如何突破呢? 教师利用微课突破教学难点,微课以教材中的资源包和学生习作片段为素材,在情境中质疑、释疑,通过反复修改的方式为学生梳理出写清楚感受的方法:想的多了,身体"变"了,还可以用上自己的语言积累……循序渐进地让学生从干瘪的几句话变得语言丰富,进而表达真情实感。微课可以更好地让写作有支架、有抓手,帮助学生学习从不同角度,用不同表达方式把感受写清楚。

3. 分层进行课后辅导

一堂课的结点不应该停在教师讲授完成,而应该延伸至学生吸收并掌握相应知识点。对于不同层次的学生,教师可设计在原来层次上的提升。如较低层次的学生能否完成中等层次的作业呢,中等层次的学生能否完成较高等层次的作业呢,分层次微课就可以在不增加教师工作量的基础上完美实现。对于较高层次的学生,教师可以制作优秀作品微课进行共赏与互评,进一步取长补短。

(三)增加积累,拓展素材多元性

教育家叶圣陶说过:"生活就如源泉,文章犹如溪水,泉源丰盈而不枯竭,溪水自然活活泼泼的流个不停。"这启发我们写作素材就来源于我们的生活。可是学生往往觉得生活中并无大事,因此在写作时想不出可写的素材。其实不然,写作往往就可以从身边的小事着手来思考。

1. 捕捉学生生活中趣事,帮助学生再现情景

教师一方面可以拓展学生的生活空间,开展一些喜闻乐见的实践活动,另一方面可以将平时的活动画面记录下来,制作成微课素材,在写作时将这些素材展示出来,让学生能明白生活中的小事也蕴藏着大道理,生活中的平凡事也饱含着温情。

2. 积累周边及社会现象,拓宽学生视野

比如,在教学《_____,你真了不起》(沪教版五年级上册)时,由于小学生平时的生活范围比较小,他们觉得身边没什么了不起的人,因此在写作时抓耳挠腮,想不到写谁的什么事迹。老师制作了两个微课,其中一个微课是学生身边的人,爸爸、妈妈、老师、环卫工人等,把他们平日的工作搬上了屏幕,视频配以适当的文字展现在学生们的面前。看完后,原本觉得爸爸妈妈并不是什么英雄伟人的同学现在个个眼眶红润;原本觉得环卫工人是个很不起眼,不值得一提的社会小角色的同学现在

也感叹他的不平凡。另一个微课介绍的是为社会做出贡献的人,学生从微课中拓宽了视野,感受到他们真是了不起的人。

(四)主动选择,增强学生写作能动性

学生在学校的学习时间是有限的,教师无法在课堂上做到回答每一位学生的问题,同时学生对一堂写作课的理解与掌握程度也是不一样的。想要完全掌握知识,每个学生必须遵循自己的学习进度,必须要有个性化的教学方式,比如老师要给不同层次的学生不同的试题或者课后对学生进行一对一的辅导。对于传统教育来说,可行性实在太低了。

现在,我们利用微课,教师可以把各个知识点分散开来,如文章结构方面的,写作素材方面的,词句运用方面的……制作成微课,方便学生根据自己的需求进行选择性学习。学生可以通过观看分类微课视频,按照自己的进度去寻找解答。学生的学习不受时间、空间限制,这帮助学生真正掌握知识,还能提高他们学习的积极性和主动性。

总之,教师应充分利用好微课这一现代信息技术教学手段,挖掘身边的教学资源,让自己的课堂更精彩,更高效,将训练落到实处,因材施教,使学生写作思维有拓展,写作水平有提高。

提升小学体育游戏化、趣味化教学策略的实践探索

上海市浦东新区东方小学　钱佳梁

【摘　要】体育游戏作为一种集教育性、趣味性、娱乐性、健身性于一身的教学方式，在调动学生学习的积极性和主动性，促进知识技能的形成和掌握上有着十分明显的效果，它能带动课堂气氛使学生在欢快的具有趣味性的环境中锻炼身体，增强体质，学习知识，掌握技能，从而达到体育教学的目标。

随着体育教育改革的逐步深入，传统理念下的体育教学以技能教学为主要目的，对教学活动进行确定性假设，使得教学活动程序化、机械化、呆板化，阻碍课堂创新、扼杀学生主体性的教学模式将会被逐渐淘汰，而体育游戏、趣味化在体育教学中的地位将逐步提高，成为体育教学中不可或缺的部分，它独有的游戏与教育兼具的特性使其成为体育教育改革的重要推力。与此同时，我们还要重视体育游戏的设计与运用方法的严谨性。一个好的游戏内容会促进教学活动的成功，反之一个设计简陋，缺乏教育性的游戏则会产生不良的教学效果。因此要根据不同的运动项目，不同的年龄层次，不同的教学阶段设计具有针对性和适应性较强的游戏内容，从而对学生进行更好的体育教育。

【关键词】小学体育　游戏化教学　趣味化教学

一、引言

儿童的本性就是喜欢玩乐和运动。当小孩还在小学期间，拥有广泛的爱好，好奇心强，学习和自身的爱好直接挂钩，对什么有兴趣便会努力专研。因此，对于小孩子的体育教育，应从他们的兴趣爱好出发，寓教于乐。其次，处于小学的孩子正是长身体的阶段，无论是身体还是心理都还不成熟，各方面素质均还欠缺。因而不能使运动量超过他们身体的负荷，要尽量避免过大的运动量，不然会给小孩的身体造成伤害，

得不偿失。并且由于小孩子的心理还不成熟,对世界的认识还不够完善,因此,对于比较枯燥困难的知识更难以理解。利用游戏的方式来解读课程,能够使得他们产生更大的兴趣,启发他们的大脑。最新课标便提出了要让教学有利于学生学习,激起学生的运动兴趣,要使得他们养成爱运动的好习惯,将学习寓于运动之中。

二、让小学体育教学更具游戏化的意义

(一)利于提高小学生的身体素质

在这个日新月异、高速发展的新时代,父母对子女的要求越来越高,多数父母都希望孩子能赢在起跑线上,希望自己的孩子从小就多才多艺。因此,在学校上课之余,还根据自己的意愿为子女报了许多兴趣、拓展课程,再加上一些语数英的课外补习,让原本应该快乐美好的童年,蒙上了一层阴影。面对各种各样的教育课程和课外辅导的压力,孩子们已经累得喘不过气,为了不辜负父母的期待,大部分小学生基本上都强迫自己把时间放在学习书本上。但孩子的精力毕竟有限,长时间处于这种阶段性紧张状态,就会感到厌烦和无力,这样不仅磨灭了孩子们爱玩的天性,同时也抑制了孩子们对接受新事物的积极性。因此,培养孩子积极参与体育锻炼的兴趣变得尤为重要,不仅可以让小学生暂时忘记学习的烦恼也可以培养孩子的自信心。在趣味化教学策略的模式下,孩子们不仅能感受到体育带来的快乐,还能引导学生在学练过程中主动思考、积极学练、不畏困难、勇于挑战、互相欣赏,并且能初具安全活动意识,建立安全活动的规范,从而促进学生在生理、心理和社会适应等方面的和谐发展。

(二)利于小学生提升文化课的学习效率

现在大部分的学校都把重心放在了提高孩子语数英的成绩上,忽略了孩子的全面发展,体育课往往被排在了众多科目之后。大多数父母和老师都认为文化课程比体育课程更重要,学生在学校的第一任务就是储备足够的文化知识应付考试,取得好成绩。其实从家长层面来讲,这个观点无可厚非,但是不是说体育课不重要,其实文化课和体育课是有密切关系的。小学生的认知水平和学习能力是比较有限的,如果一直坚持高强度的文化课学习,学生的心理和生理都会感到异常疲惫,长此以往学习效率只会事倍功半。因此,为了鼓励学生劳逸结合,现在的中小学每天都安排学生一小时的室外活动,同时体育课也将从一周的三节课逐步提升为四节课,确保学生在每天高强度的学习之余能有时间舒缓压力。

三、提升小学体育游戏化、趣味化的教学策略

（一）围绕教材内容因材施教

根据小学体育教材的基本框架结构，我们不难发现教材内容一共分为身体活动、身体表现、身体娱乐三大板块；其中身体活动和身体表现板块由健身乐园、游戏天地和创意活动三个栏目组成，身体娱乐由民间体育、球类活动、趣味体育和创意活动四个栏目组成。每一个板块或者小栏目都紧紧围绕着我们的小学体育兴趣化课程改革。因此我们小学体育教学的主要任务就是在开拓孩子视野的同时，尽量让孩子享受体育活动的乐趣。

在学生感受体育带来乐趣的同时，我们也可以让学生掌握教材上的基本体育知识和一些简单的技术动作，切记不要因为追求学习内容的系统和完整而去让学生挑战一些技术动作上的细节；其实我们的目标是让学生在运动中体会成功带来的喜悦和成就感，同时在小组的合作环节中体验学生之间共同进步、互相帮助的意志品格。这些内容的学习应该是在比较愉快、和谐轻松的氛围下，通过强化实践来完成的。这一实践过程并不是学生们跟着老师一步步地练习，而是学生们独自进行和经历的练习。"玩"和这个实践过程是完全一致的。和普通的玩耍不同的是，它是有目的地"玩"，它是阶段性地"玩"，它需要在每个不同的环节学习到一些东西。为此，老师应该进行研究、发掘、灵活教学、合理使用教科书。

例如：二年级投掷轻物的教学中，老师放弃了传统的教学方法，使用纸飞机进行教学。在课的初期，为了提高学生的学习兴趣，可以让学生利用纸片完成折纸飞机的环节。其后，老师可以传授学生们投掷纸飞机的方法，要求肩上屈肘、手高于肘、肘高于肩。这种练习不但不觉得练习的反复乏味，而且那种练习充满乐趣，不想停下来，在"玩"的同时学生不仅掌握了投掷的正确方法也有助于课后的持续练习。这样一来当我们在课中期改成海绵球投掷后，学生又因为新事物的出现而充满学习激情，配合在投掷纸飞机环节中掌握的技巧，再利用合理的比赛机制和等级评价，学生学习效率一定会有一个很大的提高，能更加简单快速地完成本节课的教学目标，同时也能充分关注投掷的重难点，最后也能在比赛环节中培养良性竞争的意识。

（二）灵活多变的教学方法

1.情境导入教学法

情境导入的教学方法近来已经在小学、初中的体育课堂中广泛运用，尤其是在

小学阶段。刚踏入小学的孩子,其实都处于生长发育的初期,他们除了要学习各种课本知识外,还需要游戏、童话、音乐和幻想。因此,根据低年级学生善于模仿、想象力丰富的特点,教师可以在体育教学中引入多种多样的体育游戏来吸引学生的注意力,提高学习的效率。教师预设的场景往往可以深深地吸引住孩子。例如在立定跳远的课上,我们可以小青蛙与妈妈作为故事背景,引导学生变成一只小青蛙。在热身环节,我们可以进行小青蛙的模仿操让学生的身体得到充分的伸展,随后在主教材环节,我们可以绳子作为整节课的抓手,通过把绳子摆成不同的形状来提高学生跳远的距离。同时我们也可以把主教材的内容改成:摆脱井底之蛙——让学生在地上用绳子摆成一个圆圈来充当一口井,练习原地纵跳。随后离开井底之后,我们可以进入小青蛙跳荷叶的环节,组织学生把短绳绕成荷叶状,随后跳过荷叶;在后面的环节我们也可以加入合作学习,两人运用绳子摆成一条河,进行小青蛙过河的游戏。这样的情景导入教学既有效地提高了孩子的学习兴趣,也提高了教学的游戏性趣味性。

2. 等第制评价教学法

在每个教学内容的最后几个课时,教师通常会通过等第制评价的形式来判断学生学习的最终情况。其实在每节课中,教师如果对每个教学内容划分优秀、良好、合格等不同等级,那么孩子们会出于好胜心强的原因,一直对学习内容进行反复的练习,这样能够提高学生的学习热情与主动性,通过班级整体的引导,活跃课堂气氛,有助于提高学生的竞争意识,更好地完成整节课的教学目标。

例如,在投掷实心球的练习时,我们除了让学生掌握基本的投掷动作之外,也可以对场地颜色进行划分,投到不同的颜色区域代表着不同的等级,这样一来小组内就会潜移默化地形成竞争的态势,同时也能激发学生的潜力,发挥出更大的潜力;一些投得较弱的学生会因为同伴的鼓励而变得更有信心,一些投掷远的学生也会因为自身的荣誉感而发挥出超乎寻常的能力。

3. 背景音乐导入法

当今的小学体育教学中,经常会插入音乐的伴奏,从热身活动到主教材再到综合游戏甚至最后的放松环节,都离不开音乐的伴奏。在音乐的引导下不仅可以让学生处于一个放松快乐的环境,同样也可以提高整节课的趣味性和观赏性。音乐的导入在低年级是十分有效的,学生的生理和心理会随着播放音乐的变化而发生改变。例如在热身环节我们需要跑步来活动身体,那我们可以播放一些快节奏的音乐,来迅速调动学生的运动激情。在练习游戏环节,我们可以播放一些可爱、趣味性的音乐,这样学生在整个过程中会充满兴趣,积极性十足,整个课堂也会充满欢声笑语。最后在放松拉伸环节,我们可以找一些慢节奏舒缓的乐曲,教师可以根据音乐伴奏带领学生进行拉伸练习或者意念放松,这样能让学生更好地进入一个放松的环境,以此来达到放松的目的。因此,适宜的播放背景音乐在体育教学过程中是十分有必要的,我们不难发现很多优质课中都离不开音乐的伴奏。

(三)良好的师生关系提升教学趣味

体育是一种复杂的双向教育活动,师生之间有很多互动环节,构建师生之间的和谐关系非常重要。但现在部分学校的体育老师还是主导着整节体育课的走向,老师一味地"发号施令",学生盲目的被动学习,丝毫没有自己的主观判断。这样的课堂教学手法完全不利于快乐教学的实施,也违背了学生为主体,教师为主导的基本教学原则。所以作为教师的我们应该学会转变自己的角色,懂得把课堂还给学生,在课堂学习时,我们可以作为学生们的朋友共同探讨学习,这样学生和教师的身份变得不那么重要,彼此的关系有了很大的缩进。在共同学习的过程中,我们只要从旁指点,给学生一点点的提示,相信他们能给出很多意想不到的结果。这样一来师生之间的关系变得平等了,整节课的和谐氛围也构建完成,我相信教学的趣味也会有一个显著的提升。

老师用自己良好的道德,丰富的知识,生动的形象来感染学生,学生则在耳濡目染之下快乐学习。例如,教师可以尝试和学生一起参与体育活动,通过一起游戏缩短自己和学生之间的距离,也可以请学生担任小老师,讲讲自己的想法和思路,这样或许能更加开阔孩子们的思路。我们老师只要在参与体育活动时,寻找适当的时机融入体育知识,这样就能营造幸福的体育学习氛围。

(四)合理使用信息化提升教学趣味

为了跟随信息化的大步伐,传统的体育一言堂的课堂已然被颠覆,体育课也开始尝试使用电脑白板,跟语数英等学科一样,老师开始尝试制作PPT。比如原本教师一个示范,学生往往不能及时记忆,掌握动作的重难点。现在我们可以通过视频的拍摄实现动作的放慢以及细化,这样有利于学生更好地掌握动作的要领,更加有效地完成本节课的学习任务。

传统的体育课堂上,学生往往以观察、模仿教师示范为主要学习手段。这样,学生对动作的认知程度其实是不高的;同时,在学生做出动作后,也需要教师不停地巡视指导,才能帮助学生纠正动作,很难做到面面俱到。在这种情况下,现代化的信息技术可以帮助解决这一难题。教师可以将完整的动作录制之后放入课件,在课件中分解和慢放这些动作。这样,学生在练习时也不用一味地求教于老师,他们可以通过反复观察屏幕上教师的示范来提高自己动作的准确性。在小组内,学生们也可以根据屏幕上的示范动作相互纠错和评价,这样才是真正地把课堂还给了学生。多媒体教学手段的运用也打破了传统的教学模式,势必让学生耳目一新,从而激发学生的学习和实践兴趣,让我们的教学事半功倍。

总　结

在实践中,我们发现将"游戏化教学"的理念引入体育课堂中,能让体育教学更加有效。既有趣又有挑战的游戏活动代替了枯燥的反复操练,主动积极参与的学习方法代替了被动灌输式的接收方式。对于小学生而言,在体育游戏中感受到了"寓教于乐""游戏中学习""主动挑战"学习的体验。因此,师生都非常喜欢体育游戏与体育教学有机融合与渗透的形式,这一形式在我校的体育教学中也得到了积极的推广与实践。

参考文献:

[1] 王丽杰.让欢乐充盈体育课堂——浅谈小学体育教学中的趣味性教学[J].新校园(中旬),2016(11).

[2] 汪伟.基于趣味游戏的小学体育教育策略研究[J].读与写(教育教学刊),2019,16(05):195.

[3] 董民华.基于趣味性教学的小学体育教学策略研究[J].天天爱科学(教学研究),2019(4).

[4] 张卫煜.小学体育篮球教学之趣味教学策略[J].科技风,2020,418(14):100-100.

[5] 郭奕.小学体育趣味教学方法的讨论和研究[J].中外交流,2019,026(031):142-143.

[6] 陈铮.教新课程:做美丽老师——谈用新理念指导教育教学的一点收获体会[J].新课程(教育学术版),2009(03).

[7] 徐晓飒.谈情感教学[J].平顶山学院学报,2005(01).

[8] 罗国华.关注情感教学[J].思想政治课教学,2006(06).

[9] 熊春全.浅谈体育课中几种教学方法的应用[J].农村.农业.农民(A版),2009(04).

[10] 严翠华.体育教学与智力发展[J].科技信息(科学教研),2008(06).

[11] 王翃.体育中审美教育的内容和表现形态之初探[J].华章,2009(02).

提高小学高年级学生写作
创新性的初步探索

上海市浦东新区东方小学　朱　琳

一、引言

《语文课程标准》要求教师在自己习作教学中为学生们提供学习作的条件和发挥创新性习作的广袤天地。鼓励创新表达，放手让学生自主拟题，减少习作束缚，尽量不写命题作文。我们肩负着语文担起小学写作教学的担子，培养学生表达能力的重任。在生活教育教学上，写作教学是重要内容，旨在培养我们的学生做善于观察、热爱生活、爱自己和真实的人。

二、小学高年级语文写作教学中存在的问题

（一）学生在写作中存在的问题

1. 缺乏生活体验

作文源于观察、生活和体验。我们的学生缺乏生活体验，导致他们在写作过程中感觉无东西可写。目前，大部分学生均为独生子女，考虑到安全，父母过于袒护孩子。夏天不会让孩子捉鱼捉虾，不让孩子捉知了，使他们丧失了体验夏季的乐趣；冬天，孩子们体验不到玩雪的乐趣；同时由于经济生活条件的提高，孩子不会体验到秋季硕果累累丰收的景象，更没有到乡间摘水果的经历；并且不会感受到邻里之间的关爱与帮助，等等。喜怒哀乐是人类原始情感，文学作品正是为了体现这些情感的"有感之作"。由于学生缺少必要的生活体验，使得他们的习作就像无源之水，头脑中一片空白，作文过程中只是胡拼乱凑，敷衍了事。

2. 缺乏善于发现的眼睛

我们时常说："处处留心皆学问。"当具备了一双善于观察的眼睛时，才能看

到、挖掘到别人发现不了的真善美。如今的00后、10后玩的东西多,身边高楼林立、任何东西都唾手可得,致使学生们在舒心、优渥的都市生活中对待身边人、事、物都见怪不怪,也就难以在繁华背后发现小草春风吹又生的倔强不屈,发现不到早晨环卫工人们扫起四散的落叶的可敬背影,感受不到学校简单却营养均衡的午餐的美味,缺乏"一粥一饭当思来之不易,半丝半缕恒念物力维艰"的切身感受。这些在其他人眼中是美好、可爱、刻骨铭心的情景与意识,在他们眼中显得太普遍,不值一提。这就在写作中无法用上生动、形象的词句去描绘它们。

3. 缺乏语言积累

由于学生的词语积累严重不足,导致他们写作文时词不达意。作文即利用文字表情达意。一些学生虽然口头表达的能力不差,然而他们落实到书面表达却截然相反,缺乏活力与生机。写作过程中的病句,通常是日常说话不重视纠正语病,不擅长灵活运用所积累的语言引起的。因此,加强语言表达,多写,离不开语言的积累,这是十分重要的。

(二) 教师在教学活动中存在的问题

1. 教师教育理念老旧

教师在习作教学中未把自己定位成主导者。往往在一篇习作指导时多作为帮助学生审题的辅助者。讲明习作范围、习作要求后,成文就是学生自己的事了。再不济就是给学生一篇好文当例文放手让学生套用写自己的经历和感受。有的教师甚至认为跟踪指导会不利于学生发散思维,也就不提供任何支持,单凭学生自己构思,最后成文。另一种则是写作前与学生分析题目,设定框架。虽然有助于刚学习作的低年段学生,但这会造成作文模式化,出现雷同、千篇一律。

2. 教学方法俗套

大部分教师教学方法过于死板、形式化。即:教师出题,带学生审题,提醒要用上比喻、拟人等修饰词,学生写作,然后教师批改,最后学生誊抄。学生在习作时,教师多认为审题清楚后就能采取"放任自流"的态度。致使很多不会写、不想写的"后进生"学生信奉"拿来主义",机械参考范文,依赖范文。记得有一次监考过程中,遇到一位四年级的男生面对作文一筹莫展,只字未写。我询问后他很直接地说,昨天背的范文套不上去,自己又写不出。可见这种教学弊端肉眼可见。面对这一现状,却难找到新型的更有效的教学方式来改变。现在多媒体的使用在课堂上十分普遍,虽然图片和动画生动而直观,但这项作文教学的方式并不能真正为学生提供观察的空间,没有眼见为实、耳听手触为辅,也就达不到亲身所感、身临其境的感同身受。在这老套、缺乏感触的教学方法下,很容易磨灭学生的习作兴趣。

(三)语文教材中存在的问题

1.习作要求形于框架式

部编版教材习作部分分成了三个部分:(1)选材范围;(2)习作要求;(3)交流评议。其中"习作要求"给了学生们写作的内容。学生们在写作时,其实已被统一了作文的内容和格式。这在一定程度上限制了学生写作,将学生的写作牵引到了同一个方向。因此当收到他们的作文时,雷同作文不在少数。正是出于这种考虑,在编写习作教材时,关于习作要求应该因题材而异。该简则简,能宽泛则宽泛,容许学生有自由发挥的空间。但习作要求简单和宽泛后,要配合一定的方式方法给学生理清思路的"支架",不然学生对于习作究竟要写什么就会茫然,不知所措。

2.习作与生活应用脱节

在编写教材时,并没有十分贴近小学生的生活实际来选择合适的习作主题。学会习作是为了与人交流,表达自己内心情感,可见习作具有工具性。可小学阶段的作文大部分很少连接生活。小学阶段的孩子接触的写作类型无非就是写人、事、物和景,可绝大部分没办法应用到生活中。

三、小学高年级语文写作教学对策研究

(一)创设教学情境

创设教学情境可以增进学生们的生活体验,积累生活经验,使课堂教学变得更具温度和生活化。教师可以在教学中模拟一些真实生活中的场景,再将所教内容融合在一起,让学生可以身临其境,得到体验,获得真实感受。冯卫东和王亦晴在《情境教学策略》一书中认为语言也能为情景教学助力。

在习作教学中,创设生活化的情境能让学生对写作内容感同身受。小学高年级语文教材部分习作内容因为与学生生活脱离,并且违背了儿童的语言和认知特点,因此难以进入教材习作设定的情境。吴忠豪在《外国小学高年级语文教学研究》一书中就提出学生写作的内在动力往往来自实际生活的需要,所谓"学以致用",写作的目的是为了生活的需要,为了交流的需要。教师需要在充分发掘教材优势的同时,创设情境,将教材习作与学生生活相联系,激发学生的写作动力。

（二）加强师生互动

作文信息的传递方式单一无趣，教师在整个作文课堂上往往是根据教材参考书来决定学生作文的内容，教学设计的时候并没有关注学生所需，教学方法不具备有效性。削弱了学生参与其中的意愿，导致了师生互动性差，课堂上唯独老师讲得起劲，教师活动几乎代替了学生的活动，这种作文课堂模式让学生渐渐疏远课堂、失去写作文的冲动。但我们要明白教师是和学生一起思考、学习、交流的人，不是专门提供知识的人，也不是阻断学生与学生互相交流的人。小学阶段的学生都处在童年时期，有自己看事情的眼光，有与成人截然不同的思维方式，所以教师应该真正了解学生，站在他们的角度完成习作教学。面对层次不一的学生还要多多尊重他们的个体差异和独特性，加强师生、生生的沟通交流。

在小学生活作文的教学课堂上，教师要转变自己的教学观念，学会把自己隐身在课堂上，要以学生为中心，取材于学生生活，使他们掌握作文自主权，参与到作文创作中，通过自主学习提高习作能力。但这并不意味着教师可以撒手不管，任意学生胡写。教师在作文的各个环节中要以一个旁观者的身份巡视学生在各个阶段的完成情况，在适当时候帮助学生纠正错误，进行指导。等到教学观念切实转变后，借助评价和交流评议引导学生参与写作。同时在生生交流和互相点评中，学会倾听、思考、总结别人的作文，进一步提高作文能力。

（三）采用多种形式写作文

"想要写作"是学生写作文时最不可少的一个欲望。小学阶段的孩子，本性活泼天真，对这个世界充满了求知欲和好奇心，若一直以无趣、单调的形式教习作，会抑制他们的兴趣，禁锢思维，断绝创新。

针对这个，生活作文可以设计"观察日记"。让每一个学生准备一本本子，取名为"观察日记"。在"观察日记"中划分为：记人、记事（心情）、记物、记景、想象五大类，每两周围绕一个主题展开。比如：第一、二周是记录周围的美景。在习作课上，教师可以带着班级的学生走出教室，走进校园，选择校园最具特色和最美的一处景来观察。我们学校最美、最有特色的就是院内的几棵银杏树了。在最具特色的秋天和春天，我带着学生近距离观察它们。课前，教师们可以制作一张观察单，让学生罗列出最想观察的内容，并留一定的时间指导学生去观察。然后一边观察一边记录在观察单上。到下一节课时，请几位学生来分享、汇总观察的内容，然后凭借思维导图梳理文章内容和思路，最后成文、修改定稿。这样的形式，不局限于课堂，让学生的思维不受限制,不用在课堂上凭空想象让文章干瘪无趣,可以通过自己观察、同学合作记录生活中真实的变化。它能让学生为习作积累丰富的素材,培养"一枝一叶总关情"的留意身边人事物的意识,记录生活中点滴美好,抑或是喜怒哀乐。让这本观察日记成为学生们的叙述对象。以这种方式,让学生有内容可写,写得长、写得全,写出温度和真实。过程中,不免有一部分学生无法完成,教师对此要进行思想教育,慢慢培养他们的观察意识。因为想要学生重视,只有老师先重视,所以严格执行是必不可少的。

(四)用童话来丰富学生想象

"孩子是可以敬服的,他常常想到星月以上的境界,想到地面以下的情形,想到花卉的用处,想到昆虫的语言,他想飞上天空,他想嵌入蚁穴。"这道出了学生的想象力丰富,这些丰富的想象要老师去激发,让他们构思习作富有创新性。

现实却是禁锢学生想象力和创新性,将学生的视角变得狭窄了。学生总是习惯性接受,没有自己的想法和独到见解,在作文教学中更是一成不变地写一成不变的作文,写着大众思想。从学生接触作文开始就进行字—词—句—段—篇的逐一训练,把作文变成一块一块的,貌似训练好一块一块就能写出完整的文章。

我们常会低看学生潜力。其实可以借助充满想象和丰富有爱的童话,充实他们作文的故事性,更重要的是本真。从"童话"开始写,并不是否定新课标的写话目标,而是灵活地把"写话"转化为写"童话"。

"童话"从字面上就能感受到它具有"童真""童趣"的特点。童话故事运用丰富的想象和夸张的写作来讲一个人、讲一件事。因此,让读的人感受到故事内容的神奇,情节设置的曲折。适合孩子们读也因为语言表达浅显易懂还生动。童话故事缔造的神秘色彩的世界是符合儿童心理特征的。1—3年级的学生正处于想象力充沛,爱探索爱问许许多多为什么的时期。教师要抓住他们的思维特点,从"童话"起步,感受童话世界的奇妙。从模仿童话故事里的某一个段落,某一处描写,某一句运用修辞手法的生动句子,衔接里面出现的生活形象,引导学生发挥想象力,融合生活经验来观察身边的生活,写生活中的"童话"。

以"童话"起步,要适当地借助一些直观形象,例如图片、玩具、动画片等,能给学生的想象找到一个事物作为依托,引发学生的学习兴趣。从完整的文章——"童话"开始训练,不仅是从学生的生活出发,更重要的是一开始就训练了学生形成文章完整结构的思维,让学生一开始就更注重结构构思。不要死板规定字数,不用经验标准否定学生作文的新奇性、合理性,要给予每一个孩子鼓励与引导。

参考文献：

[1] 朱友清.小学作文如何培养学生的创新能力[J].现代阅读(教育版),2013(03)：222.

[2] 孙瑞.解析小学高年级语文"作文先导式"教学模式[J].现代阅读(教育版),2013(03)：238.

[3] 赵华.浅谈如何优化小学作文教学[J].现代阅读(教育版),2013(03)：203-204.

[4] 李生治.浅谈小学作文教学[J].学周刊,2013(06)：68-69.

[5] 包娟.让作文教学回归生活——浅谈小学作文教学中综合实践活动的渗透[J].教学研究,2013(01)：120-122.

小学语文低年级学生朗读能力的培养

上海市浦东新区海桐小学(花木校区)　朱　蕾

朗读是一种阅读方式,是学习语文最重要的手段之一。通过朗读,学生能自外而内地对文本进行理解和吸取,是小学语文学习中不可或缺的坏节。《义务教育语文课程标准(2011版)》中指出:"低年级学生应学会用普通话正确、流利、有感情地朗读课文,学会运用多种方法阅读,有良好的语感,注重情感体验。"

低年级学生年龄小,生活阅历少,理解能力较差。正因如此,他们可塑性较强,接受能力较快。在低年级的朗读教学中,我有意识地关注到学生的学习特点,运用不同的教学方法指导学生朗读课文,帮助他们掌握不同的朗读方法,最终达到学生正确、流利、有感情地朗读课文。

一、低年级学生朗读能力培养的意义

朗读是学生学习语文的过程中,必不可少的一种能力。读好课文不仅能帮助学生发音正确,语气连贯,养成良好的语言习惯,还能帮助学生理解文本内容,进一步体会文章的思想感情。

(一)有利于培养学生的语言习惯

语言习惯包括了学生的发音习惯、文字组合习惯和口语修辞,等等。一个良好的语言习惯往往能帮助学生建立良好的人际关系,在他们之后的社会交往中是十分重要的。

学生现在所使用的部编版教材着眼于全面的语文启蒙教育,课文由专家精心挑选,精心编辑。课文内容不仅题材广泛、体裁多样,而且还有诗一般优美的文字,为学生学习语文提供了很好的载体。通过课文的朗读,学生可以感知一个完整的语言体系,掌握足够多的语素,将课文的文字化为己用,再通过自己的语言表达出来。因此,朗读是学生获得语言能力、培养语感的重要途径之一。

（二）有利于学生理解文章内容

学会朗读,不仅能培养学生的阅读能力,还能帮助他们感知文章的内容和整体结构。"读书百遍,而义自见。"通过朗读,学生可以初步感知文章内容,领会文章的主旨。再通过重点词句段的朗读,能帮助学生抓住文章要表达的情感和人物的角色特点。尤其是感情色彩浓烈的语句,需要学生反复品读。

此外,教师可以通过学生的朗读,检查他们对课文的理解程度。课堂中,还可以采取学生互动互评的方式。这个过程,是学生自主研读文本的过程,比教师直接"授予"更加有意义。学生不仅学会了朗读的方法,对课文的理解也更加深入。

（三）有利于培养学生的语感

语感是对语言的直接感知能力,是学好语文的重要条件之一。朗读能力的提高对学生培养语感的意义重大。

语感是一种需要经验的能力,在长期的阅读积累中实践得来。朗读作为有声的阅读,是积累语言文字材料的重要手段。教材中的每一篇课文都是精挑细选而来,不仅有文字的严谨性,更有语言的韵律美。正确、有感情地朗读能使学生从视觉、听觉等方面感受课文中规范的语言文字,激发他们对语言的直接感知能力。经过多次反复的朗读,文字的"正确运用"将在学生脑海中潜移默化,朗读时的情感体验也帮助学生与作者产生共鸣。长此以往,学生对语言文字的感知和对文章内涵的感悟将更加准确敏锐。

二、低年级学生朗读能力培养的实践

低年级学生的朗读要求是,正确、流利、有感情地朗读课文。提高朗读能力的方法有很多,主要有以下三个"抓住"。

（一）抓住停顿

1. 标点符号停顿

标点符号是书面语言的停顿,也是低年级学生朗读课文时停顿的重要依据。不同的标点符号的停顿也是不同的。

如朗读教学活动"雨点儿"

这是一年级语文上册课文单元第8课《雨点儿》,要求学生根据标点符号读出停顿。

我以指导"不久,有花有草的地方……长出了绿的草"最后一段为例,展开教学。在指导学生朗读课文最后一个自然段时,我先请学生圈出句子中的逗号和句号,巩固上一节课《青蛙写诗》中学习的知识。接着,我进行范读,请学生听一听,逗号和句号的停顿有什么不同之处。听完我的范读之后,学生们很快就发现,朗读课文时,句号的停顿时间比逗号的停顿时间更长。然后,我请学生学着我的样子,进行朗读,感受标点符号的停顿规律。最后,我请同桌互相朗读这一自然段,一人读,一人听,互相评价是否将停顿清晰地读出来。

2. 分句内部停顿

随着学习的深入,课文中会出现很多长句。要朗读好这些长句,除了要注意标点符号的停顿外,还要注意读好分句内部的停顿。

如朗读教学活动"夜色"

这是一年级语文下册课文单元第9课《夜色》,要求学生正确、流利地读好文中的长句。

我以指导朗读"我从前胆子很小很小,天一黑就不敢往外瞧"一句为例,展开教学。首先,我请学生试着轻声读一读这句话,根据自己朗读时的停顿,写上停顿符号。读完后,我请学生按自己划分的停顿读一读句子。有的学生的停顿是这样的:我从前/胆子很小很小,天一黑/就不敢往外瞧。还有的学生的停顿是这样的:我/从前胆子/很小很小,天一黑就/不敢往外瞧。接着,我请学生分别按这两种停顿读句子,比较哪种读法更加合适这句话。最后,学生通过对比朗读,发现了按第一种停顿方法朗读课文更好,听起来更加自然流利。

(二) 抓住轻重

1. 轻读

轻声属于普通话的变音现象。除了本身读音是轻声的字外,还有一些具体的词语中读轻声的字。将轻声读准确是衡量是否将课文朗读正确的标准之一。

如朗读教学活动"明天要远足"

这是一年级语文上册课文单元第9课《明天要远足》，要求学生读好课文中的轻声字词。

我以指导朗读"那地方的海，真的像老师说的，那么多种颜色吗"为例，展开教学。首先，我在黑板上出示了"地方""真的"和"那么"等带有轻声的词语，请学生先根据书上的拼音，将这些词语读正确。我请他们开小火车轮流读这些词语，随机正音。接着，我请学生将这些词语放回句子里，试着读一读，检查是否能将轻声都读正确。然后，我再为学生进行范读，请他们听一听，除了这些词语外还有哪些字读了轻声。学生听出了句子中的"的"和"吗"都是轻声。最后，我请学生同桌互读、点评，巩固轻声字词的朗读。

2. 重读

在朗读课文时，学生需要把句子中要强调的词语重读，准确地表达出文章的思想情感。一般来说，句子中的关键词语和修饰的字词需要读出重音。

如朗读教学活动"乌鸦喝水"

这是一年级语文上册课文单元第13课《乌鸦喝水》，要求学生抓住关键字词，读好课文。

我以指导朗读"一只乌鸦口渴了，到处找水喝"为例展开教学。首先，我问学生："一只乌鸦口渴了，于是它在干什么呢？"学生很快就回答："找水喝。"接着，我在黑板上出示了：一只乌鸦口渴了，找水喝。我请学生比一比，这句话和课文的第一句话有什么不一样。学生发现了课文的这句话多了"到处"这个词语。我继续提问："'到处'说明了什么？小乌鸦找水找得怎么样？"学生回答："'到处'说明乌鸦找水找了很多地方。"然后，我朗读了课文中的这句话，重读了"到处"这个词语，让学生感受一下，这只乌鸦的心情是怎么样的。有些学生通过我的朗读能体会到乌鸦感到很着急。如果学生不能体会，我就请他学着我的样子朗读这句话，体会乌鸦的心情。最后，我为学生总结："到处"这个词语不仅写出了乌鸦十分口渴，很着急，而且也写出了找水不易。我请他们带着这样的理解，大声地朗读课文，体会文章情感色彩。

（三）抓住语调升降

课文不同的感情色彩,需要通过不同的语调来表达。低年级学生对课文内容的理解不深,情感把握不够。因此,我们可以通过标点符号和一些基本的语气词来决定语调的升降。

1. 升调

升调是指读句子时,语气先低后高,句末上扬。句子里一般通过问号来提示,常常表示疑问的语气。

如朗读教学活动"雷锋叔叔,你在哪里"

这是二年级语文下册课文单元第5课《雷锋叔叔,你在哪里》,要求学生读好课文中的问句。

我以指导朗读"雷锋叔叔,你在哪里,你在哪里"一句为例展开教学。首先,我在黑板上出示了这句话,请学生观察一下,这句话有什么特别之处。通过观察,学生发现了这句话中有两个"你在哪里"。

我问学生:"这两个'你在哪里'有什么不同的地方?"学生很快就指出了第一个"你在哪里"后面跟的是逗号,第二个"你在哪里"后面跟的是问号。接着,我进行了范读,请学生听听这两个"你在哪里"在语调上有什么不同。然后,我请学生根据符号的提示,自己读读这句话,进行指导。最后,我请学生分组朗读,分别朗读第一个"你在哪里"和第二个"你在哪里",感受语调的不同。

2. 降调

降调是指读句子时,语气先高后低,句末下压。句子里一般通过感叹号来提示,常常表示感叹的语气。

如朗读教学活动"难忘的泼水节"

这是二年级语文上册课文单元第17课《难忘的泼水节》,要求学生读好课文中的感叹句。

我以指导朗读"多么幸福啊,1961年的泼水节"为例,展开教学。在之前的课文学习中,学生已经体会到了人们的幸福欢乐的生活。在理解的基础上,我指导学生朗读课文的最后两个自然段。首先,我在黑板上出示了这样两句话:"多么幸福啊,1961年的泼水节。"和"多么幸福啊,1961年的泼水节!"请学生比较这两句话的不同之处。学生很快发现了这两句话的符号不同,一个是句号,一个感叹号。接着,我分别根据标点符号的不同朗读了这两句话,请学生体会哪一种读法更让人感到"幸福"。学生都异口同声说是带有感叹号的那种读法更加让人感到"幸福"。这时,我提示学生:"感叹号在这里表达了赞美的情感。"然后,我请学生带着这种情感读一读这句话,随机指导。最后,我进行了小组赛读,看哪一小组读得更有感情。

三、低年级学生朗读能力培养的注意点

朗读是语文课堂中的重要环节,有着不容忽视的作用。教师需精心安排朗读训练,让学生通过朗读,感受语言文字之美。在教学中,主要有以下三个"重视"。

(一) 重视朗读方式

好的文章需要反复地诵读,读出文章的情感。在学习朗读的初始阶段,一般是由老师进行范读,学生听,然后进行模仿。在能够熟练地朗读课文之后,就可以组织学生进行不同方式的朗读,如分组朗读、分角色朗读、师生合作读,等等。

同桌互读,互相合作,互相评价;小组赛读,比比哪一组读得更有感情;分角色朗读,更快进入状态;老师引读,文章重点清晰……灵活多变的朗读形式各有侧重,不仅能调动学生朗读的积极性,还能在反复的朗读训练中,熟练朗读方法,培养语感。

(二) 重视文本范读

"教师是孩子们心中最完美的偶像。"范读,就是为了给学生提供朗读的榜样。优秀的范读是生动的、具体的,甚至可以激发学生朗读的兴趣。同时,低年级学生在朗读时,对标点符号的认识和理解不够,容易将课文朗读得较生硬。因此,教师在指导朗读时,要特别注意示范,在具体的语句中,把握朗读停顿的时间。

相比课文录音的规范性,教师的范读更加灵活机动。在朗读教学时,教师声情并茂地朗读可以帮助学生更快地进入状态,感受朗读的美。在理解课文时,教师可以通过自己的朗读,通过重音、拖长音等变化,提醒学生需要注意的字词和关键内容,引导他们更好地理解课文内容。

(三) 重视创设情境

为了更好地进行朗读,创设与朗读内容相关的情境是十分重要的。创造情景

可以帮助学生去感受课文表现的场景,使他们更快进入"角色"。比如,在指导朗读《难忘的泼水节》时,我给学生播放了泼水节的热闹场景,让他们感受当时的快乐气氛,接着引导他们体会人们的生活是多么幸福。通过情境的创设,学生能够快速感受文章所表达的情感,脑海中也有更加清晰的想象,再通过朗读把它表现出来。

创设情境的方式有多种多样,教师应根据课文的实际内容选择合适的方式。比如,这篇课文是关于大海的,那么在朗读时,老师可以播放海浪的声音,让学生身临其境。教师应有效地利用多媒体,引导学生尽快进入状态,朗读课文。

参考文献:

[1]傅燕平.小学语文阅读教学中朗读训练方法[J].小学生(中旬刊),2021(04):30.

[2]吴晓萍.小学语文朗读教学策略初探[J].教育艺术,2021(03):35.

[3]李春枝.小学低年级语文教学中学生朗读能力的培养[J].第二课堂(D),2021(02):72-73.

以游戏为载体　构建生动课堂

上海市浦东新区海桐小学(花木校区)　卫嘉骅

英语是基础教育阶段的必修课,英语课程的学习既是学生掌握英语知识与技能的活动,又是他们提高实际运用能力的过程。然而如果英语课堂只停留在通过"上课"来"直接输入"的表层阶段,忽略了课堂的多样性和学生的个人能力培养等素质方面的教育,久而久之,这种形式的英语课堂只会让孩子们失去对英语学习的兴趣,"填鸭式"硬性学习情况愈加严重。

在《义务教育小学英语新课程标准》中,英语课程的首要任务是激发和培养学生的英语学习兴趣,基础教育阶段英语课程的目标是以学生语言技能、语言知识、情感态度、学习策略和文化意识的发展为基础,致力于培养英语综合语言能力。所以要想打造新教学理念下的英语课堂,将教育游戏融入英语课堂教学是其必然要求与时代发展的必然趋势。

所谓"课堂游戏",是指教师在英语课堂上,针对具体教学目标,结合所学的教学内容,遵循一定的游戏规则,采取有趣、多样的形式,在课堂上组织全体学生进行语言操练和交流互动的教学方式。根据现代小学生对万物好奇又喜爱玩游戏的特性,教育游戏已经成了英语课堂上的重要教学手段。以游戏为载体,构建生动课堂,采取寓教于乐的教学方式,不仅充分调动了学生的积极性,活跃了课堂气氛,更提高了英语教学质量,让孩子们在玩中学,在学中乐。

一、将游戏融入英语课堂教学的意义

当下,全球化依然是大势所趋,英语课程改革的推进,英语在小学的课程中是一门举足轻重的必修课。小学生具有好动、好玩、好奇、好胜的心理特点,很难长时间集中精神进行学习,所以我认为小学英语教学要通过创造新颖多样,富于启发性,能调动学生多种感官参与学习的活动进行教学。

"课堂游戏"正是现代教学作为传授知识,培养技能,教书育人的重要手段之一,更是小学生普遍喜爱的活动方式,恰当地将其融入日常的英语教学中作为教学的辅助工具,对于小学英语教学发挥着无可比拟的作用,在"愉悦"中参与,在"自主"中体验,在"开放"中增效,在"创新"中激智,打造以生为本的生动课堂尤为重要。具体地说,主要为以下三个有利。

(一)有利于激发学习兴趣

《义务教育小学英语新课程标准》指出,兴趣是学好语言的关键,激发学生学习英语的兴趣是小学阶段英语教学的一项重要任务。每个孩子都有着爱玩的天性,游戏是小学生喜欢的活动,作为教师更应该在英语教学中抓住小学生的年龄和心理特点,恰当地将教学游戏融入英语教学中,将英语教学化难为易。绝大多数学生觉得在课堂上做游戏比在课后做游戏更加快乐和感兴趣,所以教师在课堂上利用多形式、多趣味的"课堂游戏",创设教与乐相结合的情境,恰当地利用"课堂游戏"调节气氛,让学生充分自主参与到课堂教学中来,感受英语学习的趣味性和轻松性,给他们带来英语学习的快乐,提高学习积极性的同时,更激发和强化学生的学习英语兴趣,让他们善于学、乐于学,打开了英语教学的关键一步,为后续英语学习做好了铺垫。

(二)有利于增强师生互动

英语课堂教学不是教师和学生单方面的教学活动,而是指教师与学生之间在知识上、在沟通与交流活动中形成的师生之间、生生之间等多向的教育教学活动。一般的课堂由30—40个学生组成,对于这样的一整个班集体的教学,教师起着主导作用,而学生才是课堂的主体。一般一节英语课时长为35分钟,教师通过传统的教学手段在短短的一节课时间仅仅可能与几个积极主动举手的学生进行交流和互动,不可能做到面面俱到和每个学生都进行交流和互动,其余学生势必和教师之间毫无交流。这种"零交流"的英语课堂教学对于教师和学生来说是无效的。

课堂互动是课堂教学的基础。所以,将"教学游戏"融入英语课堂教学中,可以改变"无效"的课堂教学,提高课堂互动效率。形式多样的"教学游戏"将提高学生参与课堂的积极性,让更多的学生参与到课堂中来,更能进一步加强师生、生生之间双向的交流。德国教育学家斯多惠说过:"教学的艺术不在于传授艺术,在激励、唤醒和鼓舞。"所以,利用"教学游戏"打破师生、生生之间的壁垒,发挥学生主动参与课堂互动的能动性,让学生在课堂上"动"起来,给课堂创造一种群体的感情气氛,使师生之间、生生之间产生更多的共鸣,为构建生动的英语课堂创设了条件。

(三)有利于发展综合能力

小学生的潜能是无限的,我们教师可以利用"课堂游戏",设计富有创造力、趣味性和挑战性的游戏,通过玩一玩,说一说,听一听,看一看,练一练等游戏环节,不仅让学生学习和巩固所学知识,还能激发他们的潜在能力。第一,游戏能够创设轻松活泼的课堂气氛,让绝大多数学生能摆脱英语学习的紧张感和生涩感,敢于大胆地交流英语,利用游戏提供的真实情景和信息差激活学生交流的欲望,渐渐地提高了学生的语言交际能力,这也是英语学习的关键。第二,有些"课堂游戏"需要学生通过观察、感知和思考而做出正确的判断,是一个再创造的过程,不知不觉在游戏中学生由被动的思考变为主动的思考,从而提高了小学生思维的积极性。第三,小学生善于模仿,表现欲强,很容易进入角色。课堂上教师可根据教学内容设计角色扮演的游戏,通过小组合作和自主表演,提高了学生之间合作互动和表演的能力,认识到集体智慧结晶的宝贵。

二、将游戏融入英语课堂教学的实践

(一)以游戏为载体,将其融入英语词句教学

词句是英语教学中的基础,由于英语课堂离不开词句教学,所以在认读枯燥的单词时,用传统的教学手法或者让学生死记硬背,只能事倍功半。因此,教师应当结合小学生集中注意力的长短,喜爱玩游戏和生理心理等特点,将"课堂游戏"融入词句教学中,让学生在游戏中对词句进行学习和反复记忆,既可以极大地提高学生的学习兴趣,又可以帮助学生记忆更多、更牢的英语词句,帮助学生趣记、乐学,学生才能在愉快中接收信息,巩固所学知识,从而达到较好的效果。

如:1A牛津英语Colours教学活动:

在教学"颜色"这一课时,我先准备了不同颜色、不同形状的图形,随意地把这7个图形在黑板上放成一排,给学生10秒钟的时间记住每种颜色的图形所放的位置。随后,再请一位同学上来,用眼罩蒙住双眼,台下的同学用英语向台上的同学发出指令:"Find the blue one!"台上的学生根据记忆和指令,走向相应的颜色并将它拿起。

最后,拿对的同学读出颜色,台下的同学跟读并获得相应奖励,若拿错,则换下一位同学。通过生动有趣的"颜色"游戏,激发了学生学习英语的积极性,也加深了对于这7个颜色单词的记忆。

(二)以游戏为载体,将其融入英语口语教学

英语作为一种语言,学习中口语交流十分重要。"冰冻三尺,非一日之寒",要想培养学生英语口语交流的能力,"课堂游戏"也发挥了十分重要的作用。口语游戏多样,可通过小组练习,分组竞争,角色扮演,舞台剧等多样化环节,让孩子参与课堂,多张嘴,多联系,久而久之,自然而然就加强了孩子运用英语口语交流的能力。对于小学生而言,太过复杂的情境创设可能难以接受和理解,但是简单易懂的英语小任务游戏却能受到孩子们的欢迎。

如:牛津英语一年级上册1AM4U1< On the farm>教学活动:

这一课的第一课时,主要是学习和了解农场动物。在学习前,我出示了四个形容词nice, fat, big 和pink,利用孩子们熟悉的四位小伙伴,为孩子们创设了农场的情景,让孩子们带着任务去做游戏,带着情景去学习本课时,和四个小导游一起寻找符合特点的Miss Farm。根据 "Look, it's a _____. It's _____." 等句型简单描述每个农场动物的特征,并作出判断是不是寻找的Miss Farm。由于孩子们是带着任务游戏寻找人物去学习的,所以个个都很积极地参与口语训练中,都想找出符合特点的Miss Farm来完成任务,达到了较好的英语教学效果。

(三)以游戏为载体,将其融入英语听力教学

听说不分家,听力是英语教学中不可少的一项,是培养学生英语素质的重要方面。在英语课堂上,教师可采用具有竞争性质的教学游戏来训练学生听力,激发学生积极性和竞争力,提高英语听力的能力水平。

如:1A牛津英语Numbers教学活动:

在数字教学的时候,我在课堂上开展了"数字蹲"的游戏。每次10人一组上台参与游戏,老师分别给10个人1—10的数字卡片,老师先喊:"Where is one? Where is one?"拿到数字one的同学举着数字一边蹲,一边说:"One is here! One is here! Where is three? Where is three?"以此类推,听到自己的数字同学边蹲边回答,还要再继续问下一个数字。回答正确的继续游戏,回答错误的出局,到最后的那一位同学获胜!"数字蹲"这个游戏让学生在集中注意力的情况下锻炼了听力,只有认真听了才能参

与游戏,获得最后的胜利!

三、将游戏融入英语课堂教学的注意点

要将"教学游戏"完全融入英语课堂是一项复杂的教学活动,涉及多方面的因素。要提高教学质量和培养英语能力的效果,创设生动课堂,必须注意以下几点:

(一)教学游戏的形式要多样化

"课堂游戏"内容形式应当有利于学生智力的发展,避免机械地灌输和进行一成不变的教学游戏。首先,英语教学所涉及的内容广泛,主要有字母、单词、句型、语法、阅读、写作、口语等;其次,教师设计的游戏,应当从学生的性格特点、心理特点、个人素质、反应速度、记忆力等多个方面考虑,因人而异,因材施教。如果用形式单一的游戏来辅助英语教学,不仅不能更好地为英语教学服务,而且还会让学生对英语学习产生厌倦,更不利于英语教学,所以教学游戏的多样化尤为重要。

如可通过竞赛方式的游戏来增强学生的积极性和竞争意识,增强他们团队合作的能力和综合素质;也可设计情景表演的游戏,让学生自然而然地将英语知识融入真实的情境中来,充分发挥了学生的想象力和创造性,表演出一个个生动灵活的英语情景,不仅锻炼了学生英语口语交际能力,而且还培养了学生思维动作能力和灵活变通的能力;另外,教师还可以设计一些"找朋友""单词接龙"等单词记忆的游戏,让学生摆脱机械记单词的习惯,用轻松愉快的游戏和自身的理解运用结合起来记忆单词,让学生快乐游戏,主动学习;对于后进生,游戏时可适当提示,鼓励和培养他们的自信心和参与意识,对于优等生,则可以相应地提高难度,更好地让他们在游戏中发挥自己的能力,做到全员参与。

(二)教学游戏的设计要组织化

小学生天生喜爱玩游戏,活泼好动,争强好胜,一旦做起游戏来就会忘乎所以。所以,教师在组织"教学游戏"时要注意游戏组织的针对性、目标性、任务性、秩序性和反思性,做到有条不紊,动中不乱,稳中有序。

要想组织好一个成功的"教学游戏",首先做游戏的前期准备十分重要。不仅要准备游戏的道具,还要参照实际教学情况、学生的学习情况等设计有针对性和目标性的游戏,不能为了游戏而游戏,否则只会适得其反,无法达到实际的教学效果。其次,开展"教学游戏"时,应当注重游戏的任务性,让学生充分做好游戏准备,了解

游戏规则和要求。譬如,教师可逐步要求,英语课堂上表演和交流只能使用英语;游戏分小组分区域进行;每个小组成员都要轮流上台参与游戏;时间为5分钟等各种要求,让学生有序地带着要求和任务去完成一个个目标。最后,游戏结束后应当进行反思和总结,反思这节课的"教学游戏"是否有效,是否让课堂教学达到了预期效果,以便为接下来的英语教学积累丰富的经验和教训。

"课堂游戏"和其他游戏的不同之处在于英语课堂教学中运用游戏是一个有序、有组织、可控的过程,它带着一种明确的教学目标,既服务于学生的学习,又要与学习内容相融。

(三)教学游戏的组织要生活化

陶行知先生说:"生活是教育的中心,只有通过生活才能发挥出教育本身的力量,才能实现真正的教育。"也就是说,教师应当结合小学生的实际生活特点设计教学游戏。

在英语课堂教学中,教师可利用一切资源创设生活化的教学游戏。例如,在教学有关运动这一课时,教学play basketball, play ping-pong, play tennis等词组时,教师可要求学生穿运动服,带领学生到体育场馆进行"教学游戏",利用篮球、乒乓球、羽毛球等实际的器械开展游戏。这样与众不同的课堂,不仅活跃了课堂气氛,更走出教室,贴近学生的生活,教师发挥主导作用,带领学生愉快地学,高效地学,让英语教学充满"生活"气息。

综上所述,"教学游戏"已成为小学英语教学过程中一种重要的辅助形式,有着不可低估的作用。孔子云:"知之者不如好之者,好之者不如乐之者。"英语课堂使用教学游戏让学生轻松愉悦地习得知识,参与其中,真正将课堂做到以学生为主体,更多关注学生身心的发展和能力的培养。作为当代教师,任重而道远,只有不懈地实践、改进和探索,将"课堂游戏"真正地融入课堂,才能在英语课堂上更好地发挥作用,构建生动课堂。

参考文献:

[1]史凤丽,小学英语课堂游戏的设计与实施研究[J].中国校外教育,2018.

[2]廖红红,浅谈小学英语课程游戏教学的运用[J].校园英语,2017.

[3]李雪华,解读小学英语新课程标准[J].中教研究,2018.

基于课程标准的小学美术课堂"三多式"即时评价探究

上海市浦东新区进才实验小学　陆　瑛

【摘　要】课程标准与评价一致性是当前基于标准改革的重要主题,对全面落实课程标准、深化教学改革、促进学生全面发展以及提高评价的公平性、科学性具有重要的意义。本文以小学美术学科课堂教学评价为例,论述了美术学科教学中开展即时性评价的内涵、价值,结合教学实践总结形成了"多主体评价、多载体评价、多维度评价"的"三多式"课堂即时评价模式,有效提升了学生参与评价的积极性,促进了学生美术教育中鉴赏力的培养,也彰显了评价促进学生成长与发展的根本价值导向。

【关键词】基于标准　小学美术　即时性评价　"三多式"

课程实施中的评价活动是促进学生成长成才,改进教师教学质量,保障课程本身不断完善发展的重要环节,也是教育教学改革中的重点和难点环节。从当前世界和中国基础教育课程改革实际看,追求课程标准与评价的一致性是改革的主题。如何真正树立起课程标准的意识,在实践中探索基于标准的评价路径,不仅关系到基于标准的教学与评价改革成效,也在很大程度上决定了学科教学质量的优劣和育人价值的整体实现。

美术课程以视觉形象的感知、理解和创造为特征,是学校进行美育的主要途径,对于提升学生发现美、体验美和创造美的能力具有重要意义。美术教学的有效评价是构建高效美术课堂的基石,是彰显美术学科价值的保障。《全日制义务教育美术课程标准》指出,小学美术课程的评价主要目的是促进学生发展,因此"评价标准要体现多维性和多级性,适应不同个性和能力的学生的美术学习状况,帮助学生了解自己的学习能力和水平,鼓励每个学生根据自己的特点提高学习美术的兴趣和能力"。小学美术学科有自己独特的课程性质和特点,它特别注重学生在课堂学习中的现实表现，注重教与学问题的现场解决和师生之间的有效对话。这就意味着对于小学美术课程而言，有效运用即时性评价是优化课堂评价模式，提升课堂教学质量的重要思路。

所谓即时性评价，是指在课堂教学过程中，基于课程标准和课堂教学目标，评价主体采用言语、非言语、物化等方式对学生的课堂现实表现情况做出实时回应，并引导学生进一步深入思考和实践的过程。小学美术课堂的即时评价是美术课堂教学中不可或缺的，是对学习情况、教学效果所给予的现场反馈和检验。有效的即时评价，不仅可以活跃课堂气氛，帮助学生优化学习、认识自我、启发思维，并促进主动学习，而且有助于建立一种师生相互信任、全员参与互动、及时解决问题的有效评价模式。基于上述认识，笔者在小学美术课堂教学实践中，注重从评价的主体、评价的载体和评价的维度三个方面入手进行改革尝试，探索形成了"多主体评价、多载体评价、多维度评价"的"三多式"课堂即时评价模式。

一、多元化评价，提高学生积极性

当前基础教育教学评价的一个重要改革趋势就是强调评价主体的多元化。大量研究指出，不同评价主体的视角、能力与经验等差异，决定了他们在课堂教学评价中拥有各自的优势，倡导评价主体的多元化，有助于调动不同利益相关者的积极性，提升评价的公平性、合理性。在笔者看来，强调评价主体的多元化，并非简单地对教师、学生、家长等进行评价权利的分配，而是要通过合理的方式创造真正发挥不同评价主体的价值，特别是要顺应教育改革趋势，引导学生积极有效地参与到课堂评价之中，让学生不仅被"当作"主体来评价，而且要"作为"主体参与评价。

（一）分角色评价

美术课堂即时评价大多采用学生自评、互评和教师点评的方式进行，评价者的身份角色固定而且单一，不利于充分调动评价者的积极性。尝试分角色进行评价，不仅可以从形式上突破传统评价，而且不同角色的担任可以大大刺激学生的表现欲，促使他们积极表达自己的想法和观点。如，创设"作品发布会"情境，为学生提供"讲解员""评论员"和"小记者"角色，"讲解员"就是负责讲解自己的作品，"评论员"就是去评价他人的作品，"小记者"可以对作者进行提问。从评价的角度看，"讲解员"角色就是起了自评的作用，"评论员"角色就是起了互评的作用，"小记者"角色就是点评的作用。当这些头衔赋予学生后，课堂即时评价就变得更加丰富和生动，这一过程中不仅有表述、有追问、有批判、有反思，而且有质疑。正是这种质疑，让学生在智慧碰撞的火花中培养了批判性思维和创新意识。这样的评价，突破了评价主体的刻板限制，打破了传统课堂评价中的教师权威，教师可以更好地观察课堂、观察学生，也可以加入"小记者"角色扮演中，提出质疑。分角色的评价是一种互助性的评价，可以激发学生的评价欲望，帮助学生赏析，学会表达，取长补短，启迪思维。

（二）分小组评价

小组合作是新课程改革倡导的一种新型学习方式，学生可以通过相互合作，取长补短，获得更多信息，积累更多经验。当前的教学改革中，更多地发掘了小组合作的教学价值，却忽视了其评价价值，这不能不说是一种遗憾。对于小学美术教学而言，小组评价是丰富评价主体、提升评价有效性的重要途径。小组评价有"组内互评"和"组组互评"两种形式。"组内互评"的评价内容包括：分工明确、参与态度、技能掌握、完成质量等，可以通过设计组内互评表，让每个组员对组内成员作出评价。这样不仅可以增强组员之间的倾听、交流与协作等能力，也可以为一些不太擅长表现自己的学生提供机会，让更多的学生有了展示自我的平台。"组组互评"的评价内容包括：成果展示、作业质量、作品介绍、交流互动等。每个小组不仅要介绍自己的小组作业，还要设计提问环节，如果负责解答的学生被问住了，组内成员可以补充解答。这种问与答的有机结合可以培养学生的辩证性思维，丰富学生的知识获取途径。让学生对小组合作做出合理评价，体现合作智慧和个人素养。总之，有效运用小组评价，可以让学生真切感受到自己是评价的主人，并激发各自的最大潜力，促使学生在共同完成评价任务的过程中互相学习，培养合作意识和思辨能力，增强信心，共同进步。

（三）分层次评价

学生的评价能力存在个体差异，统一的美术课堂作业评价标准是难以调动学生积极性的。而分层式的评价可以充分关照学生之间的先天差异性，促使全体学生共同参与课程和评价。在具体的课堂教学实践中，教师根据评价任务难度的不同，制定不同的评价内容、评价要求和评价对象，使对评价兴趣不高的学生也能参与其中。对于高层次的学生适当地增加难度，低层次的则降低难度。甚至，对能力较弱的学生还可适当降低要求。特别是教师的点评不能只停留在对所有作业的一个全面评价,不能只做一个互相的比对,而是应该关注自身的比对,进行分层评价,这样才能促进每个学生的成长。教育家苏霍姆林斯基指出:"只有在学习上获得成功而产生鼓励的地方,才会出现学习的兴趣。"分层式的评价,就是以鼓励为主,结合不同的课堂学习能力和表现情况,给出适合的评价标准,使各层次的学生提高自己的原有评价能力,看到自身的进步和不足,从而实现自我超越。

二、多载体评价,培养学生赏析力

小学阶段的美术教育,要努力使学生在积极的情感体验中提高想象能力和创造能力,提高审美意识和审美能力,增强对大自然和人类社会的热爱及责任感,发展创造美好生活的愿望与能力。因此,现代教育理念中的美术教学,不再仅仅是技巧的传授,而属于素质教育的一部分,是培养学生核心素养的有效路径。因而在美术评价中,要注意学科育人价值的深度挖掘和充分发挥,特别是要通过丰富的评价载体,培养学生美术作品的赏析能力,为培养学生的美学素养,实现学生全面发展奠定基础。

(一)任务单式评价

"课堂学习任务单"是由教师根据学习目标与学生认知需求设计的旨在引导学生积极参与学习过程的活动任务方案。学习任务单式的评价则是为达成学习目的而设计的课堂评价活动载体,它具有一定的导向性、支架性和检测性,可以针对教学内容和要求,不仅关注学生对美术知识的掌握情况,而且通过针对性的任务设计,帮助学生加深对美术作品的理解与认知,提升审美鉴赏能力。任务单上的评价任务就犹如一个个指引牌,它可以引导学生"评什么""怎么评"。在任务的驱动下,学生能够进行独立自主的分析与思考,形成对作品的初步意识。在任务单的使用过程中,教师设计的评价目标要具体化,使学生一目了然,能够有目的地进行评价,同时还要指导学生如何用,如何评,使学习成为一种目标导向下的探索之旅,让学生带着明确的评价任务开展评价,最大程度保障学生的评价参与,保障学生对美术作品的独立思考和鉴赏。

(二)印章式评价

课堂即时性评价的一个重要目标向度是不断激发学生参与课堂的积极性,印章式评价就是一种能够有效激发学生学习兴趣的激励性评价法,对小学生有着很大的吸引力和感召力。如：针对一些胆小、害羞，嘴巴"紧"的学生，有激活学生表达欲望的"最佳评论员"印章；针对绘画能力相对较弱的学生，有可以激发个体进步的"进步小飞鱼"印章……除学生评价章外，还有教师评价章，如"创意非凡"章表示作品的构思巧妙；"独具匠心"章表示作品的某一方面表现较好。印章的使用不是随意的，学到哪一课，师生就把印章敲印在哪一课上，这样学生一翻开书本，就会知道这一课自己的表现，很好地契合了过程性评价的理念。值得一提的是，印章不仅是一种评价手段，也是提升学生审美意识、丰富美术作品表现形式的有效方式。特别在水墨课上，一幅完整的中国画，印章的存在是必不可少的。学生在完成水墨后，自取一枚相应的印章盖上，如"趣"章表示作品具有水墨趣味；"韵"章表示作品具有水墨韵味；"创"章表示作品具有水墨创意。一方面使构图臻于完整，体验到国画的完整工序，从而产生仪式感；另一方面选择符合自己作品气质的印章进行评价，可以让每个学生能参与其中，并在有限的评价时间里完成自评和互评。

（三）多媒体式评价

现代信息技术的广泛运用是当前教育教学改革的显著特征，美术课堂上使用多媒体辅助教学已是一种常态。基于多媒体技术的网络评价，具有形象、交互、超链接、海量资源等优势，可以充分激发学生参与评价的兴趣，是实现美术课堂多元化评价的一个良好平台。如，利用"问卷星"软件设计不同类型的评价，可以实现评价结果的快速统计和分析，还可以按照需要形成图表，帮助师生及时了解评价情况，反馈统计结果，达到评价的即时性、真实性和针对性。同时，教师可以对学生在网上提交的自评情况结合软件自动生成奖励，利用"写评语"功能及时向学生反馈评价。借助网络平台多样的评价功能，采用多种激活方式，根据学情进行优化实施，使评价变成一项富有挑战性的任务，特别是让一些不爱发言的学生，也能够参与到评价中。

三、多维度评价，发现学生闪光点

著名评价学家斯塔弗尔比姆指出，评价是为了改进，而非为了证明。我国的新课程改革也鲜明地倡导，评价不应固守于根据学生对知识的掌握程度对其进行甄别和选拔这种单一的功能，更重要的是通过评价促进学生的发展。要实现这样的评价观转型，就要在实践中打破"唯成绩"的单一标准，设计多维度评价指标体系，从发展的立场重新思考和设计学生评价，让评价真正成为发现学生、促进学生、成就学生的有效载体。

（一）重过程的评价

当前,评价领域正在经历由结果性评价走向过程性评价、注重可持续性的变革。重过程的评价应该是对整个学习活动中参与意识、认知水平、操作技能等能力进行的综合评价。美术课堂的即时评价,与其说是一种评价,不如说是一种过程性的指导,这种指导立足课堂,贯穿课堂。学生的个体差异,决定了学生能力的不同,教师进行课堂评价时就不能以同一角度和同一标准衡量每个学生。不管最终的作品质量如何,只要能积极参与学习就能得到肯定与表扬,教师要注重学生参与学习的过程性表现,及时给予肯定和指导。同时也应该指出,重过程的评价,不是只关注过程而不关注结果的评价,要在肯定表现的同时找出问题。这样的即时评价,让学生及时了解自己的学习能力和水平,知道存在的问题或差距,明确努力的方向。同样,也有助于教师及时调整教学,促进有效教学,形成教学和评价的良性互动。

（二）重创新的评价

培养学生的创新素养已成为当前教育改革的重中之重。对学生而言,创新就是指学生能够以自己独特的方法学习知识、思考问题,通过创新实践不断提升自我,最终实现做中学。美术课程标准提道:"在知识经济时代,创新精神是社会成员最重要的心理品质之一,美术教学过程的情趣性、表现活动的自由性和评价标准的多样性,提供了创造活动最适宜的环境。"美术主张通过学生创作发展其个性和创造性,因此评价标准就必须侧重于创造性与个性。对于不同的个体应有不同的标准,要注重启发学生"怎么评价"到"为什么这样评价"到"如何去评价"的思维发展,帮助学生思索、分析、判断、得出自己的独立见解,从而培养创新意识和批判性思维,用评价去有意识地激发学生的创造力,促使每个学生都更具独创性。

（三）重发展的评价

从根本上说,课堂即时评价的目的就在于不断引导和促进学生的发展和完善。美术不同于其他科目,它是多样性、灵活性、创造性的结合体。特别是美术作业中都蕴含着学生各自的独特思维,虽然有的作品还显得稚嫩、不完整但却不失个性。因此,教师要用赏识的眼光去寻找学生不同的闪光点,从肯定独特表现、赞许奇特构思、尊重创新技能、发现点滴进步等多个方面去评价,以此激发学生的学习积极性,促进学生原有水平的提高,让他们变得自信。重发展的评价,不仅考虑学生的原有学情,关注学生的现在进步与成长,以及学生的未来发展,还要引导学生正确认识自己,找到发展的方向点和立足点,促进其主动发展。

法国教育家第斯多惠曾说:教学艺术的本质不在于传授,而在于激励、唤醒和鼓舞。面向未来的美术学科教与学评价应该有其清晰的改革意图,要结合教育改革的新趋势、新要求对学生发展需要进行再审视,重新诠释和理解美术课堂评价的目标、功能及角色,并沿着不断理清的理念和内涵探索发展。在这一过程中,教师一方面要有清晰而坚定的课程标准意识,另一方面要通过自己的实践寻求学生评价与课程标准的内在契合,特别是要尊重学生的个性差异,注重对学生的综合评价,采用多角度的评价方法,尽可能地提供机会,去激发学生评价的积极性,让其参与到课堂评价中,真正体现新课程改革"为学生全面发展而评价"的理念。

参考文献:

[1] 丁巧燕,曾家延.课程标准与评价一致性实证研究的文献评论[J].现代基础教育研究,2018(3).

[2] 赵娜,孔凡哲.教育改革中的学生评价目标、角色与功能分析[J].教育科学研究,2019(1).

[3] 彭亮.学生成为教学评价主体的研究[J].湖南师范大学教育科学学报,2015(6).

[4] 郭丽青.促进学习的课堂即时性评价研究[D].南宁:广西师范大学,2016.

[5] 李彬彬.美术课程评价的生活美学转向[J].教育研究,2018(5).

[6] 孙飘飘.小学美术课堂评价方式探索[J].中国教育学刊,2016(2).

基于单元的新授课课型教学模式的探究

上海市浦东新区进才实验小学　陆晓红

上海小学英语学科从2008年起就一直在探索单元整体教学的发展之路。发展至今初步总结出了十六字的应用要点：单元统整，内容整合，语境带动，语用体验。

聚焦教学单元，进行整体设计。再到单元整体，落实单课设计。单元中的每一个具体课时都是单元整体的有机组成部分。新授课一般而言是每一位一线教师在本单元中最注重的。

一、新授课的定位

新授课，顾名思义就是讲授新课，新知识。它是教师在研读、理解课标基础上确定教学目标、重难点，依据教学设计，综合各种教学方法引导学生学会学习的一种课型。通过有效的学习方法引导，学生可以提高价值认知能力，增强价值判断水平，同时可以锻炼思维，提升文化素养，在这些核心素养基础上建构的知识才真正有价值，有意义。

二、新授课所要遵循的几点原则

我们在讲授新课时，应遵循以下几个原则，把课堂还给学生。

1. 学生主体，教师主导

道而弗牵，强而弗抑，开而弗达。学习是学习者的事，要激发学生的兴趣、引导学生学会学习，主动学习，才能真正体现"教"的意义。

2. 依据教材，超越教材

教材中的文本是根基，教师对于文本如何再构，依据学情进行增补，将不同模块整合是课堂设计的重中之重。

3.价值先行,核心素养

久居兰室不闻其香,课堂中的育人价值的体验是循序渐进的。针对培养学生的英语学科的核心素养也要从中体现。

三、新授课的设计流程

(一) 流程图

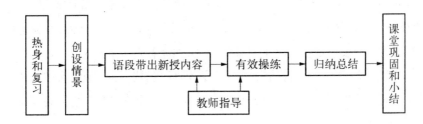

(二) 教学过程

1. 热身活动,师生互动,温故知新

此环节的目的是:激活大脑和激活已学知识。把学生们的积极性调动起来,使他们积极参与到课堂学习中。

热身活动的形式主要包括:1. Sing some English songs(歌曲).2. Say the poem or chant(歌谣).3. Play some games(游戏).4. TPR活动。5. Do the actions(角色扮演).6. Greetings(问候).7. Free talk(问答交流或日常交流).8. Repeat the text(复述课文),等等。

2. 语境创设,情景构建,引入故事

单元教学的前奏,营造教学氛围的"催化剂"。教学的导入应最大程度地激发学生的兴趣和求知欲,并不断地使学生处于"兴奋状态",这样才能事半功倍。Lead-in的设计要遵循学生的认知规律,要以学生的已有的知识经验为基础,以话题情景为向导,通过温故知新巧妙地建立起"新知"与"旧知"之间的桥梁。低年级一般都会采用动画或者是讲故事的方式创设语境,构建情境。

3. 语段带出,一波三折,分散重点

一般而言新授内容每一部分都会由小语段带出。学生通过锻炼listening和reading的能力来感受新授内容。语段根据新授内容被切分成几个部分,如果是核心单词新授课型,执教低年级的教师可以选用机械性操练和半机械性操练来强化词汇使用。执教高年级的教师可以通过词组搭配或者是类比的方式进行词汇拓展,从单词记忆晋升到词块记忆,帮助学生提高语用。

4. 有效操练,联系生活,巧设任务

(1) 操练的范围要广,面向全体学生。充分利用小组合作的练习方式,培养学生的合作与竞争意识。

(2) 操练的形式要多样。如在师生之间、同位之间、男女生之间、前后排之间、左右排之间操练等各种形式交互使用,丰富操练形式;游戏操练形式也可异彩纷呈。

(3) 操练中的课堂评价要及时跟上。其实评价是贯穿于一节课始终的,只不过在这个环节体现得更充分一些。一个善意的微笑、一下友好的点头、骄傲地竖起大拇指、一句简短的表扬都会使学生有如临春风、如沐春雨之感。

(4) 操练中注意纠正发音错误。纠正发音时注意技巧性,既要保护孩子的自尊心,又要及时纠正发音,注意最好不要中途打断学生的回答,在学生回答完毕之后进行纠正。如:重复法、明知故问法,等等。

5. 归纳总结,课堂巩固,知识生成

综合应用阶段就要结合真实生活完成1—2个真实任务或解决一些问题,是学生的语言输出的重要阶段。在本环节中教师根据所学知识创设恰当的情景并布置相应的任务,让学生在真实情景中或模拟真实情境中运用语言,掌握语言,达到学以致用的目的。

这阶段的教学原则是:在本环节中教师应多引导学生创造性的拓展语言,即根据情景的需要充分利用所学语言,包括过去所学的知识以及新学的知识,进行大量的交际运用,开发学生的思维,培养学生的创新与综合运用语言的能力。

6. 布置作业,新旧转化,实际运用

作业的布置要有针对性、层次性、巩固性、开放性和拓展性。教师在布置作业时,一定要注意语言知识与语言应用的结合。

除常见的机械性的作业外,教师应多布置一些创编对话、说说做做、调查、特色作业(如单词卡片、英语小报)等形式多样的作业。

掌握新授课型,从而提高课堂教学效率;通过进一步优化自己的新授课课堂教学,提高课堂教学效率,有效地调动学生的学习积极性,发展学生自主学习能力,从而促进其综合语言运用能力的全面发展。

国画在教学中的有效实施

上海市浦东新区江镇中心小学　黄懿玲

一支毛笔，一张宣纸，孩子们用墨色描绘他们心中最纯粹的内心世界，万物蓬发，生机盎然。无论是简单的墨点墨线勾勒，还是浓墨重彩的精心描绘，都在孩子们的手中呈现出别样的情趣。

一、教学背景

2020年9月中旬，因一堂展示课《墨点的趣味》，三年级的孩子们与国画结缘，陆陆续续从2020年9月份为期一个月的国画课，到2021年2月为期两个半月的国画课，加在一起共三个半月，但这共计三个半月的"国画之旅"较为艰难。

第一个艰难的点：在课程的安排上，三年级学生一周两节美术课，但是同一个班级的两节美术课是分两天上的，从班级带到美术室，再整理东西、讲课、作画、洗东西，短短的一节35分钟的课程，实际作画时间最多15分钟。

第二个艰难的点：我们学校属于农村偏远小学，多数是农民工子弟，家长对孩子美育方面的培养意识薄弱。班中大多数孩子只接触过蜡笔、水彩笔、彩铅笔等工具，从未用过墨汁、国画颜料等工具画国画。

所以对我而言，当时选择第三单元"走进名作"中的第一课《墨点的趣味》作为展示课，非常具有挑战性和不确定性。但是经过反复斟酌，依旧决定开展这堂课。我认为虽然在家庭教育中，孩子们的美育得不到足够的重视，但是在学校，老师可以尽力给他们提供良好的美育环境、优秀的美育课堂、丰富的美育知识。

好在孩子们非常配合我的国画教学工作，每一位学生都将需要的配套国画工具：毛毡、洗笔、毛笔、宣纸、宣纸卡纸、印章、国画颜料、调色盘都配齐了。在每一节的美术课堂中,都认真听讲,专心作画,一张张,一幅幅精美的作品一一呈现了出来,直至今日,已经收集了许许多多学生们画的趣味十足的国画写意作品。

二、教学实录

1. 实录一:2020年9月至10月初

这是2020年9月第一节国画课,初识墨韵,同学们眼里充满了对国画的好奇。小心翼翼地摆弄着眼前的工具,整整齐齐地摆放好。

由于这是他们第一次接触国画,我让他们大胆地玩一玩水,玩一玩墨,点一点墨滴,碰一碰宣纸。"哇,真的太神奇了!"孩子们惊叹道。当墨水一碰到薄薄的宣纸,墨瞬间化了开来,孩子们忍不住尝试了一次又一次。

在课堂总结环节,经过我的耐心讲解,才知道这么神奇的现象,是因为我们用的宣纸是生宣的缘故。生宣纸吸水性和渗水性强,遇水即化,容易产生丰富的墨韵变化,水晕墨章,浑厚化滋的艺术效果。另外,宣纸也分好多种类,除了生宣,还有熟宣和半生半熟宣呢!老师说,除了宣纸有这么多种类,画国画用的毛笔、颜料、绘画风格等等,种类更加丰富呢!原来,国画的奥秘如此多,这真是太有趣啦!

第一周快结束时,我帮他们收集了第一周里两节国画体验课的作品,每一张细细品鉴,都有着独一无二的韵味。

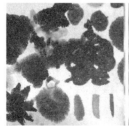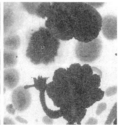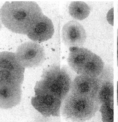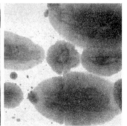

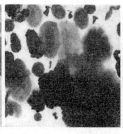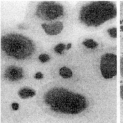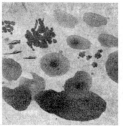

第一周国画体验课的学生作品

经过第一周的国画学习，他们玩中学，学中玩，充分地感受到了水墨之间的乐趣。在第二周的两节美术课，孩子们需要初步学会水墨画中点的基本表现技法，并用变化的墨色和墨点想象表现出有主题的水墨作品。

第二周的第一节美术课，暨展示课《墨点的趣味》试课。课前，我给他们准备了一段非常特别的水墨动画片《小蝌蚪找妈妈》。孩子们看完，发现原来中国的水墨动画在全世界是那么的独一无二，那么的别具一格，他们作为中华儿女，真为此感到骄傲。

只是单纯地观赏这部电影肯定是远远不够的，我抽出了一定的时间，为孩子们简单地介绍了一下这部动画片的历史渊源。

1959年，动画设计师徐景达提出新的创意，将我国传统水墨画做成动画。这个创意在1960年的美术电影展览会上得到了陈毅元帅的支持，陈老总提出：让齐白石的画动起来！

上海美影厂的水墨动画创作组很快组建起来，他们采用了同名童话故事进行改编，在水墨画上参考了齐白石的《蛙声十里出山泉》以及他的代表作品虾。

这就是齐白石老先生和上海美影厂的缘分。他逝世于1957年，所以是不太可能亲自给上海美影厂画画的，但《小蝌蚪找妈妈》里确实有齐白石的艺术成分。

为了创作《小蝌蚪找妈妈》，几乎是全体上阵，每个人都分配了不同的任务，有人专门负责画虾，有人专门负责画蝌蚪，有人负责画青蛙……

该部动画片制作时正值全国掀起"多快好省"运动的时候，全体创作人员几乎天天加班，夜以继日地画，也发明了一些新的画法。

比如那些小蝌蚪，数量太多，一个一个画确实麻烦。创作人员别出心裁使用了印章，用十几个印章盖出小蝌蚪的头部，然后用小蝌蚪的尾巴动作来表示出它们的喜怒哀乐，不得不说这个创意是非常棒的，毕竟小蝌蚪看不到眼睛、嘴巴，就是黑乎乎一团，用尾巴摆动表示情绪实在是神来之笔。

由于水墨动画没有先例，所以除了画原画之外，如何拍出水墨的特色是一大难题，毕竟之前的动画都是单线平涂填色，而水墨画是用多层粉色叠加，不仅国内没有相关技术，国外更没有。

在上海美影厂创作组夜以继日的研究下，他们攻克了水墨画制作和拍摄的技术。至于是用什么样的技术，直到目前依然受到国家保护不可外泄……

当学生们听完这部动画片的历史渊源，感触颇深，70个人，4个月的努力，造就了我国动画片历史上的丰碑，甚至可以说也是我国水墨画历史的丰碑，这是艺术的融合，也是艺术的创新。同时，学生们也能更加深入地感受到国画，作为中华民族的瑰宝，它的魅力是何其大。

在授课环节，通过示范和尝试，学生在感受墨点的变化之后，我引导学生对墨点再进行联想。出乎意外，三年级的学生真是创意无限，将墨点联想出了生活中形形色色的事物。有的学生将墨点联想成了游动的小鱼、有的学生将墨点联想成了摘果实的小刺猬、有的学生将墨点联想成了宽大的荷叶。不仅仅联想，他们更用手中的画笔，表达出了这样的水墨情趣。

以下两张图片，左边是三年级（2）班张若兮联想的《荷塘游鱼图》，描绘的是在宽敞的荷塘中，有数条红色的鲤鱼穿梭其中，画者将较大的墨点联想成巨大的荷叶，将较小的细长的红点，联想成一条条游动的鲤鱼，甚是有趣。右边是三年级（1）班陈婉玉所作的《忆莲幽梦图》，描绘的是在荷叶的后面，展露出了两朵盛开的荷花。荷叶宽大，荷花娇小，细长的枝干将荷叶与荷花撑起，好一幅生机勃勃的景象。可见，三年级学生在墨点的联想与表达上，与以往已经有较大的进步。

试课结束后，在此后的几节国画课中，我引导学生继续尝试接触国画颜料，体会用墨与国画颜料相融合，感受水墨与色彩之间的魅力。从最为简单的樱桃到太阳花

再到蜗牛……学生们在欢乐的气氛中学习国画，在不停地探索中感受国画的乐趣，在不断地尝试中突破自我，在众多的鼓励中肯定自我。作品，便是最好的呈现。以下四张图片，拍自三年级（1）班以及三年级（4）班部分上课实景与作品合集。

2. 实录二：2021年2月至5月

2021年2月份开学，经过去年第一学期对于国画短暂的练习，本学期我将国画的课程设置成了两个半月。在用纸上，将以往用的生宣纸，换成了生宣卡纸。在教学的方式上，采用实物观察写生与PPT照片欣赏相结合。旨在引导学生在写生的基础上观察感受生活中的美，在动手实践的基础上了解彩墨画的特点，感受墨与彩的交融之美，激发对彩墨画的学习兴趣。

这两个半月的课程体系中，着重讲解的写生课《彩墨瓶花》，旨在引导学生初步了解水墨画的特点，运用已掌握的中锋笔法、侧锋笔法和浓淡墨色的技巧，学会运用水墨与色彩的有机融合表现浓淡变化的瓶花，从而激发对彩墨画的学习兴趣；写生《游动的小金鱼》，旨在进一步了解彩墨画中画面布局的常用方法，初步学会对画面进行大小、聚散的构图安排并运用已掌握的中锋用笔和侧锋用笔的方法表现游动的鱼；《有趣的池塘》，进一步巩固用笔、用墨、用色的方法，学会灵活运用墨色块面与墨线进行构图，从而表现出较为完整的池塘作品。

除此三课之外，另外设置了画画《我们身边的古镇》《有趣的河虾》《瞧，是螃蟹》《春日飞燕》等主题国画课程。学生在观察与实践中感受水墨与色彩的独特韵味；在层层递进的学习过程中掌握彩墨画的表现方法；在潜移默化中培养对大自然和中国画的热爱。

在第一堂写生《彩墨瓶花》这一课前，我为孩子们准备了美丽的鲜花，与学生们一同参与插花的体验，通过观察发现瓶花的高低疏密变化，大小前后变化。并通过中锋勾勒花瓶、花朵、枝干；侧锋表现叶子花朵的颜色；勾勒瓶花的细节，添加桌面。表达出了眼中所见之美，心中所悟之情。

  在为期一个多月的写生《一起逛古镇》《有趣的池塘》《游动的小金鱼》《有趣的河虾》《瞧，是螃蟹》《春日飞燕》等课程中，学生通过不间断的国画笔墨练习，感受墨色的交融，运用干、湿、浓、淡、清构成的水墨世界，使学生在各种变化的笔墨中得到无穷无尽的乐趣，这对学生既是一种情操的陶冶、美的启迪，也是一种国画技法训练。

  瞧，以下都是学生们的作品集。

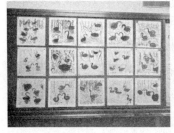

  这几节课，以小朋友们逛古镇为主线，用水墨描绘着一段有趣的绘本故事情节：在春日里，抬头之际，燕子们穿梭于古老的街道，穿梭于白墙黑瓦的屋顶之间。低头一瞧，池塘边，老爷爷们观赏着池底可爱灵动的小金鱼们；河边一望，在清澈的河底，竟有着一只只如齐白石爷爷画中一样的小虾弟弟，一样的螃蟹大哥。真是好一段春日美景。

当学生们将这几幅国画作品,创编出属于自己的古镇趣事后,兴奋不已,创作的兴趣更加盎然。商议着是否能像先前所看的《小蝌蚪找妈妈》这一国产水墨动画一样,画一组属于自己的国画绘本故事。可见,兴趣是最好的老师,兴趣扎根于孩子们的心底,像一颗种子一样慢慢地生根发芽,茁壮成长……

本学期两个半月的国画课程以此故事情节收尾。两个半月说长不长,说短不短,在这有限的时间里我们学到了许多的本领,领悟到了国画水墨的魅力。课程虽匆匆结束,但我和学生的"国画之旅"并未真正就此结束,在此后的岁月里,等待我们的将会是更多更为有趣的国画"秘密"。

三、为期一年的国画教学感悟

因一堂展示课,我与孩子们和国画结缘。结缘之前,总认为在日常的美术教学中,像国画这种准备工作烦琐,准备工具很多,对学生自身艺术素养较高的课程来说,在我校农村偏远学校实施起来是非常困难的。

但是现在看来,在这将近一年的国画结缘之旅中,在我校实现国画课程融入日常教学中并非不能实现,甚至我认为每一位学生在国画方面都非常富有灵气。那么我是如何逐步克服国画教学中实际操作的困难,激发学生的学习兴趣并有效地提高国画的教学效果的呢?

我认为可以有以下几个方法:

第一,家校配合,鼓励每一位孩子参与到国画的课程中来

正式开始国画课程之前,我与每一个班级的孩子们,提前沟通了关于近期需要长期学习国画的计划,并且给他们欣赏了各种风格的国画作品,激发了学生的学习兴趣。同时我也表示,国画作为中华民族的瑰宝,具有极高的传承意义,希望学生和家长可以共同配合老师,准备齐全国画所需工具。如果在后期国画课程中,作品较为突出的学生,他们的作品将会被我正式收藏,以作为日后参赛作品或者画展的展示作品。

学生们对此非常的期待,并且积极与家长沟通。我校的家长也是非常地配合,在第一周的时候,就配齐了国画所需的所有工具。如此配合的家校合作,为后期的国画教学打下了基础。

第二,玩中学,学中玩,提高学习兴趣

在以往较为传统的国画教学中,大多是以教师讲授加不停地临摹为主。画面的布局、聚散、留白等极为重视。在这些大框架中,如果前期就框死,对于刚开始接触

国画的三年级学生来说,难度太高。

于是我的第一堂美术课,并未讲太多的技法,而是鼓励学生们大胆的玩,大胆地尝试,大胆地发现墨点的变化。在他们自由地玩乐与体验中,学生们自然而然地发现了水墨与宣纸之间的奥秘。

我记得教育家陶行知先生说过一句话:"世界上人人是创造之人,时时是创造之力,处处是创造之地。"孩子们的想象力无穷无尽,在玩中学,可以更加激发学生的想象力和创造力。墨色的变化、墨点的变化、墨线的变化,在学生的眼中,在学生的手中,变成了一幅幅充满童趣,充满创造力的作品。

第三,写生为主,临摹为辅,形式多样

对于三年级年龄段的学生来说,还处于小学阶段,他们对于生活中各种美好有趣的事物充满着热爱和好奇。针对这一点,那么在国画的教学中,更应该围绕这一儿童的心理特征,以写生花鸟虫鱼的课堂形式,更加贴近学生的日常生活。

所以在《彩墨瓶花》《游动的小金鱼》《有趣的河虾》这几节课中,我准备了生活中可见的花朵、金鱼、河虾,将它们带入美术教室,让学生近距离地观察这些生动有趣的真实的事物,更加直观地感受。并通过写生的方式,把观察到的、感受到的第一印象,用水墨的形式表现在生宣卡纸上。并不过多地强调构图等框架,而是更关注学生所表达的情绪和内容。

所以在众多的主题国画课结束之后,我引导孩子们将自己这为期一年的国画作品摆放在一起,以游古镇为主线,联想编创出一段段有趣的故事情节。多样的课题,多样的形式组合在一起,让为期将近一年的国画教学连成一条"线",将作品与作者的情感更加有机地融合在一起。

总之,我认为在国画教学中,老师是一定要让学生更多地去感受美,发现美,从而创造美。了解学生、以开放的心态来实施教学,引领学生走进生活,亲近真实,在美好的生活情趣中,实现最为有效的释放童真、童趣、童心的国画有效教学。

立足单元　建立联结　整体设计
——以小学数学统计相关内容教学为例

上海市浦东新区进才实验小学　方美琪

一、研究背景

教育部启动了新一轮课程标准修订工作,明确以核心素养为导向,培育全面发展的人。钟启泉教授认为,"核心素养"是当今国际教育界的潮流,"核心素养——课程标准(学科素养/跨学科素养)——单元设计——课时计划"这是环环相扣的教师教育活动的基本环节。单元设计撬动课堂转型的一个支点。上海市教委研究室2018年7月出版的《小学数学单元教学指南》中提到,经课程与教学调研发现,学校的教研活动通常是以课时为单位的"三课"(备课、观课、研课)活动为主,忽视课时与课时之间的关联,较少开展以单元、主题、模块为单位的结构化研究与实践,教研目标、内容、过程等尚缺少对课程内容与要求的整体把握和结构化处理,不利于准确把握"基于课程标准"的精髓。本研究正是产生于这样的背景下,以小学数学统计相关内容教学为例,开展基于单元的教学设计实践研究。

二、问题的提出

统计与生活实际息息相关,在生活实践中有着广泛的应用,比如交通状况的研究、房产销售情况的研究、年收入情况的研究等,各个部门都离不开统计。统计知识的习得与数据分析观念的形成,已成为当今社会每一位公民不可或缺的基本素养。从小学到高中,每个学段都涉及相关统计知识,在小学中培养学生统计思考、统计过程及其认识和对统计过程、方法、结果的反思尤为重要。

《义务教育数学课程标准(2011年版)》安排了"数与代数""空间与图形""统计与概率""实践与综合应用"四大板块的课程内容,将"统计与概率"作为数学教育的四个领域之一,这样的编排足以说明它在数学课程中的重要地位。《义务教育数学课程标准(2011年版)》提出数学十大核心概念,"数据分析观念"是十大核心概念之一。在义务教育阶段,学生学习统计与概率的核心目标就是发展"数据分析观念"。数据分析观念包括:了解现实生活中许多问题应当先做调查研究,收集数据,通过分析作出判断,体会数据中蕴涵着信息;了解对于同样的数据可以有多种分析的方法,需要根据问题的背景选择合适的方法;通过数据分析体验随机性,一方面对于同样的事情每次收集到的数据可能不同,另一方面只要有足够的数据就可能从中发现规律。数据分析是统计的核心。

数据分析观念需要从小开始培养,它为以后初中、高中学习统计知识服务,为学生统计意识的形成做相应支撑。统计将改变学生的思维方式,在学习和日常生活中逐步形成统计观念,它将有助于学生解决问题能力、情感态度价值观等方面的发展。

小学中涉及的统计知识较多,教材把这些内容安排在各个年龄段,大部分老师按照教材有序地进行实施。但在平时听课中,经常发现统计教学中存在一些问题,大致如下:

1. 只关注统计图表的认读,没有从单元整体上架构,有的内容落实较多,有的内容落实较少,根本原因就是没有从单元整体来思考,缺乏系统性的感悟和感受;

2. 关注每种图表的作用,忽略图表之间的联系与区别,教师只关注某一个图表,容易忽略图表之间的联系和本质区别;

3. 只关注统计图表的表达和应用,忽视统计图表是怎样形成的;

4. 关注统计内容的学习,忽视随机思想的培养,在统计教学中老师很少关注随机思想的培养,往往在教学"可能性"时,才涉及随机现象。

基于上述问题,究其原因,笔者认为根本在于教师没有根据学生的特点,把涉及统计的内容梳理后整体思考,对照课标,深入解读教材。整体的设计过程中需要既有基于各个年级教材侧重点有机落实,又能从整体单元设计来思考,联结各年级的统计内容整体感知,注重数据分析观念的培养。因此整体单元的学习设计让学生对统计整体有充分的感知,对学习统计就显得尤为重要。

三、整体设计的一般流程

(一)单元整体分析,定位目标

单元整体分析,先要定位目标。单元整体分析,就是要把所有年级涉及统计的内容,放在一起进行分析、比较,分析出它们各自想达成的要求,找出它们之间的关联,比较出它们之间的区别,尤其要分析出知识发展的逻辑结构和背后蕴含的数学素养,基于分析,确立单元目标。没有单元整体分析,定位目标,教学设计就缺乏系统性思考。教师在进行教学设计时,往往只是根据每一节具体的教学目标进行备课,注重某一节课的教学设计、练习设计和思想方法的渗透。对于同一主题不同层次的知识教学缺乏衔接,或知识点重复,或前后知识断层、衔接不当,跨度极大,从而导致学生数学知识的习得不能完整化和系统化。单元整体分析,能对整个教材进行解读,读出整个统计的教学目标、比较归纳的思想、分析数据观念的培养等。通过单元整体分析,目标的定位,课堂实施才会有条理、有步骤。

例如在三年级下的《条形统计图》一课,通过单元整体分析,发现项目位置变化与统计结果之间的关系。从图上,发现改变项目之间的顺序,甚至把条形统计图横向制作,统计结果不受任何影响。(见下图)

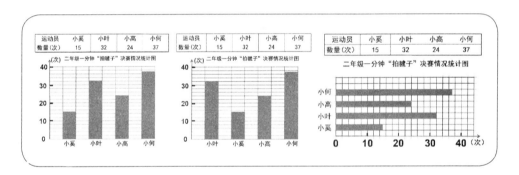

在四年级下的《折线统计图》中,将小胖2018年和2019年的项目做了交换,发现折线的变化情况发生变化,也出现了小胖身高在下降的笑话。(见下图)

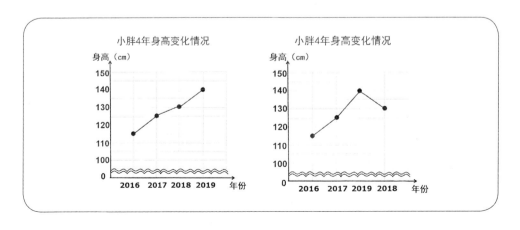

结合四年级下《折线统计图》，发现要让学生了解统计项目和统计结果之间的关系十分重要。因此再一次设计项目位置变化后影响统计结果的教学内容，让学生二次感知统计项目和统计结果之间关系，在二次感知、比较中感悟到条形统计图和折线统计图的本质区别。由此可见，在三年级下教学《条形统计图》时，有必要让学生感知项目位置变化与统计结果的关系，而正是因为单元整体分析，学生才会有这样的感悟。

（二）目标分解细化，划分课时

确定单元目标后，如何落实目标呢？首先把单元整体目标细致分解，在各个年级中结合教材有机落实。同时根据学生情况进行课时划分，再把目标逐一分解到每个课时，这样单元目标才能有效落实。

例如通过单元整体教材分析，确立的目标中有这样一条：理解平均数，会正确运用平均数解决问题。基于单元目标，进行了目标分解、细化，如下：① 感知统计量——平均数产生的需求；② 体会平均数在统计中的意义；③ 会正确计算平均数；④ 联系生活，体会平均数在生活中的运用。同时对五年级上《平均数》一单元，划分7课时实施，分别落实4个教学目标：① 通过具体的事例初步认识平均数的意义，体会引入平均数的必要性；② 知道平均数的计算方法，会计算平均数；③ 知道平均数的取值范围在该组数据的最大值和最小值之间；④ 知道可以使用平均数来比较不同数量的两组同类数据。针对"联系生活，体会平均数在生活中的运用"的目标，为了让学生进一步理解平均数的随机性和与生活的密切联系，增加了第7课时，目的是让学生进一步感知感悟平均数的本质。

在增加的第7课时中，设计了这样一个环节：为了解我校学生每月阅读课外书的数量，设计下述五个调查方案：

【方案一】了解10位学生的阅读时间；

【方案二】了解某一个班级学生的阅读时间；

【方案三】了解某一个年级学生的阅读时间；

【方案四】了解全校学生阅读时间；

【方案五】从全校每个班级中选取5个男生5个女生，了解每班10位学生阅读时间。

师：你选择哪一个方案呢？

生：本次调查活动是了解学生阅读量，跟学生的阅读时间没有关系，显然这个调查活动是不合理的。

师：如果是了解我校学生每月阅读课外书的时间,你选择哪种方案呢?

生：我选择第5个方案,每班抽取5个男生和5个女生,应该能反映整个学校学生的情况。

师：其他方案合理吗?

生1:抽10个学生调查,人数太少。

生2:抽一个班级或者一个年级面太窄,有局限性,不能代表全校学生情况。

生3:抽全校学生调查,肯定很真实和精确,但要花费大量的时间。

相对而言,第5个方案最为合理,在设计时既考虑到每个年级,也考虑到参与调查的人数以及方案实施的可实施性可操作性。学生在进行数据收集时,首先要清楚收集什么? 关注数据来源。其次,要关注样本的合理性。抽10个学生调查样本太小,一个班级学生、一个年级学生来调查面太窄,了解全校的学生阅读时间,人多量大,费时间,选用了解每班5个男生5个女生阅读时间,就显得比较合理。所以求平均数可以抽样调查,只要样本合理,所得到的数据就具有代表性,这种调查方式生活中很常用。例如乘公交车1.30米以上需买票,电视机合格率达到100%,2019年中国人的平均寿命77岁,等等,都是抽样调查的结果。

(三)确立课时目标,选择内容

课时目标关注三个维度,从"知识与技能""过程与方法"和"情感态度与价值观"三方面体现。根据课时目标选择、增加、删除、调整合适的教学内容,会使教学实施更有效。

例如四年级下《折线统计图》一课,确立课时目标为:认识折线统计图,感知折线统计图的特点,知道项目间距与折线变化的关系。教材例1是通过2000年上海市月平均气温变化情况认识折现统计图并知道其特征;例2是通过小胖和小丁丁记录小亚生病时体温的变化情况折线统计图,知道如果实测的各个数据相差不大且都远离0刻度,为了清晰看出变化情况,常使用"__"省去空白部分。但是对于目标项目间距与折线陡斜程度的关系,教材缺少相应的内容让学生感知。对此增补了教学内容,具体如下教学片段:

师：我们对上周我班"光盘行动"做了调查和统计,大家制作了折现统计图,来看看两个同学的图。

师：从图上你知道哪些信息?

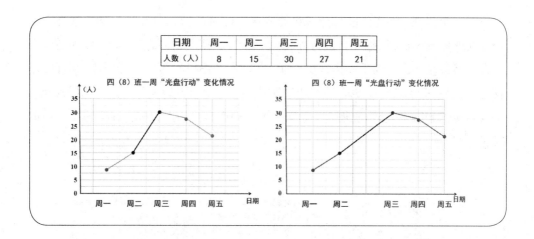

生1：周三光盘的人数最多,说明这天的饭菜比较可口。

生2：周一光盘人数最少。

生3：周一到周二光盘人数缓慢上升,周三到周四、周四到周五光盘人数缓慢下降。

师：周二到周三光盘人数如何变化?

生1：周二到周三这条线比较陡,光盘人数大幅上升,也可能最后一节是体育课,运动量大,大家上完体育课,肚子饿了。

生2：我认为不对。周二到周三的光盘人数也是缓慢上升,这条线看上去跟周一到周二一样,比较平缓。

师：为什么有不同意见呢?

生：从图1可以看出这条线是大幅上升,从图2可以看出这条线是缓慢上升。

师：哪一幅图合理呢? 为什么?

生：第一幅图合理。因为第一幅图每个项目之间是等间隔的。

为完成增加的课时目标,在教学时增加了教学内容,让学生感知了折线统计图项目间的距离应该相等,否则会影响折线的陡斜程度。

（四）课堂有序实施,理解体会

当目标明确,课时和内容都确定后,就需要思考课堂中如何有效实施?

例如：二年级上《条形统计图》一课。班级举行"我是小小运动员"比赛。原先设计两个教学环节,先用"正"字方法进行记录、收集数据,再设计简单的调查统计表,将数据记录到统计表中,提出怎样的设计能一眼看出哪个体育项目喜欢的人数最多(或最少)的问题,引出条形统计图。单元整体分析后,设计这样的教学环节,分以下几个步骤：比赛前进行最喜欢的体育项目调查（见图1）；每位学生选择一个最喜欢的体育项目，根据项目进行分类，归类成表（见图2）；如何一看就能知道哪个体育项目最受欢迎？动手操作来摆一摆、放一放（见图3）；再增加一项体育项目，用符号来代替，□和○哪个更合适？通过摆放，发现□更合适（见图4）；由此把其他几个项目全部用□来代替（见图5）；如何一下子知道喜欢的人数呢？在旁边标上数值（见图6）。

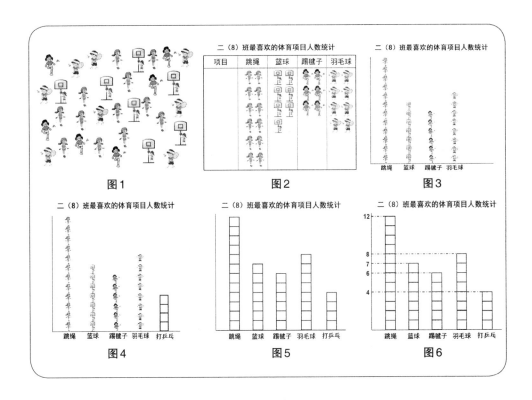

以上案例的整个设计过程关注了统计图的本质，整个过程让学生感知了条形统计图的形成过程，也培养了学生创造性设计图的思想。

（五）收集评价信息，调整设计

在评价阶段，我们会关注以下的问题：单元目标是否在教学中有效落实？实施中收集到课堂反馈如何？学生作业反馈如何？教师有何感受？解决这些问题，需要对统计单元进行第二次分析，将教学过程中出现的问题进行调整或重新设计，在不断循序往返的过程中，调整单元设计，同时也会让学生对统计的感知越来越深。

原先教学中的统计图表和统计量的学习是分开的。如：二、三年级学习条形统计图，四年级学习折线统计图，五年级学习平均数。在对单元整体进行二次分析后，思考是否可以设计一个环节，将统计图表和统计量的教学联结起来呢？

例如：学校新建图书馆，想买科技书和绘本，你喜欢哪种书呢？由于学校人数较多，所以每个年级抽50个学生作为样本开展调查，通过数据收集整理，得到统计表。问题1：哪个年级喜欢绘本的人数最多？问题2：随着年级升高，学生对科技书的喜欢程度如何变化呢？问题3：绘本和科技书应该大约买多少本呢？面对以上3个问题，学生经过小组讨论，采用不同方法解决：问题一设计条形统计图，目的是让人一看就知道哪个年级喜欢绘本人数最多；问题二设计折线统计图，目的是通过折线的升降情况能看出随着年级升高喜欢科技书的变化情况；问题三需要运用到平均数的知识，要知道绘本和科技书各买多少本先求出平均每个年级买多少本比较合理。

整个设计涉及统计图表和统计量相关知识，突出了统计图表和统计量之间的区别，强化了彼此之间的联系。

通过本次研究总结，笔者将教材中所有涉及统计的内容进行整体思考，深入解读教材，立足现有文本内容，根据各个年级阶段的统计内容侧重点不同有机落实。以内容设计为抓手，整体感知，培养数据分析观念，从而让学生感受到数学在生活中的应用。

综上所述，可见立足单元整体设计对于教学设计和实施起着重要的作用。立足单元整体，了解知识结构群，建立知识之间的联结，从而架构符合学生实际学习需求的单元学习内容和设计。在有限的课时内为学生创设必要的活动，提供必要的学习经历，从而促进学生数学学科核心素养的形成。

参考文献：

[1] 曹培英.跨越断层,走出误区:"数学课程标准"核心词的解读与实践研究[M].上海:上海教育出版社,2018: 73.

[2] 教育部基础教育课程教材专家工作委员会.义务教育数学课程标准(2011年版)解读[M].北京:北京师范大学出版社,2012: 95-96.

专研"空中课堂" 优化课堂教学

——线上线下混合式教学案例

上海市浦东新区进才实验小学 倪丽梅

一、概述

新冠疫情，见证了中华儿女众志成城抗击疫情的决心。新冠疫情也改变了我们的教学方式。线上线下的混合式教学，成为疫情期间的新常态。教师们从最初的挑战和尝试，到现在的得心应手，我们以学生的实际需求出发，用教育教学技术和资源服务于学生的成长。

二、背景

"空中课堂"的授课教师团队集结的都是各区名师，教学理念先进，教学设计严谨，教学课件优质。对于我们一线教师，"空中课堂"起着很好的示范和引领作用。但是，在教学实践中，我们发现，师生的互动性、课堂的体验性、学生的差异性，光靠播放"空中课堂"无法满足我们的学生。这就促成了"线上线下"教学有机结合的必要性。两者融合一体，可以优势互补，促进教学。

三、过程

（一）明确教研主题，团队教师精诚协作

根据上海市教委教研室每周发布的《上海市中小学在线教学小学各年级视频课播放表汇总》，我们英语教研组第一时间下载学习与我们学科和年级相契合的"空中课堂"视频。

我们明确教研主题，团队教师按备课组认领单元备课任务。我们学校英语教研组有34人，在活动中，我们发挥每位教师的主观能动性，每位教师都有"活"可干。

备课组长牵头示范,分配备课任务。组内教师主动认领单元备课任务,教材12单元,每人平均认领2单元。每次的备课任务分为:① 研读课程标准和教材单元教学内容,确定单元教学目标和重难点;② 统整合适的教学资源,其中包括观看线上教学视频,截取适合我们学校英语教学的素材,或者"拿来"就用,或者改编再用;③ 改进历年教学设计,将新颖的线上教学素材整合进我们的课件中;④ 整理成备课素材包,组内分享改进。素材包中包括教学设计、教学课件、线上资源、练习巩固和其他补充内容。

　　教研组中的每位教师通过单元备课的历练,合在一起我们是一个能够进行"线上线下"混合式教学的团队,分开我们都是可以单打独斗、及时进行教学革新的教学"战士"。

(二)"线上线下"教学优势互补,千锤百炼打磨精品一课

1.线上"空中课堂"引领理念革新,线下课堂实践优化教学设计

　　英语教学专家梅德明教授在《普通高中课堂标准(2017年版)教师指导英语》中提到,让我们从教学理念的角度重审自己的课堂。"英语教学已经进入培育学科核心素养的时代,从'关注教'的活动设计转型到'关注学'的活动设计,从学后教,以学定教,优化活动设计,转变学习方式,突出学生学的主体地位,强化学生学的过程,增加学生学的体验,提升学生学的能力。"教学理念的改变,引发教师教学行为的改变,教师站在学生的角度,引导学生学中做,做中学。

　　线上教学的发展是教学资源建设与共享的过程。在大数据时代,我们更是要保持主动开放的心态,积极关注并甄选符合小学英语教学需求的在线教学资源。我们教研组结合我们的区级课题《以图画书为载体提升小学生英语阅读能力的行动研究》,在一至五年级所有的"空中课堂"中,遴选出72节与阅读有关的课。我们细读教学文本,理清教学思路,分析教学环节,设想教学板书,我们发现阅读类教学中,故事地图(story map)、思维导图、KWL表格等,可以很好地提炼核心语言,搭建语言支架。我们将这些教学工具运用到我们的日常课堂上,学生可以有自信地学以致用,表达自己的观点和想法。

　　在线下的课堂实践中,我们会更关注师生的互动性、体验性和差异性。学生在教师的引导与组织下,运用同桌对话、小组表演等方式进行现场展示,分享当堂课的学习成果。比如,一年级英语教学1BM2U2第二课时,教学话题《茶歇时间》,我们选用线上来自上海市实验小学曹宸扬老师的教学片段,主要内容是丹尼分发饼干的

故事,每次看似分得很公平,但是最后给自己多发了。我们在线下课堂实践中,学生先模仿"空中课堂"中丹尼的有趣故事,然后思考一下,如果自己是丹尼,会怎么发呢?接着,再演一演。重演的过程,是学生思维火花相互碰撞的过程。一年级的小朋友,给了我们五花八门的答案。有平均分的,也有多分给自己好友的,更有无私型自己一块都不留的孩子。无论是表演还是观看的学生都是饶有兴趣。知识感知源于生活经验,学习体验又深化学习认知。

教师基于"以学生为中心"的理念进行小学英语线上线下混合式教学,与学生一起进行体验式学习,鼓励学生分享点子,把课堂变成一个充满活力的展示空间,从而激发学生的积极性和创造性。"线上"的优质资源让我们上课更有底气,"线下"的师生互动使教学设计更适合本年级的学生。

2. 集体听课打磨精品一课,公开展示推动教学改革

课堂教学是教学实施的主渠道,高质高效的课堂教学是我们追求的目标。根据我们的实践,提炼了"三次设计,两次打磨"的"线上线下"混合式教学教研组活动流程(见下表)。它包括:1)确立本次教研活动主题。比如在2020学年中,我们进行基于课程标准的单元整体教学之"线上线下"混合式精准教学。2)确定研究课例和教师。比如,2020学年第二学期,我们打磨1BM2U1 Toys I like(我喜欢的玩具)这个单元两课时,并作为浦东新区一年级公开线上展示课。3)基于个人经验和线上资源的教学设计。上课教师先根据自己的教学水准,结合"空中课堂"的示范课,形成单元整体教学设计第一稿。在"Toys I like"的第一课时中,教师巧妙借用"空中课堂"的儿歌,让教学节奏更欢乐、更踏实。在"Toys I like"的第二课时里,上课教师借用"空中课堂"玩具店买卖玩具的思路,落实教学重难点。4)教研组集体备课,形成由负责教学的教导主任把关、教研组长领衔,教研副组长、备课组长和相关教师共同参与的磨课团队。根据上课教师的教学设计,进行头脑风暴,规避可能潜在的教学失误,更改不合理的教学环节。5)基于同伴互助的教学设计。再好的教学设计,都需要在教学实践中,进行完善。通过上课教师的试教,教研组集体听评课,每位成员都提出自己的观点和意见。上课教师基于同伴的帮助进行教学设计第二稿。6)专业化观课评课。教学没有理论的引领,教师很容易局限于教书匠。这时,专业的教研员会走进课堂,参与听课,给予教研组教学理论的支撑和教学方法点拨。7)基于实践反思的教学设计。授课教师根据专家的反馈,第三次进行教学设计的精进。8)录制视频参与教研。当教学各环节都尘埃落定,上课教师录制教学视频,形成教学影像,代表教研组,再次回到线上,进行教学分享和

"三次设计，两次打磨"的"线上线下"混合式教学教研组活动流程

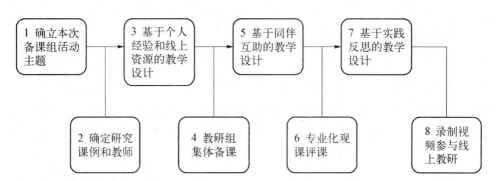

交流。

这样，从"线上"出发的教学，通过教研组的通力合作，再一次回到"线上"。多次设计和打磨的"线上线下"混合式教学，不仅益于整个教研团队，也益于更多的在职教师。2020学年至2021学年，我们共参与浦东新区英语"线上"公开展示课6节，涉及一、三、四不同年级。6节课中，有一节参照"空中课堂"的无学生上课方式，另有5节结合我校学生特点，部分教学环节上借鉴模仿"空中课堂"的教学设计。6节课"上线"后，皆得到全区相应年级英语教师的好评。

（三）课堂教学关注学生学习，多维评价促进日常教学

"线上线下"混合式教学改变的不仅是我们的教学资源、教学形式，也改变了教学评价。我们教研组从上课小组评分、课堂练习册完成状况、随堂闯关小游戏、团队表演合作、线上视频展示等多方面进行学生日常学习的评价，评价主体包括教师、同伴、学生自己和父母。其中的线上视频展示，根据教学需求，学生在诸如"晓黑板"的封闭网络平台上传作品，例如介绍自己最喜欢的玩具等。这个作业对于平时胆小内敛、不愿意面对公众讲话的孩子，是一个福利作业，反而有机会可以尝试表达运用。

四、效果

如果说"空中课堂"为代表的在线教育资源，为我们的课堂增姿添彩，那么师生面对面的线下课，则以生成互动的课堂弥补线上授课的不足。"线上线下"课堂的融合贯通，增强了课堂的体验，更利于低年龄段孩子的学习。教师关注到了学生的差异，可以有的放矢地促进更多孩子的学习成长。

五、反思

新冠疫情,终会有一天因为我们的齐心协力而远去,我们有信心也有决心战胜疫情。"线上线下"混合式教学会留存在我们中间,成为一种教学常态。混合式教学给我们教师带来的不仅是教育教学技术上的改变,也促使我们在观念上进行革新。混合式教学不仅是网络学习与课堂学习的结合,也是教学理论与实践的统一,知识获取与能力培养的融合。这不仅需要教师与学生的配合,也需要教学方法与手段的契合。教师们感怀一颗仁爱之心,立足课堂教学,通过"线上线下"教学形成优势互补,服务师生的教学,为培养中国未来的科技强国英才而始终不懈努力奋斗着。

以生活驱动　激发学习活力

——在场景式教学中培育美术能力与素养

上海市浦东新区进才实验小学　汪未雄

【摘　要】教育已全面进入素养时代，然而美术课堂"封闭"的教学环境以及讲授模式主导的教学现象，阻碍了学生美术能力与素养的发展。基于生活体验的场景式教学将转变这种现状。它充分发挥生活资源对学习的驱动作用，通过创设各种现实生活场景搭建教学支架，转变学习方式，从而切实成为培育学生美术能力与素养的有效途径，为新时代美术教学提供新思路，注入新活力。

【关键词】场景式教学　生活驱动　美术能力与素养

一、素养时代的教学方式

（一）现实与需求

为学生将来进入新的社会环境而做的最佳准备，就是让他们具备适应终身发展和社会发展需要的必备能力与关键品格。因此，培育核心素养成为当代教育的首要目标。虽然教育已全面进入素养时代，然而反观如今的美术课堂：都知晓艺术源于生活，但依然"封闭"的课堂教学环境，使得美术学习缺乏真正的"生活体验"，无法充分激活学生的想象力和创新力；以讲授为主的教学方式把学习流于纸上谈兵，常常导致美术知识学习与美术能力培养脱节。这些教学现象与素养教育之间产生矛盾，阻碍了学生美术思维与能力的发展。

如何在美术教学中将学科知识转化为能力并形成素养？转变教学方式是关键。笔者认为，融入现实生活体验的教学才能真正激发学生的学习动力，是实现能力与素养美育的有效方式。

（二）"场景式教学"的引入

场景式教学是通过进入或模拟现实生活场景，营造具有复杂关系的学习环境，聚焦于现实中发生的问题和实际问题的解决，促进关注能力培养的一种教学方式。

从人类社会发展过程看，学校集中学习模式是现代社会演变的产物。在没有学校之前，人们都是在各种自然生活场景中通过实践活动获得经验，掌握知识技能。场景式教学以生活化思维营造学习环境，就是最接近自然人掌握生活技能的状态，激发本能的学习，即为生活需要而发现问题——尝试各种设想——解决问题——获得经验和方法。它充分发挥生活资源对学习的驱动作用，有助于学习者自主构建知识，并积蓄学习能力。将其引入美术学科，旨在通过创设各种现实生活场景搭建教学支架，以模拟自然学习方式有效激活美术学习，并促进学生的能力与素养发展。其特点表现为：

1. 实现美育的生活渗透。生活是多种场景的组合与延续，学习就发生在其中。区别于一般用生活"举例"，场景式教学是生活情境在教学中的"再现"，以浸润式的场景感受和体验进行学习驱动。例如对于图像识读而言，在生活场景中识图与在书本上识图是完全不同的，后者只能被动地了解图像呈现的内容，前者则可以带来真实的视觉体验，引发更多的学习思考。

2. 以真实的学习过程培育能力与素养。"学习"不仅是掌握知识技能，更是经历发现、探索、实践、思考的过程。场景式教学依托现实生活场景进行教学活动设计，丰富学习经历，优化学习品质，学生在真实的学习过程中收获能力，提升素养。

3. 促进以学习为中心的教学。场景式教学转变传统讲授主导的教学方式，注重以学生实践体验、探究思考为本，学生有更多的时间去经历自主探究的过程，化被动接受为主动学习。

二、基于生活场景的教学设计案例

《纸的造型》是美术（上教版）四年级第二学期的一个学习单元，单元教学目标为：通过纸片、纸卷的组合造型，掌握纸的插接、卷曲等各种制作方法，提高纸造型的能力，感受纸造型的美，进而开阔学生的立体思维空间，发展形象思维能力。

虽然纸造型设计是本单元的主要教学内容，但从学生作品效果看，往往造型雷同，材料单一，且多为简单模仿示范素材，还有不少学生在创作组合造型时甚至无从下手。分析原因发现主要问题：一是教师以讲授示范为主进行教学，容易出现学生模仿跟做，缺少主动思考，创意思维受到抑制；二是教学内容较多集中在纸工技法学习层面，忽视了对组合造型设计的引导。即使有些作品造型特别，当问起学生设计思路时，大多无法说清，只是无目的地凭空想象。

因此，笔者拟定了"与纸对话，用纸表达"的单元学习主题，以改造校园生活环境作为切入点，设计了"探究纸材""校园生活改造""校园采访"三个场景式教学活动，利用校园内外生活场景进行学习驱动，引导学生的审美体验和创意表现，使美术能力与素养得以体现和落实。

（一）从生活场景中发现——教学活动：探究纸材（预习铺垫）

目标：认识各种纸材，发觉纸的材质美感，为下阶段创作活动铺垫基础。

内容：在生活中收集各种各样的纸，并了解它们的特性。

用纸创作的前提是"认识纸"。学生们对纸可以说既熟悉又陌生，虽然每天都接触到纸，但却不曾仔细研究过。在日常生活场景中我们会用到各种纸材料，它们有着各自特性和用途，如表面光滑的吸油纸、带凹凸纹理的瓦楞纸、各色图案的包书纸、包装糖果的彩色玻璃纸等，运用不同纸材会让作品具有不同的功能和艺术效果。而在以往教学中，一般是直

图1：学生们从生活中收集的各类纸材

接提供美术教材配套的普通卡纸给学生进行制作。对于各种纸材有哪些特点？利用这些特点进行创作会对作品效果产生什么影响？如何在作品中表现纸材美感或功能？这些问题很少有学生会主动思考。而"探究纸材"这一场景活动则很好地改变了这种情况。活动要求学生从生活中收集各种纸材，观察各种纸的区别，触摸它们的质感，了解其功能和用途，从而进一步感受和认识纸材，并在学习单上记录下这些发现（图1、表1）。学生们通过"探究纸材"进行"与纸对话"，为下阶段"用纸表达"打下良好基础。

（二）在生活场景中探究——教学活动：校园生活改造（创意表现）

目标：创意设计纸立体造型；引导审美，激活想象。

内容：运用各种纸材，设计制作美观、实用的校园生活物品。

《纸的造型》学习单元

纸的种类	质感、特点	功能和用途
铅画纸	有点粗糙,较柔软	画画,折纸
彩色纸(卡纸)	各种颜色,厚、薄,软、硬,表面光滑、粗糙	绘画、手工、剪贴
吸油纸	薄,表面光滑柔软,吸油,防水,耐高温	做食物时吸油,化妆去油
锡纸(铝箔纸)	表面光亮柔软,防油、水,易燃	包装食品、药品等
瓦楞纸	单面或双面,质量轻,强度大	包装箱、盒
餐巾纸	薄,柔软,面巾、湿巾等	卫生用品

探究纸材:从生活中寻找各种各样的纸　成员 张瑞意、肖筱、陈棵

表1:"探究纸材"学习任务单

学生们分成小组,开展对校园生活环境的调查研究,共同商定设计方案:有的小组发现学校的绿化空地,决定设计校园雕塑作品美化环境;有的小组说我们学校比较大,于是想到设计实用又美观的校园指示牌;防疫期间各种消毒用品和洗手液必不可少,有的小组打算设计放置这些物品的置物架;还有的准备装饰楼道里的鲜花盆景……有了熟悉的校园场景介入,设计便有了创意源泉。校园生活的点滴便都成了作品的表现内容,也让学生真切地感受到美术就在身边,发现和创造美可以从发现身边的事物开始。

在创作过程中,各小组对物品的造型、纸材的选用、如何利用工具加工纸材等问题展开创想、讨论、实验。如这件为校园绿地设计的雕塑作品(图2)。最初的设计方案只是简单模仿了教材中的例子,当把作品与现实场景照片合成效果图时,大家都感觉不自然,似乎无法与环境融合,于是小组展开了进一步的研究。经过实地勘察,有的成员提出雕塑造型可以设计成一只小鸟,既为校园增添活力,也与绿地环境相吻合。经过几天的持续观察,大家又发现很多学生喜欢在课余来绿地玩耍,于是建议将小鸟的尾巴弯曲延长,为大家提供休息、聊天、看书的一隅。最终的设计方案还考虑到了色彩因素,经过各种色彩搭配的尝试后,确定采用深浅不一的绿色纸片添加背景装饰,这就与周围的绿化融为一体,再次提升了雕塑的环境融合感(图3)。

经历这样的探究型学习,学生的美术能力(审美、创意、表现)得以有效提升。而在以往传统的美术课堂中这种探究型学习很少实施,或是浅尝辄止。原因是在以讲授主导的传统美术课堂里,学生基本是凭借老师的叙述进行想象或回忆,缺少躬亲

图2：学生设计的绿地雕塑造型　　　图3：在校园中实地勘察并讨论设计方案

生活的真实体验，深入探究也就无从谈起。本单元"校园场景"的引入起到了关键作用，学生们置身校园，从景物融合、形式美感、功能用途等不同角度展开仔细观察、深入思考和大胆试验，发现和解决各种设计问题都源于对学校环境和校园生活的用心观察与亲身体验。再如，设计的洗手液防滴漏装置，考虑到放在水池边所以选用了具有防水性的铝箔纸包装外观，并绘制了宣传标语告诉大家如何正确洗手；设计校园指示牌时采用了纸卷插接方式和瓦楞纸装饰，不但造型新颖美观，而且还能使其结构更加牢固；还有利用不同图案的包书纸装饰文具收纳筒，以区分不同的收纳功能……（图4）物品的使用场景引发了创作思考，让纸工技法得以综合运用，也让设计创意"有源可选""有话可说"。

在场景化的学习驱动下，学生们尝试实践着各种想法，用所学知识与技能解决一个个设计问题，并用绘图和制作纸模型的方式进行表现，过程中创意思维和形象思维发展齐驱并进。在充溢童趣的创作设计中，学生的认知活动与情感活动相互渗

图4：学生的设计作品

透、融合,作品创意无不蕴含了对生活的用心体悟,这正是热爱生活的行动诠释及素养体现,"以美育人"尽在其中。

(三)到生活场景中评价——教学活动:校园采访(评价与改进)

目标:思考作品改进方案,拓展创新设计思路。

内容:在校园中采访老师和同学,向他们介绍设计方案,记录大家对作品的意见与建议。

老师和学生是学校生活的主体,也是教学双边活动的主角,因此他们的评价也最贴切、最有价值。设计小组随机找到一些老师和同学,向他们介绍设计作品,听取意见和建议。教学评价环节从课堂延伸至了校园场景中,这样能更全面、真实地评估设计方案,了解到哪些是有效的,哪些是需要调整的。有些小组在采访后还收获了新的创作思路和灵感。比如考虑到环保的需要,尽量选用可降解或循环利用的环保型纸材进行创作;多用插接、折叠方式连接作品的各部件,可以减少胶水的使用;还有建议在校园中设计可持续发展的系列作品等,这些都是在传统课堂中殊难迸发的创意。在这样的生活场景交流中,学生可以听到更多样的"声音",得到比成绩更多的反馈(表2)。通过"校园采访",学生们进一步丰富和完善了作品设计,收获了更多创新表现方法,创新意识与能力显著提高。同时,采访式评价又能让学生明晰设计与其他艺术创作的区别,即需要有站在他人角度思考问题的"换位心理",这也是个人素养的一种体现。

《纸的造型》学习单元

校园采访(评价)单　　作品名称 校园雕塑

被采访人	满意度 ☆	听听大家的建议
张老师	☆☆☆☆	很漂亮,色彩可以更丰富些
唐老师	☆☆☆☆	在校园各处再设计一些雕塑,成为系列
沈夏霖	☆☆☆☆	小鸟造型可以更可爱一些
张天爱	☆☆☆☆	周围加一些灯光会更好看
姚舒悦	☆☆☆☆	很喜欢,这只小鸟可以做成学校吉祥物
美术王老师	☆☆☆☆	尝试下纸与其他综合材料组合

表2:"校园采访"学习评价单

教学评价应以"促进学生成长和发展"为最终目标。"校园采访"有效地将评价关注点引向"如何集思广益、如何优化改进",而非仅评判作品本身的优劣。场景化的学习评价帮助学生树立"人人都能成为生活设计师"的学习自信,更利于发展成长性思维,促使学生不断自我反思、改进提高。

三、场景式教学的收获与思考

(一)经历真实的学习过程

真实学习的核心理念是将学习置于一种特定的情境之中,以丰富的学习经历培养学生的综合能力。本单元教学充分利用了校园内外生活资源,开展基于生活场景的资源收集、方案设计、物品制作、访谈等不同形式的问题解决式学习。学生们围绕"校园生活",不断进行思考、探究、实践,获得真实的学习体验。设计出的作品也是形式多样,各具特色,涉及校园生活的方方面面,有些设计方案如校园指示牌、班级签到卡等,被推选参加校园金点子活动并获得好评,体现出美术学习参与学校、班级建设的人文价值。不少学生在交流中表示:"我很喜欢这样的学习,我可以去研究自己感兴趣的问题,也可以尝试很多想法。我和同伴们在校园里一起观察环境、讨论作品设计,我们会有很多灵感……"这些反馈都让我们意识到生活场景自身所具有的学习力和育人力,以及场景式教学对促进学习所蕴藏的巨大潜能。

(二)生活驱动认知与表达

美术课标指出:注重美术课程与学生生活的紧密关联,使学生在积极的情感体验中发展美术能力。场景式教学的要义就在于学习都发生在现实生活场景中,让学习者通过与周围世界的互动进行认知构建。生活为我们提供了丰富的学习素材,贴近生活的场景能让美术学习变成一种体验、探索的旅程,它给予学生更多的时间和机会发展自主认知。这很符合艺术学习的规律,即艺术创作与表现是源于对生活事物的感悟和理解。在本单元的学习中,学生们从生活中寻找纸材的过程、观察校园生活环境进行创意物品设计的过程、采访师生寻求作品改进建议的过程,都是与周围世界发生直接或间接的互动联系,学生因此兴趣盎然并脑洞大开,创意和情感表达也都能有所依托。基于生活体验的场景式教学更能促使学生产生探究欲望,并积极地参与到学习中去,成为能自我驱动的学习者,从而实现学习方式的转变,为培育美术能力与素养搭建重要基础。

此外,对于基础学段的美术课程而言,应遵循"弱技法,重表达"的原则,场景式教学正是将美术学习导向"关注表达"的教学方式。学生们在校园场景的引导下，学习运用美术的思维和方式去解决设计问题，改造和美化校园生活，大大提升了运用美术进行思考与情感表达的能力。

（三）实现能力与素养美育

新时代美育，将学生的能力与素养培育作为核心目标。场景式教学的生活驱动理念，让美术学习变得更加丰富生动，为现代美术教学提供新思路，注入新活力。它以交互式、浸润化的生活体验营造"立体"的学习环境，丰富学习经历，并将学习思考与生活实践结合起来，从而完成知识的自主构建和内化，有助于学习者对知识的理解和迁移运用，形成持久的能力与素养。因此，在美术学习中引入场景式教学，成为生活渗透美育的极佳诠释，也是以学生能力与素养提升为导向推动美术教学创新的活力展现。

当然，任何教学方式都存在优势和局限的对立统一关系，就如现代化教学并非是对传统讲授方式的完全摒弃。场景式教学也需要根据实际情况适时、灵活地运用才具生命力和有效性。此外，面对如何针对不同美术学段设计场景教学方案、如何利用现代技术优势拓展美术学习场景等问题，也向新时代美术教师提出了深化教改的新课题。唯有遵循学生身心发展规律和美育规律，才能激发学生的学习活力，实现"以美育人"的目标。

参考文献：

[1] 尹少淳.核心素养大家谈[M].长沙：湖南美术出版社，2018.

[2] 戴维·索恩伯格.学习场景的革命[M].徐烨华，译.杭州：浙江教育出版社，2020.4

新冠疫情之下线上线下美术新教学模式探索

上海市浦东新区进才实验小学（由由校区） 李 秀

【摘　要】2020年年初新冠病毒突如其来，打乱了每个人的生活。巴甫洛夫曾提到：整个社会由于科学迅速发展得到的好处待以弥补其所造成的损害。上海市"空中课堂"是面向全体上海市中小学生，以电视直播为主（20分钟全市统一教学），各学校任课教师为辅（任课教师20分钟个性辅导），指导学生进行云端学习的特殊双师教学。随着新时代教育的发展，单一的教育模式已经很难适应时代发展的脚步。如何合理利用这些资源，使线上线下相结合的教学模式得到更好的发展，是新时代浪潮中非常值得探索的问题。相信未来除了线上线下相结合的教学，必定还有更丰富多元的教学模式等着大家去探索。

【关键词】疫情　空中课堂　线上线下　融合

2020年年初新冠病毒突如其来，打乱了每个人的生活，学校教育教学工作不知何去何从？但是，在这样极其特殊的情况下，上海市教育部门不急不乱，有条不紊组织每位老师开展线上教学模式探索。这一举措一下子让迷茫的老师和焦虑的家长们看到了希望——"空中课堂"这种独一无二的新型教学模式就此诞生了。上海市"空中课堂"是市里组织各年级段各科名师研究录制的云端课堂。疫情期间，教学模式是以"空中课堂"名师直播为主，学校科任教师为辅，指导学生进行云端线上教学。随着疫情常态化，学校恢复了正常的教育教学模式，但仍有必要利用好"空中课堂"这个优质资源，于是又有了线上线下相结合的教学模式。这种教育模式保证了优质教学资源的沉淀，同时又增强了师生间的交互性，弥补了不同层次学生学习的差异性，提高了教学效益。

下面就以实例谈谈线上线下相结合的教学模式在小学美术教学中的操作。

一、线上教学

这是以空中课堂老师为主，任课老师为辅的线上教学模式。一堂课的前20分钟，由空中课堂的名师进行统一的教学，学生通过网络媒体等进行听讲学习；之后的20分钟由任课教师利用网络平台进行个性辅导和作业批改等。以《迷人的细节》为例。

《迷人的细节》是上海教育出版社出版的《美术》教材中三年级第二学期第一课的内容。该单元的教学重点旨在引导学生观察和发现生活中物体的细节，能用美术特有的语言表现物体的细微之美。

在空中课堂中，线上老师对每一课花费大量时间进行资源的收集、准备，精心备课，这正是线下执教老师比较缺乏的。因而空中课堂老师的教学设计严谨，教学合理紧凑，同时空中课堂老师的讲解也精炼到位，多数学生能在听了该课后完成作业。但是，空中课堂的老师不可能指导学生的实践过程，及时反馈学生掌握情况等，同时根据教学的个性化需求，有很多细节之处还需要云端任课老师的配合。如果学生能及时得到老师细致地辅导，对他们养成细心观察的习惯会起到很好的引导作用，并对审美意识的提升也有很好的引领作用。因此，当学生聆听了空中课堂老师的教学后，我根据空中课堂老师的教学进行具体的引导学生的实践，作了进一步学习要求："同学们可以找一找家中哪里有迷人的细节，找到的同学可以用手机拍张照片，有兴趣的同学可以传上来给大家一起分享哦！"不一会，学生们纷纷上传了照片：有植物、有动物、有食品……大家找到了很多物品（图1—3）。当然，在上传的照片中，有一部分学生没有拍出物体的细节，于是我马上给他们提出建议：如果能离得近一点，或许能看到更多的细节。学生在老师的引导下重新调整镜头，拍摄了照片，果然看到了更多迷人的细节（图4—6）。

图1—3：学生捕捉细节的照片

图4—6：学生在任课老师指导下上传照片，有的学生对照片进行了重新拍摄

　　通过摄影的捕捉，学生们发现了平时不曾注意的细节。此时我继续提出了第二个学习要求："大家发的照片都非常不错，接下来有兴趣的同学可以对着照片用笔画一画也可以对着实物写生。"过了不久，第一个学生的作业上传了。我在审阅后发现了一些问题，于是为学生提出了第三个任务："交作业的同学可以在作品合适的位置写上时间、地点和名字，如：张乐萱2020年3月2日画于家中（可以横着写也可以竖着写）。"关于这个学习要求，由于空中课堂老师考虑到教学难度，所以在学习要求中并没有提出。但我认为，该课其实为一堂写生课，应该培养学生良好的写生习惯——在每次的画作上写好落款（图7—9）。在学生作业反馈中，有些学生没有写，有些没有写完整，也有学生写得非常好。对于这个情况，老师在后面的每次教学中可以进行循序渐进的辅导，使学生养成写落款的好习惯（图10—12）。

　　作业评价，对于空中课堂的老师更是无法进行的了。因此，这一任务也必须由云端的任课老师完成。我根据每一个学生的情况进行不同的评价。有的学生造型结构画得挺好，但是疏密变化没有表现出来，我就指导他继续再加强线条的表现；有

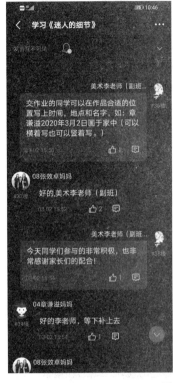

图7—9：在老师指导下写作业落款

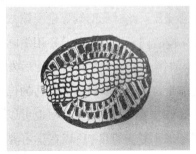

图10—12：学生从第一次不写落款到之后每次都养成写落款的习惯

的学生虽然上传了作业，但是粗制滥造，没有静心创作，我就提醒学生在下一堂课中要静下心细心画；有的学生画得很好，也有落款，但是字写得太大，影响了画面的美感，我就建议他以后可以将文字写得小一点，否则会喧宾夺主适得其反。

为了更好激励学生学习，云端的任课老师还可以对学生作业进行网上展示、交流。当每次网络教学结束后，我都会优选一些作业，用手机内的美图软件制作成一张张作品集拼图,在第二次上课前展示(图13—15)。虽然是小小的展示,但对激发学生学习热情却起到了不小的促进作用。有些学生因为得到了一次展示,之后的每次作业都能认真完成,积极上传。

(图13—15)老师把优秀作业做成展板以备下一课进行总结和表扬

以线上空中课堂老师为主,任课老师为辅的线上教学是疫情之下特殊的线上教学。任课老师是在空中课堂老师教学的基础上,以辅助的形式开展教学。这种教学方式最大的优点就是获取资源的途径丰富,学生的作业更具个性特色。但是,单纯的线上教学也存在很多不足之处。老师在网上能看到学生的作业,但看不到他们怎么完成这些作业。学生在学习中不仅需掌握知识技能,还需要老师对他们进行行为习惯的培养。同时,在学习评价环节中,网络教学虽然新颖,更具展示性,但是,师生互动可能会有滞后性,学生提出的问题,老师不能及时解决。

如果用发展的眼光看,只有将线上线下巧妙融合才能更有利于新时代下新教育的推进。这就产生了另一种教学模式——线上线下相结合的教学。

二、线上线下相结合的教学

这种教学是以线下任课老师为主,空中课堂教学为辅的线上线下相结合的教学模式。教学中,线下老师根据空中课堂教学内容,截取所需环节为自己教学所用,弥补或丰富了课堂教学中的不足。如《方体建筑》一课,这是学生在校园课堂中进行的一堂常态化美术课,但在充分利用了线上空中课堂的教学资源,实施线上线下相结合的教学模式后,有效地提高了教学的质量。

《方体建筑》为上海书画版教材第十册五年级"成角透视单元"的重构单元。本课注重透视绘画技法的传授,对五年级学生既有吸引力又有教学难度。空中课堂老师对方体建筑进行了较为详细的示范、讲解,让学生对于成角透视等概念有着清晰的视觉感受,但如果完全采用线上老师的教学设计,就会失去线下老师直观授课的优越性,无法真正让学生将感知运用到实践。因此,在充分利用空中课堂资源的基础上,我采用了以线下老师为主,空中课堂资料为辅的双师教学方式实施教学。

在《方体建筑》这一课,空中课堂老师针对成角透视搜集了很多到位又精美的示范图,由此,我截取了很多有利于自己教学的资料。

教学中,根据方体成角透视的特点,空中课堂老师提出一个问题:"它们的造型有什么不一样?"进而引出"用组合叠加的方法设计建筑"。此时,线下课堂的我只需组织学生开展讨论,就能很好地激发学生的创意想象——学生很快发现用方体叠加的方法可以设计出很多造型奇异的建筑。同时,空中课堂老师也用方体模型搭建出方体叠加的效果图,使学生更清晰认识了方体叠加的原理(图16—19)。

图16—17　空中课堂资料欣赏

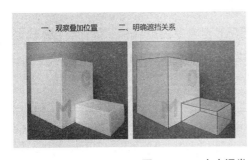

图18—19　空中课堂老师对叠加造型的分析

方体建筑的具体表现需要老师仔细的示范和讲解。关于这点虽然空中课堂老师有视频讲解,但是由于视频比较模糊,讲解也较快,学生有些跟不上节奏。因此,我就对网络视频进行课堂重新演示。学生在线下任课老师这样循序渐进的指导下,都很清楚地理解了方体建筑,便于学习任务的完成(图20—21)。

本课空中课堂老师提出的作业要求为:1.造型高低错落有变化。2.装饰线条有疏密变化(图22—23)。对于这样概括的语言,学生在理解上还是比较模糊。我就在

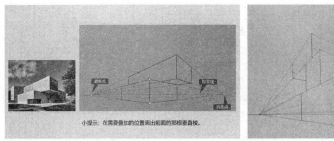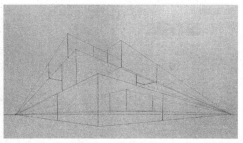

图20—21 空中课堂老师的建筑效果图

此基础上问学生:"你们觉得这样只画一座建筑有趣味吗?"学生就此展开讨论:有的说可以涂上缤纷的颜色,有的说可以把建筑想象成一座博物馆或者商店。

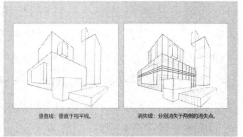

图22—23 空中课堂本课作业要求

关于成角透视单元的学习比较枯燥。例如本次成角建筑的表现,如果学生只是把建筑效果图画出来,就少了美的感觉。想让学生真正爱上透视,还是应该从学生心理需求出发,让他们把作业和自己的爱好结合起来。我就合理利用线上资源,并将其拓展,使学生不仅学会了画成角透视建筑,还表现出具有个性的方体建筑:其中有水族馆、博物馆、餐厅、美术馆、超市等建筑(图24—29)。

三、线上线下相结合的教学实践思考

以上两个教学实例产生于不同背景,线上线下教学的方式虽然不同,但都给学生的学习带来了很大好处。因为线上线下结合的教学模式不仅能够将优质的师资力量发挥到更大,也更能让学生接受优质的教育。除此之外线下辅导老师的存在,也可以最大程度帮助孩子并解答孩子的各种疑惑,引导学生将学到的知识运用到实际中,从而真正体现学以致用道理。

巴甫洛夫曾提道:整个社会由于科学迅速发展得到的好处待以弥补其所造成

图24—29 老师在线下拓展教学后学生呈现的具有趣味的方体建筑

的损害。"空中课堂"是疫情之下产生的特有网络教学模式,学生在失去线下学习机会的同时却意外学会了如何在网络中探究知识。老师在疫情的迷茫中学会了如何进行线上线下的双师教学模式。随着疫情的减弱和消失,空中课堂虽然只能成为过去式,但它留给大家的不仅是一个宝贵的资源库,还有线上线下相结合的学习体验。疫情虽然掣肘了我们的生活,但也意外改变了现有的教学方式,丰富了教学手段。

随着新时代教育的发展,单一的教育模式已经很难适应时代发展的需要。虽然疫情在国家严防控制下得到了缓解,但是线上线下相结合的教学模式已扎根于校园课堂。聪明的老师都会主动利用线上资源,合理拓展资源,使学生在线上线下老师共同指引下学得更加扎实。学生也可以通过线上空中资源进行巩固学习,养成自主学习的习惯。相信未来除了线上线下教学,必定还有更丰富多元的教学模式等着大家去探索。

语文教育现代化背景下小学语文课堂教学内容浅析

——部编版语文教材课堂教学体会

上海市浦东新区进才实验小学　孙其芬

【摘　要】《中国教育现代化2035》视域下，语文教育现代化的教育理念、教育内容、教育手段等都被赋予了新的内涵要素。部编版语文教材是语文教育现代化中的重要载体。本文就部编版语文教材在小学语文课堂教学中如何体现语文教育现代化展开论述。

【关键词】语文教育现代化　部编版教材　小学语文课堂教学

一、语文教育现代化的含义及内涵要素

《中国教育现代化2035》中提到"加快推进教育现代化，是中国特色社会主义进入新时代的教育事业发展提出的明确要求"。语文教育现代化正如火如荼地在全国开展，成为语文教育教学发展的良好契机。语文教育现代化，不仅是专门从事语文教育研究的理论工作者所关注的课题，也是我们一线语文教师所要高度重视的问题。

语文教育的现代化是用现代化的科学技术和先进的语文教育思想做理论支撑，使教师拥有先进的教育思想，并掌握丰富的课程资源，熟练运用最尖端的教学方法和教学手段，充分利用高配置的学校硬件设施和课堂教学设备等资源，培养出具有终身教育发展理念和国际竞争力的新型劳动者的过程。

语文教育现代化的内涵要素有哪些外显特点呢？简言之，语文教育现代化内涵要素体现主要聚焦于语文教育理念的现代化、语文教育内容的现代化以及语文教育手段的现代化这三个维度。语文教育理念的现代化决定了我国语文教育现代化发展的未来走势。《中国教育现代化2035》中提出"大力推进教育理念、体系、制度、内容、方法、治理现代化。理念现代化在教育现代化中的引领作用不言而喻"。语文教育内容的现代化不仅要涵盖课文中的基础知识，还要涵盖生活实践中的语文知识、

语文基本技能、语言信息的获取能力、语言组织表达能力和语言迁移能力,更要充分发挥语文学科的特点和语文教育的多元化价值,"使学生在知识技能、文化审美等各方面协同发展,与当今教育现代化所倡导的能力相匹配"。语文教育手段的现代化则离不开信息技术的支持,语文教育与现代信息技术整合,可以更好地促进学生全面发展和健康成长;可以更好地拓展教育的时间和空间,培养学生的创造性和创新能力;可以给教学带来变革,给家校沟通带来便捷。

在语文教育现代化过程中,这三个内涵要素相辅相成,缺一不可。语文教育理念的现代化起到引领作用,语文教育手段的现代化是技术支撑,语文教育内容的现代化是最重要的载体。

二、语文教育现代化在部编版语文教材里的体现

语文教育内容现代化最重要的信息载体就是语文教材的现代化。党的十八大以来,中共中央高度重视语文教材的编撰工作,"提出语文教材建设是国家事权,健全国家教材制度,统筹为主、统分结合、分类指导,增强教材的思想性、科学性、民族性、时代性、系统性,完善教材编写、修订、审查、选用、退出机制"。语文教材建设由此踏上新征程。从2017年秋季开始,国家开始逐级有序地推广使用语文统编教材。这套教材由教育部组织编写,北京大学中文系温儒敏教授担任总主编,既有思想性又有文学性和时代性,是能充分反映语文学科本身特点及教学规律的现代化语文教材。2019年秋,实现了全国语文统编教材中小学全面覆盖,这为中国语文教育现代化提供了最为重要的基础支撑。

部编版语文教材站在"国家行为"的高度,视野开阔,将中华优秀传统文化和革命传统教育有机融合,巧妙安排,既体现主流价值观,又不停留于简单的"说教"。教材的编排科学地采用双线组织单元体系,每个单元中既有人文主题又包含语文要素。更加重视阅读能力与兴趣的培养,除了精读以外,还有默读、猜读、跳读、比较阅读、和大人一起读等阅读方式。大量的活动探究和情景练习设计,引导学生在实践中获得语文能力,学会学习迁移。同时,教材更加注重和落实中华优秀传统文化教育,有楹联、成语、谚语、歇后语、蒙学读物等传统文化内容,教材中所选古诗文数量有所增加,体裁更加多样,学生在积累语言的同时,受到中华优秀传统文化的熏陶。这套教材很好地处理优秀传统文化的继承与发展、坚守与创新之间的关系,努力做到"不忘本来,吸收外来,面向未来"。努力从中华民族优秀传统文化中汲取营养,因为这是中华民族的"根"与"魂"之所在。

三、语文教育现代化在小学语文课堂教学中的落实

语文教育现代化背景下，部编版教材的全方位推广使用，作为一线教师的我们应责无旁贷地学好新教材、用好新教材、教好新教材。树立"大语文"教育观，挖掘并利用好优秀传统语文教育资源，开发并培养学生的语文综合能力。将语文教育现代化变成我们的自觉教学行为，全面提升学生的语文素养，提高学生的文化品位和审美情趣，培养学生实事求是、严谨科学的学习态度，完成立德树人的根本任务。

（一）要树立"大语文"教育观

与重点强调语文工具性和现实思想意义的传统的理念不同，"大语文"教育观更符合当下的语文教育现代化的要求。"大语文"教育观是部编版教材所大力提倡的新型语文教学理念。其教学内容领域扩大化、宽泛化。首次提出"大语文"教育观的张孝纯老师认为语文教学是"一体两翼"。"一体"是指课堂语文教学主体、"两翼"是指语文课外学习和社会语文教育。教师不应该只是单纯地要把语文课视为语言交流的工具课，而是应当站在全局的立场上，以学生为根本，以学生的发展为语文教育最根本的目的和要义。总之，这是一个全方位、立体化、终身化的"大语文"教育观。这就要求语文教师在课堂教学中不能只着眼于语文书，而要把语文书作为培养学生语文能力素养的平台和出发点。用"大语文"教育观来指导和规范老师的语文教学工作是当今时代的新要求，也是语文教育现代化发展的趋势所在，更是符合素质教育发展和学生全方位发展的迫切需要。

部编版小学低年级语文教材在识字方面做了很多有益的探索和有创意的教材编排设计，注意了资源整合和字源探究。在设计思想上是一以贯之的，那就是要借助汉字的造字方式，让学生从字源的角度去理解汉字之义，发现汉字之美。这样的识字方式必然要求学生在学习过程中，尽力做到既知其然，又知其所以然，进而将所学的汉字由点到线、由线到面、构成矩阵、内化认知。如一年级上册识字第4课《日月水火》，不仅有相对应的配图，让学生借助图画识字，还在每幅图画下面，标注了相对应汉字的甲骨文字形。课后练习设计了"猜一猜，连一连"的题目，给出了"兔 鸟 竹 羊 木 网"六个字，有实物的图画，也有相应字甲骨文的字形。这种字图相辅、字形演变的学习情境激发了低年级学生的识字兴趣和识字教学的活力，增强了语言文字在低年级学生心中的魅力。

在日常语文教学中，我着力创新语文教学，尽最大可能保护学生语文学习的兴

趣和求知欲,鼓励学生自主阅读自己喜欢的文本材料,自由表达自己的观点,养成提出问题、解决问题的能力,激发学生的问题意识和进取精神。在课堂中,我以学生发展为本,提问覆盖面广,让每个学生在每一节语文课堂都有所收获。低年级识字为主,我会带领学生探究字源,讲清楚字的演变,不是简单让学生多写几遍记住字形。例如"既""即",这两个字是出错率特别高的一对词。我结合《说文解字》,从字源着手,用故事的方式向学生讲解,这两个字左边都是相同的"皀",代表盛满食物的器具。不同点在于右边的字形,"既"的右边"旡",像人吃饱饭,转过身体正要离开的样子,表示"吃饱了",因此"既"的本义为"吃完、吃过",后来引申为"完成"。而"即"的右边是"卩",像一个跪坐着面向饭食的人形,刚准备吃饭的样子。故"即"的本义表示开始或者即将开始。不是简单地就字教字,而是拓宽语文渠道,从字源上讲清楚了字的区别,在学习中达到事半功倍的效果,这也符合"大语文"教育观的教学理念。

同时,我会时刻关注学生个体之间的差异和不同的学习需求,倡导自主、合作、探究等学生乐于接受的学习方式。如二年级第八单元的语文学习园地中,有个练习以"金、木、水、火、土"五个字为偏旁,拓展学习新字。"钅"从草书中的金演变而来,大部分"钅"的字跟金属以及有金属特性的物质有关,如:铁、铜、针等。有同学举手问:"错"也跟金属有关系吗?因为在她的概念中,错就是错误,跟金属没有关系。我首先鼓励她善于思考,敢于不懂就问。然后让学生讨论这个问题。学生的兴趣高涨,讨论的结果是可能有关系,但是不确定。于是,我从《说文解字》对"错"的解释跟学生解释,"错,金涂也"。就是我们今天所谓的镀金。我联系到南京博物院的镇馆精品——错银铜牛灯。就找出实物图片,粗略讲解错银、错金的工艺。学生主动探究学习的过程是对知识的运用迁移,在学习生字的同时,拓宽了知识面,把语文课外知识学习融合其中,符合"大语文"教育观的学习要求。

(二)挖掘并利用好优秀传统语文教育资源

中华民族优秀传统文化中蕴含着博大精深、丰富多彩的哲学思想、人文精神、道德情怀和理想信念等,这些知识可以在当今时代认识和改造世界、开创中国特色社会主义道路中贡献无穷的智慧。五千年的悠久历史文化,在漫长的教育过程中形成了优良的教育传统,在语文教育方面有着用之不竭的知识财富。语文教育现代化的内容一定要根植于我们中华民族优秀传统文化之中,从中学习、继承和发展有中国特色的思想观、价值观和民族精神。大力继承和发扬发展中华民族优秀传统文化,坚定我们的文化自信意识,担当起实现中华民族伟大复兴的历史使命。

部编版教材对中华优秀传统文化教育更加注重。在每个学习园地的日结月累部分都有所体现,内容涉及楹联、成语、谚语、歇后语、蒙学读物等传统文化内容。如二年级上册教材里涉及楹联四则:有山皆图画,无水不文章。白马西风塞上,杏花烟雨江南。清风明月本无价,近水远山皆有情。雾锁山头山锁雾,天连水尾水连天。这些楹联对仗工整,平仄协调,是一字一音的汉语独特的艺术形式,更是中国传统文化瑰宝。特别是回文联在以前的教材里没有出现过,这是我国对联中的一种,采用回文形式写成,可顺读,也可倒读,不仅意思不变,还颇具趣味。在教这则楹联时,我把对联的基本知识跟学生讲解清楚,专门打印出清代梁章钜的《楹联丛话全编》里比较符合学生年龄特点的一些楹联,补充给学生,教他们诵读,教他们知道平仄规律。学生们对回文联特别感兴趣,我补充回文联的上一句,他们就能根据规则说出下一句,例如:客上天然居,居然天上客。人过大佛寺,寺佛大过人。学生在轻松地学习中,掌握了回文联的规律,我相信,日后他们遇到类似知识会想起现在所学,知道如何品味这些楹联。

古诗的数量在部编版教材中有所增加,体裁也更加多样,同一单元所选古诗的主题基本是相同的。小学阶段古诗学习不需要过多的诗歌鉴赏,我在教授古诗文的时候,大都会从作者的写作背景着手,让学生了解文本后面的知识。再补充一些拓展资料,让学生了解作者的行文习惯,加深对诗意诗情的理解和感受。然后,对古诗内容进行分析,让学生知道古诗所表达的含义,粗浅地知道作者在古诗中如何表达情感。在此基础上,反复品读吟诵,感受古诗的音韵美,直至熟背成诵。这样,学生在古诗学习中更容易理解思想内容和写作艺术,积累语言表达的同时,提高了语言文字的能力,更容易激发对中华优秀传统文化的热爱。

三年级开始,部编版教材出现文言文的学习内容。文言文是现行语文教材的重要组成部分,也是学生学习语文的难点。我认真研究文言文教学,探讨符合小学生年龄特征的文言文教点的方法和规律,提高文言文教学的效率。在教文言文《司马光》时,我先范读,提醒学生需要注意的断句和语音,然后让学生诵读,"书读百遍,而义自见",学生在反复诵读中能慢慢领会文章的大意。通读全文之后,结合注释教给学生文言文翻译的方法,通过看注释、补充资料、小组讨论等各种方法,理解文章大意。这样学生解决问题的自觉性和主动性增强了,学习知识和消化吸收的能力也提高了。接下来,我对文章语境进行分析,引导学生扩大文言词汇量,积累文言知识,加深学生对文章的理解。最后,在熟悉文章大意的基础上设计记诵活动,形成文言语感,让学生理解性背诵文章。文言文精炼的语言,特殊的表达,对于学生积累语言、发展思维、学习与传承传统文化大有裨益。

(三)开发并培养学生的语文综合能力

语文综合能力是指学生综合运用语文的学科知识或跨学科知识,多角度、多层次地提出问题、分析问题和解决问题的综合能力。语文教育现代化要求语文教师在课堂学习中创造良好积极的语文学习氛围,联系课文内外和课堂内外,增加学生语文学习实践的机会。使学生在各项自主活动中全面提高语文素养,提升学生主动探究、合作学习、勇于创新等综合能力。语言知识的运用能力和语言文字的驾驭能力是语文综合能力最基本的支撑。熟练的语言技能内化吸收之后,就沉淀成为一种自身的能力,如演讲、辩论。语文教学必须经过大量的语言实践,这样才能培养学生自主学习意识,提升学生的口语交际等基本技能。当然,语文基本知识和语言文字的积累是语文综合能力的奠基石。语文教育必须要夯实语文知识的基础,离开基础知识的能力是无源之水、无本之木。

部编版教材给我们的日常教学提供了很好的素材,在日常教学中,我要求学生注意知识储备,做好语文基础知识的积累。在学习方式上,从一年级就培养学生的阅读兴趣,先是鼓励学生阅读自己喜欢的图书、绘本、漫画等。二年级开始鼓励学生选择性阅读,读有故事情节的书,大量阅读,多角度阅读,除了课内文章的阅读,课内推荐书目的阅读外,可尝试不同类型的文章阅读,包括新闻、人物传记等阅读类型。三年级开始,尝试在读书的过程中适当做批注,写下自己的质疑和问题。四、五年级时,学生给自己布置阅读任务,根据阅读任务进行信息的筛选、分析和概括,培养分析能力、表达和沟通的能力,并注意表达的条理性和表达的角度。拓展课外阅读时,精读、泛读两相结合,拓展阅读面,精读古今中外的名著,提升学生的人文素养,这完全契合语文教育内容现代化的基本范式。

另外,在赵国弟校长的倡议下,学校开展了具有学校特色的课前两分钟演讲活动。从一年级开始,每个年级组统一布置演讲主题,学生按照学号有序进行。一年级刚入学,鉴于学生的年龄特点,语言表达条理性不足,短句居多,再加上刚入学,同学之间不熟悉,我们年级组统一制定第一轮演讲的主题为自我介绍。学生可以通过照片、视频、PPT等辅助方式,介绍自己。下一个学号的学生做评价,评价方式从三个方面来衡量:声音响亮、态度大方、脱稿演讲。一号演讲,二号评价,以此类推,这样,学生可以有序地进行,每个学生都在演讲和评价中得到锻炼。大量的语言实践和练习,既锻炼了学生的胆量,也培养了学生口语交际的能力,自主学习的意识。一个学期,至少两轮主题演讲。五年下来,学生的演讲能力和临场语言组织能力都有不同程度的提升甚至飞跃。

四、结语

以上就是我在小学语文课堂教学中落实部编版语文教材的教学体会。大学和研究生时期阅读了大量的教育理论著作,接触到了最前沿的教育理念。我将学到的教育理论在课堂教学中呈现,取得不错的教学效果,学生学习语文的积极性和兴趣高涨,正如陶行知所言"学生有了兴趣,就会用全部精神去做事,学与乐不可分"。繁忙的工作之余,我积极参加各级各类教学培训,用最新的教学思想武装自己,大量阅读专业书籍,提升自己的专业技术素养,不断改进优化语文教学。树立"大语文"教育观的理念,通识语文教学论原理,勤于了解语文教学的前沿理论,不断更新自己的语文教学观念。钻研心理学和教育学,掌握儿童发展心理的基本特点,遵循儿童语言与思维发展的规律,旨在更好地完善教学任务。

我知道语文教育现代化是一个继承发展、破旧立新的过程。语文教育不是单一模式的,它是多维的、综合的,是集道德培养、思维发展、生活审美等多功能于一体的基础教育。作为一线教师,我们应该以部编版教材为蓝本,深入研究和探索语文教育现代化的路径方法,全面拓宽语文教育现代化的新思路,尽早实现语文教育科学化、多面化和现代化。

参考资料:
[1]毕经文.论张志公语文教育现代化思想[J].学科教育,1998(12).
[2]魏本亚.语文教育现代化的哲学思考[J].徐州师范大学学报,2004(5).
[3]杨海青.论小学语文的现代化教育[J].教改.教研,2013(9).
[4]褚宏启.教育现代化的灵魂是现代灵魂[J].中国教育学刊,2018(9).
[5]芮鸣岩.准确把握教育现代化的内涵[N].学习时报,2019(5).
[6]李志厚.教学创新:从教育现代化的回归到智慧课堂的超越[J].教育视野,2020(4).
[7]陆耀芳.问题与突破:小学语文阅读教学的思考与实践[M].上海:上海大学出版社.2020.
[8]新华社.中共中央、国务院印发《中国教育现代化2035》[EB/OL].2019-02-23.
[9]阙兆成.温儒敏:"部编本"语文教材的编写理念、特色与使用建议[EB/OL].2019-07-26.

小学生语文思维培养散笔

上海市浦东新区进才实验小学　郑　楠

小时候看《西游记》时我常常想，这佛祖可真有意思，不把经书直接给唐僧，非得让师徒四人去路途遥远的西天，一路降妖除魔，历经千难万险。这不是多此一举吗？现在想来，西行数载的生死历练何尝不就是玄奘成为大师之路的必要修行。九九八十一难，每一难都有恰到好处、逢凶化吉的铺设，让所有的神仙妖魔都成就了他日弘扬真经的意义。其实经书并不难取，若只想要一个结果，孙悟空的一个跟头翻过去就可以获得。但取经之路无可复制，无法替代，使唐僧成为玄奘大师的不仅是经书，还有那条取经之路。

在我们生活的这个时代，资讯爆炸，知识生产的速度超越我们理解、掌握，甚至遗忘它的速度。在这种海量的数据面前，我们的教育能教什么呢？只是教知识吗？不是的，学会获取知识的过程才是绝不可以被省略的。我常常在想，教育除学习、掌握必要的基础知识外，更应让学生在学习的过程中经历那条"取经之路"，在体验、感悟、思考中修德、启智、育能。

一、

刘慈欣的《三体》里面有一个概念，叫"射手与农场主"。一个神射手，在靶子上每隔10厘米就打一个洞。假设这个靶子上有一种二维生物，这个二维生物的科学家经过观察，得出一个结论：世界每隔10厘米就有一个洞。一个农场主，每天11点30分准时按下身边的投食按钮，住在农场里的鸡博士，经过长时间观察得出一个科学结论：世界每天11点30分，上天会准时降下食物。

大凡科学规律，大都是靠观察、总结、实验得来的。我们只知道规律的存在，但并不知道规律为何会存在。在浩瀚的人类历史长河里，如若我们的思维固化、墨守成规，不啻就成了那个二维生物和农场里的鸡。

在以科学严谨、革故创新著称的物理学史上，也有这样的例子。在1900年，开尔文宣布："物理学的大厦已经基本建成，我们要做的只是修饰工作。"他认为现有的经典物理学已经完全可以解决所有的物理现象，而只有两个物理现象无法进行解释，所以认为这两个问题，就是飘浮在天空中的两朵"乌云"，解决了这两朵"乌云"，物理的天空就再无遮拦和秘密。直到普朗克引入了普朗克常量，相对论和量子力学的诞生挑战了经典物理学定律，几乎颠覆了经典物理学的世界观。

从科学的发展史来看，传统知识系统始终在被不断地替换、更新、替代。当然这并不是否定传统知识中的基础性、经典性，而是提示科学知识的一个特点——时效性、发展性和可修正性。故而我们需要做的，是如何有效地利用科学知识的特点，顺应时代发展的大势，在知识内容的新陈代谢和探究方略的与时俱进中实现传承，在扬弃中引领学生养成构建新知识体系的学习习惯和能力。

这也切合了当前崇尚的教改主旨，应为学生创设"学知识、更学思维"的生态环境。即在学习知识的过程中，培育学生独立思考、自主探究、灵活运用、富有创造的思维品质和学习能力。基于此，教师应该从如何优化学生思维的角度来审视、改进自己的教学。以语文教学为例，《语文课程标准》中指出：语文是最重要的交际工具，是人类文化的重要组成部分。工具性和人文性的统一，是语文课程的基本特点。语文教育只有抓住语文课程的特点，以夯实基础为准则，以文道相谐为主线，在读写联动中激发学生的思维活力，才能让语文教育永葆"旺盛的生命力"。

现行全国语文统编版教材是以"人文主题"和"语文要素"双线并进的方式编排，每个单元中的课文都具有相同的"人文内涵"和着重训练的"语文要素"。这是对"就一篇而教一篇"的传统教学模式变革、进化，主张以单元整体性把握教材的视角，运用单元整合策略，把若干具有一定关联性的课文有机整合进行教学。实践证明：新教材新教改，不仅打破了单篇课文教学的局限性，且能丰富教学内容，扩充教学容量，为调动学生学习的积极性，培养较高层次的思维品质，提供了丰沛的教材资源。

二、

美国教育家布卢姆将思维过程具体化为六个教学目标：记忆、理解、应用、分析、综合、评价和创造。其中记忆、理解是低阶思维，处较低层次的认知水平，系学习事实性知识或完成简单任务的思维能力。高阶思维则是发生在较高认知水平层次上的心智活动或认知能力，在布卢姆的体系中就是分析、综合、评价和创造。

不难发现，现行的中小学学生主要是记忆和理解大量的学习内容，然后周期性地在作业和测试中展示这种理解和应用。布卢姆的分类法是一个以前两个层次的思维（记忆和理解）为基础的思维发展序列，记忆和理解是将我们的大脑推向其他五个高层次思维的重要基础。

落实到小学语文教学中，教师该如何引导学生在记忆与理解的基础上，深入到应用、分析、综合、评估和创造力领域中去呢？这就需要语文教师具有扎实的专业功底和相关的学科知识，能从思想内容、言语形式、语文知识、学习方法、学习兴趣与习惯、语文实践活动等多个视角去开掘所教课文的教学价值。

以统编教材四年级第八单元的《西门豹治邺》《故事二则》两篇课文为例。这一单元的单元目标是以"历史人物故事"为主题，了解并感受人物，能简要复述课文，并注意顺序和详略。前者为精读课文，该课的教学重点是初步了解并学习简要复述的方法；后者是略读课文，要求运用简要复述的方法，进行自主阅读并简要复述课文。这一单元着重训练的"语文要素"即简要复述的方法。

在执教《西门豹治邺》一课时，我借助课后填空练习，运用小标题的形式概括课文内容，帮助学生理清故事情节，为后文进行简要复述做好铺垫。在学习"调查真相"这部分内容时，我先通过师生分角色朗读，引导学生思考西门豹问了哪几个问题，为什么要问，并提炼出事件的缘由、主谋、受害者、结果等要点。接着，再读课文，让学生思考并交流在老师（西门豹）的回答中了解了哪些信息，老大爷的回答和老师（西门豹）的回答有什么区别。通过层层递进的引导，学生顺然训练了从人物对话中提炼信息要点，并将提炼的要点串联起来，进行概括叙述的基本能力，进而达成了"使学生初步了解简要复述方法"的教学目标。整个教学过程，老师扮演的是引导者的角色，在课堂上为学生搭建语文学习的支架，协调好"阅读理解"和"简要复述"的关系，有侧重地处理好本单元和本节课"简要复述"这一语文要素的关系。

如果说精读课文是"学"，那么略读课文就是"习"。在教授《故事二则》这一略读课文时，我引导学生回顾《西门豹治邺》的学习要义，帮助学生重温简要复述的方法：理清顺序、提炼要点、简要概括。在学生自主阅读后，师生共同梳理两则故事的起因、经过、结果。为理解"故事经过"这一重难点，我借助表格，采用四人小组合作探究的形式，让学生梳理顺序，抓住文中关键语句提炼要点。小组学习后，我及时组织小组交流、评价辩论，得出了共同认可的结论：其中的《扁鹊治病》是按时间顺序梳理蔡桓侯病情的发展过程以及他对扁鹊态度的变化。《纪昌学射》则按"飞卫的要求、纪昌怎样练习、取得的效果"的事件情节梳理。当然，也有学生提出了质疑点和创意认知，我在激励评价后给出中肯的点评。两篇略读使学生以详读之学通、略读之习，既落实教学重点又突破了教学难点。语文策略性知识是在语文学习中运用概念和规则进行听说读写训练的一种可迁移的程序性通则。上述单元的语文要素"简要复述"就是一种策略性知识。学习此类知识，为师者更应扮演引导者的角色。《西门豹治邺》这课中我引领学生对课文进行例证辨认，循规概括，再作迁移运用。学习《故事二则》这课时，学生已学标明确、思路清晰，通过简要复述的规则辨认，在教师的点拨下对《扁鹊治病》这一故事先尝试运用，再把习得的知识与技能独立运用于第二则故事《纪昌学射》，进一步对"简要复述"的规则进行体验、思悟。正是经历了这样的学习过程，学生的思维在感知、记忆、应用的基础上逐步向分析、综合、评价和创造等较高层次思维发展。

三、

我们都听说过"要像海绵吸水一样吸取有用的知识"这句名言。在经典的思维读物《学会提问》一书中，尼尔·布朗就把这种常见的因为类似于海绵被放入水中的反应——充分吸收水分的思维方式，称之为"海绵式思维"。

"海绵式思维"以其显著的特征在传统语文教学中广泛应用且旷日持久。缘由似乎很充分，唯有博采广取、兼收并蓄，才能为当今学习和后续发展奠定坚实的基础。当然"海绵式思维"显得散广、被动，往往不需要你绞尽脑汁地去苦思冥想，得来相对轻松、快捷。在语文学习领域，类似"海绵式思维"的学习，如逐字逐句地细读，然后划出这篇文章的重点，做好笔记。这种吸收式学习，能把所读文章的内容梗概和好词佳句记下来并理解，大抵可算是"海绵式思维"的一种形态。

但《学会提问》中提到的与之对应互补的"淘金式思维"则提出了高阶思维的要求，这种学习方式需要强烈的目标追求、锐利的价值判断和严谨的自律约束。不难发现，"淘金式思维"充溢着批判性、求异性、创造性的思维意识、思维品质、思维能力，大凡公认的科学家和专业学者都具有卓越思维的素养。如果说"海绵式思维"主要强调知识获取的结果，那么"淘金式思维"则更重视获取知识、发现真谛、开拓新域的意识和能力。当然两者是辩证统一、相辅相成的，唯有借助"海绵式思维"的博取厚积，才能在复杂、动态的学习或科研活动中增强辨析、批判、创新的自信、底气和能力，淘到真正的"金子"。

思维品质的优化，思维能力的培养是新时代、新课改背景下所有学科核心素养培养的主旨之一。小学语文教学中的学生语文思维能力培养不仅写入《语文课标》，更见诸全国统编教材中。我们小学语文教师理应在遵循语文学习客观规律的前提下，一以贯之地将语文教学和思维训练结合起来，让学生逐步掌握一套科学、有效、符合小学生身心特点的语文学习方法，从而优化学生的思维品质，提升学生的思维能力。对于语文学习中"人文要素"的落实，我认为，除借助课文和补充材料传递正能、以文化人外，还得用好"海绵式思维"激发"淘金式思维"。

以"淘金式思维"培养为例，通过发达的互联网，有幸观摩过蔡海峰老师执教的《普罗米修斯》这一课。课文《普罗米修斯》是部编版语文四年级上册第四单元的第三篇精读课文。课文改写自古希腊神话，根据故事的发展顺序分为起因、经过和结果三部分。讲述了人类因为没有火，生活非常悲惨，天神普罗米修斯为了帮助人类，勇敢地"盗"取火种而惹怒宙斯，遭受残酷的惩罚；他不屈不挠，后来得到大力神赫拉克勒斯的救护，终于获得自由的故事。

蔡老师从神的名字入手，引领学生抓住"盗""罚""劝""锁""救"等关键词，通过"因为……所以……"这一关联词，理清故事的起因、经过、结果，提炼出问题的逻辑链，从而锻炼了学生的以归纳、提炼、演绎为要素的逻辑思维能力。这一学习过程，其实就是教师从课文为载体，以学科核心素养培育为主线所设计的一种内隐的逻辑思维的训练。正是在"淘金"过程中，学生的高阶思维能力得以训练、培养。

四、

在现实生活中，人们常问："为什么不少高中生乃至大学生在读写能力上不如人意？"学校教师也不时发出"学生既不能有效阅读，也不能通达写作"的感叹？于是，用人单位责怪学校教育，高一级学校又将责任推给下一级学校。作为基础教育和义务教育阶段的起点学段，小学教育自然成为矛盾下沉的终极，似乎小学教育负有不可推诿的责任。

学习是一个逐级递进、环环相扣的漫长过程，也是一个日渐积累、增知育能的过程。语文学科的性质和特点更决定了语文学习效能的厚积薄发性、循序渐进性。其中，除勤勉学习外，语文学习所需的思维品质、思维能力是衡量阅读、写作水平与质量的决定性因素。

对标新时代、新课改背景下的全国性《语文课程标准》，反思世人对语文学习效能的种种拷问，我们不难发现，唯有以阅读、写作为两大传统而经典的支柱为永恒的研究对象，在确有指导意义的语文教学理论的指导下，深入研析《语文课标》，借鉴语文教学名家的经验精华，在为我所用的久久为功中，才能较好达成语文教学"文道统一"的教学目标,为党和国家培养合格乃至优秀的劳动者(其中包含语文学习上的合格乃至优秀)。

　　就当下的小学语文教学而言,除笔者在前文散记的语文思维培养的朝花夕拾外,更多更精当的语文思维培养策略与方式,见诸一线优秀教师的课堂实践与论文阐析中。现以笔者之见,再作散记式补叙。

　　记得人民教育家、语文教学大师于漪老师在刊文和讲座中多次强调,语文学习之要,语感当在其中。看似简洁的二字,却蕴含了至为丰实的内涵。学习语文须有语感,仿如数学学习之数感、音乐学习之乐感、握拍运动的手感一样,有了这个"感"字,就为学好这门学科、掌握这门技艺赋予了得天独厚的条件。语文语感的显现,显然与多元智能中的语言智能相关,更与勤练巧钻密不可分。以阅读为例,入脑入心地精读,不仅能快速获取文本的表象信息,而且能在由表及里、由浅入深的解读中抓住主题,理清结构、习得技巧、提出质疑;博取广采的泛读,则能在"为我所用"思想指导下,采取去粗取精、去伪存真的阅读方式。无论采取何种阅读方式(包括前文散记的"海绵式""淘金式"),欲生成阅读效能,必须经历记忆、理解、归纳、演绎、内化的思维过程,涉及思维的准确性、深刻性、敏捷性、辩证性乃至批判性等思维品质,以及由上述思维品质综合体现的阅读思维能力。我们常说"语感",在阅读中的体现,便是阅读思维和阅读能力。因而,小学语文的阅读教学,从根本意义上说是训练、培养学生的语感,一旦形成语感,学生便能快速、有效地进入阅读状态,学科核心素养培育也就事半功倍。故而,诚如于漪老师所言"顶顶重要的是,教师要学会引导学生思考,让学生成为课堂的'发光体'"。

　　语感对于学生习作同样重要,这就不作展开了。

　　以散笔形式记录下小学生语文思维培养的点滴做法与见闻,在不成体系的教海探索中多少有了一点感悟。统一使用全国统编教材的语文教改背景下,在安排较多课时的小学语文教学中,我们如何走实、走好语文教改的步点,使作为国语和主科的语文教学真正彰显其文道统一、相映生辉的育人价值。这是个常议常新的热点命题,也是个见仁见智的争议命题。除专家学者、一线教师的行内见地外,似应多听学生、家长和社会的声音。

浅析思维导图在小学语文教学中的运用

上海市浦东新区进才实验小学　江海虹

【摘　要】思维导图是一种可视化的模型,以图文并茂的形式清晰地展现了知识的结构框架和逻辑关系。其能辅助学生从学习中形成更直观的逻辑和知识体系。本文以小学语文教学为例,通过对思维导图运用中的问题分析,提出了思维导图在小学语文教学诸环节中运用的基本做法,并以小学高年级学生的习作、阅读为例,分别阐述思维导图的运用功能。

【关键词】小学语文　思维导图　运用

引　言

小学生的思维是活跃的,也是极具开放性和创造性的。但基于身心发展处于童稚阶段,他们的学习认知以具象思维为主,抽象性理性思维较弱。反映在语文学习中,不少学生难以在规定的时间内提炼文章的主线,厘清文章的脉络,把握文章要义。受阅读能力的制约,学生的写作思维与能力也就处于较低层次。在深化小学语文课改中,思维导图的运用令人耳目一新。思维导图的运用,虽能在一定程度上缓解小学生语文学习的困难,增强小学生阅读分析和习作能力,但机械套用或千篇一律,仍难起到启智育能的作用。对现有的文献查阅实践研究发现,思维导图的运用主要存在如下问题。

一、思维导图在小学语文教学中的运用弱点

(一)形式相对单一

思维导图在小学语文教学中的运用,主要体现在提炼文章的主线,布列文章的知识结构,在厘清文章脉络的过程中训练学生的归纳、演绎能力,引领学生站在一定

的高度审视文本的内容表达,把握文意的逻辑联系。质言之,培养学生的阅读能力和逻辑思维能力。应该看到,训练培养小学生的语文能力的方法绝不就此一种,还包括依托文本内容即兴演绎的能力、紧扣主题、写法、关键词句作质疑辨析等。故而,在小学语文阅读教学中,不能千篇一律地套用思维导图法,宜根据文本与学情,采取"一法为主,多法相辅"的运用策略。即便是思维导图法,也应该根据教学需要,编制不同形式的思维导图。

(二)启发性有限

小学阶段的教育属童蒙教育,其意义在于唤醒、引启、鼓舞。思维导图的应用,能让更多的学生面对名家创作的佳文,借助导图标示的思维路径,对文本进行循序渐进、由浅入深的解读、联想和演绎,进而在模仿、类比中习得阅读文本的思维方式和能力,这种教育方式能让更多的学生获得积极的体验、感受和更加开阔而富足的思维空间。然而,在如今的思维导图运用中,教师细致地将所有的知识内容填充于预设的表格中,驱使学生依托思维导图的逻辑路径有条理地识记和理解。这种方式虽然能落细、夯实知识点,且适合于小学生的认知特点,但学生思维能力培养的价值和作用未能充分体现。本质上来看,如此运用思维导图,仍未跳出"知识本位理念"的局囿,未能体现思维导图应有的开阔思维、激活思辨、理清思路等优势。

(三)以教师呈现为主

学科教学的价值和意义,往大里说是教书育人、立德树人,往小里说是教会学生学习,获得自主学习、科学探究的基本能力。故而,学科教学既是教师向学生输送知识、滋养人文的过程,也是向其传授学习方法、培养其学习能力的过程。显见,在教师指导下让学生学会如何主动归纳、整合和演绎知识,如何学以致用,活学活用,正是学科教学之价值意义所在。而在如今的小学语文思维导图的运用中,教师所呈现的思维导图往往是以教师课前预设、课内呈现的方式为主,学生主动加工和整合的能力不强,学生对思维导图的认知和绘制能力普遍薄弱。这无疑是思维导图运用中的一大问题和缺陷。

基于如上分析,思维导图在小学语文教学中的运用虽取得了可喜的成效,但也存在若干值得商榷之处。思维导图,即引导思维发展、优化的路径图。其发展、优化的旨要集中体现在学生思维品质的优化、思维能力的提升上。因此,学生主体的积极参与,必不可少。

二、思维导图在小学语文教学中的应用环节

（一）思维导图在预习复习环节的应用

复习课浓缩了大量的知识、技能，需对其梳理、整合。此时，如果教师不能将单元的知识结构直观简明地呈现出来，并以此为据，揭示知识点间的逻辑联系，凸显重点，强调难点，部分学生会陷入似清非清前懂后忘的被动学习的迷茫状态，因低效学习、重复学习导致学业负担重、测试成绩差的结果。运用思维导图，则可将庞杂的知识以思维模型的架构呈现，主线贯串的网状知识结构让知识点间的纵串横联变得简洁清晰，一目了然。当学生依循思维导图进行复习时，既能规避"题海战术"的重复训练、机械识记，又能在思维导图的引领下，既巩固了已习得知识，又领悟了未掌握的内容，复习的精准性和有效性显而易见。有补益的是，思维导图的运用，使学生们体验了语文复习的又一种行之有效的方式，体悟导图引领的复习路径中训练思维品质、发展思维能力的乐趣。此外，思维导图在预习中的运用，能使学生沿着正确的自学轨道解读文本，紧扣主题，把握整体；理清结构，切中要义，避免了课前预习的随意性、盲目性。

（二）思维导图在课堂教学环节的应用

对于小学生而言，鉴于学识基础、身心特点的制约，无论是自主阅读还是同伴交流，难以理清思路、把握文脉的焦虑时有发生。教学中，思维导图的应用能剔除文章的"血肉"、凸显出文章的"骨架"，使学生拨开"迷雾"，顿悟作者的行文思路和文本的重难点。解读课文时，学生对文本内容的理解也就变得丰满深刻。教学中，学生也能在教师的引领下，通过绘制思维导图，建构阅读与写作框架，学生的阅读理解与写作思路也就富有条理性、逻辑性，学习质量的提升功到自然成。

三、思维导图与小学高年级学生习作

（一）搭起行文的支架

学生的作文水平是语文综合素养的集中体现。小学高年级学生在写作时，虽多少褪去了童趣的色彩，但天马行空的思维状态却有增无减。表现在：部分学生在写作中容易出现落笔跑题的现象，且上下部分或行文之间的衔接问题多多。以思维导图引领学生写作，让学生在行文中有话可说，有事可写，且始终围绕文章的主题或给定的题目，前后呼应，左右衔接，一气呵成。以描写身边熟悉的人为例，较多学生

会以自己的妈妈为描写对象。当以思维导图融入学生写作时,学生会搭起思维行文的支架,以妈妈为核心,围绕这一人物,从其外貌特点、行为习惯、人物性格等方面描述,以凸显自己妈妈的人物特点。此时,不同的描述内容和细节之间紧密相连,以外貌特征这一表象为开端,及至人物的行为习惯、性格心理的描写,再作总结概括、升华主题。不难看出,思维导图的作用在于:引领学生的思维运行,依循预设的支架结构,娓娓道来。学生的习作也就主题鲜明、内容丰富、行文流畅。

(二)明晰写作的思路

在写作训练中,清晰的思路能让学生悠然、舒顺地写出流畅完整的作品。而当学生的思路混沌时,则会拼凑字数、胡乱杂写、消极应对。借助思维导图,让学生在写作中围绕文章主题和紧扣主题的思维路径,自主列出写作提纲,再以自己精心甄选的写作素材充实写作框架,直至融会贯通,进入瓜熟蒂落的写作状态。如以《我记忆中的一件小事》为题的叙事写作训练中,教师启迪学生撰写自己记忆中深刻难忘的事件时,可遵循事件发生的开端、发展和结尾之逻辑联系,引领学生编制思维导图,并做好选材详略处理,此时,学生的思路清晰、胸有成竹,能在徐风漫步中睿思行文;若能"我写我心",不乏主题鲜明、内容充实,层次清晰、情感真挚的佳作。

(三)丰富写作的素材

素材的选择直接影响着整篇文章的质量。在写作教学中,常见部分学生不知如何选择写作素材的苦恼。于是,搜索枯肠、胡编乱造者有之,选材不切题、俗套者有之,凡此种种,不一而足。前文已述,通过思维导图,能将紧扣文章主题的写作框架和各部分的联系绘制出来,即文章的主线和不同部分的要点已清晰显示,学生只需带着明确的目的选择素材即可。好比传统砖木结构的建房,先立柱搭梁,后添砖加瓦,选材就是砖瓦的精选、有序搭砌的活儿。

以《梦想中的未来生活》为例。未来生活是一个充满想象、魅力无穷的憧憬蓝图,教师可引导学生从交通、通信、购物、出行等维度放飞思维,作独具匠心的想象、展望。当然应对相关领域的内容作具体、生动的细化描述。此时,学生的思绪将会在已有生活经验和信息积累的基础上作穿越时空的遨游,各种虚幻而不失童趣的素材会脑洞大开地涌来。于是,"未来的生活"必将呈现主题新颖、结构合理、选材神奇的胜景。

四、思维导图与小学高年级学生阅读

(一) 以读促思

学生的归纳、提炼能力直接影响着学生的以阅读分析为主抓手的语文逻辑思维能力的发展。学生阅读能力的培养,方法、途径众多,思维导图的运用便是良策之一。

例如,在《飞向蓝天的恐龙》这一篇文章的教学中,课文第二部分介绍恐龙向鸟儿演化过程。这个过程是漫长复杂的,作者的介绍层次清晰,简明扼要。学生阅读时应关注"从两亿四千万年前的第一种恐龙,到数千年后形态各异的庞大家族,再到一些猎食性恐龙,身体逐渐变小,最后到飞上蓝天"这些描述恐龙漫长演化的关键阶段,唯此才能清晰而择要地理悟恐龙的一支向鸟类的演化过程。另外,在这个过程中,作者还介绍了科学界关于恐龙飞上蓝天的两种看法。此时,教师应启迪学生借助思维导图,对这一段的内容进行梳理比对,让学生在比较、辨析中加深对文本解读。这种以思维导图为辅助的阅读分析,使整体感知、结构梳理、要点提归、疑义分析等阅读要素得以落实,贯穿诸要素中的以归纳、抽象、演绎为特质的语文逻辑思维能力也得到了训练提高。

(二) 以思促学

思维水平和思维能力的发展,能使学生在有限的时间内快速而深刻地感知理悟文章,增强学生的语文学习效率。

例如,在《母鸡》这一篇文章的教学中,教师不妨以学生的态度作为一条主线,借用思维导图,帮助学生概括文章的内容、感悟文本中蕴含的情感。从思维导图中,将"我"对母鸡的态度概括为:我一向讨厌和我不再讨厌两个部分。在这两个部分中,教师引导学生从外显的表象中找出与之对应的原因。在我讨厌的原因中,找出文章中相应的原话,如:没结没完、如怨如诉等;在我不讨厌的原因中,同样可找出文本中相应的原话,如:她负责、慈爱、勇敢等。运用思维导图梳理课文,能较为准确地把握文章的要义,较为清晰地把握文章的思路,了解作者情感变化的特点及其转变历程。显见,以问题链串联的思维导图,能引领学生紧扣问题、细读教材,在由表及里、由浅入深、由此及彼的解析思考中,用活用好教材,收获"以思促学"的成效,由此习得的思维能力同样有益于文本阅读。

(三) 以学促能

学习能力是以思维能力为内核的众多能力的综合体现。高年级语文教学中,以思维导图为辅学手段,让学生经历从观摩思维导图、分析思维导图、自主绘制思维导图的思维训练过程,很有必要。学生在与思维导图结伴的过程中,或多或少,或深或浅地体悟到这位"朋友"的才艺、能耐,不少学生反映自己的学习能力的提升、学习方法的改进、学习主动性的激发,这位"朋友"的辅助功不可没。

例如,在《落花生》这一篇文章的教学中,教师便可引导学生将整篇课文划分层次、概括文章核心内容,并设计与其呼应的思维导图,要求学生做好填充。通过思维导图辅助下的文本内容分析,学生会发现:本文内容主要分为种花生和品花生两个部分,两部分之下又可分别划分若干小微层次。在不断细化和分析文本内容的探究中,学生不仅深切理解了文章的内容和结构,而且在以微见著的解析中深刻把握了文章主题和文脉,这种学习过程训练了学生的思维品质(如思维的敛散性、深刻性等),培养了学生的语文逻辑思维能力(如敛散思维的演绎与归纳,深刻思维中的纵向剖析等)。

总 结

学生的阅读能力与写作能力的培养,需要较长周期积淀,也都需要创设良好的培育土壤,更需要持之以恒的坚守。在林林总总的培育因素中,思维导图的辅助作用有目共睹。当然,思维导图仅是一种教学方式,或者说教学手段,对其使用同样应考虑适切性、效能性;而且任何一种教学方式、教学手段不是孤立的存在,唯有融入深化改革的时代洪流,在与其他教学方式、教学手段的有机结合、和谐交融中,才能服务于"以智育德、以智怡美、以文化人"的育人主旨,催生思维导图运用的潺潺活力。

参考文献:
[1]魏燕妮.思维导图在小学高年级语文教学方法中的应用策略分析[J].考试周刊,2021(29):43-44.
[2]邹远生.小学高年级口语交际教学中思维导图的运用[J].天津教育,2021(08):130-131.
[3]马葳.思维导图在小学高年级语文德育中的运用[J].吉林教育,2021(07):66-67.
[4]徐梦凡.以思维导图培养小学高年级学生语文思维能力[J].知识文库,2021(03):77-78.

小学数学思维能力训练的实践

上海市浦东新区进才实验小学（由由校区） 顾钱国

曾经问一名学生，这道题目为什么这么做？学生回答，老师教我们做的。那么你理解这样做的原因吗？你能分析题目的数量关系吗？你还知道其他的解法吗？学生一脸茫然。这样的学生只会用老师教的方法解题，老师成为一个水壶，把知识简单地倒入（传授）水杯，学生变成解题的机器，完全没有自己的想法，学生思维能力是否得到训练与发展呢？

《小学数学课程标准》中指出："在数学学习中，应当注重发展学生的数感、符号意识、空间概念、几何直观、数据分析概念、运算能力、推理能力和模型思想，为了适应时代发展对人才培养的需要，数学课程还要特别注重发展学生的应用意识和创新意识。"作为教师，课堂中的核心目标是培养学生的思维，培养他们思维的灵活性、深刻性、独创性、变通性等，其重要性远远超过数学知识的传授。那么在小学如何进行数学思维能力的训练？笔者浅谈自己的认识。

一、利用课堂教学，调动学生内在的数学思维能力

（一）场景创设，启发学生思维

启发学生提出问题，问题是数学教学的核心。爱因斯坦说过："提出一个问题比解决一个问题更重要。"有了问题意识的学生，就会有解决问题的内驱力，他们会调动思维，点燃学生的欲望。

例如，二年级第二学期加减法学习中，我设计了学校组织春游的生活场景：疫情期过后，学校组织一、二、三年级的学生去游玩。一年级有235人，二年级有157人，三年级有189人，公园里有黄色、红色两种列车。黄色列车有4节车厢，限载198人，红色列车有6节车厢，限载288人，每节车厢限载48人。你能提出什么问题？由于是

熟悉的场景,他们表现出极大的兴趣。

学生的思维非常活跃,提出的问题各式各样:

这次春游一共去了多少名学生?

两列列车一共有几个座位?

黄色列车比红色列车的座位少几个?

【学生们的思维停留在一维的角度,求总人数、座位的总数、列车座位的相差数上,没有把春游人数与列车座位数结合着考虑。于是老师提问"学生既然要乘列车玩,能不能提出一些有关车子与学生之间的问题",老师的问题把学生的思维提升到二维的角度,思维立刻被调动了起来,提出新的问题。】

二、三年级乘红色列车够吗?

……

老师的一句话,使学生问题的广度扩展了,人数与列车的座位数有机地结合在一起,调动学生思维的运转,更能激发学生解决问题的内因。使各个层次的学生都能有效地提问,突出问题的开放,结论的开放,在开放中,思维得到锻炼。

(二)实践操作,锻炼学生思维

《数学课程标准》也指出:要让学生亲历数学知识的形成过程。小学生的理解、记忆还建立在学生的直观操作、动手实践上,只有学生通过自己的亲身感受、自我探索获得的知识,才会牢牢地扎根在脑海中。因此,在数学教学中,教师要注重学生的动手操作,只有让他们在操作中自己去探索、发现,才能理解深刻,有利于掌握知识内在、本质的联系和区别。

例如:二年级第二学期三位数减法教学中,运用板、条、块学具,亲身感受操作,体验算理。

出示三位数减三位数算式:332-167

学生操作过程一

师:小组合作请你用板、条、块学具摆一摆332,动手操作,减去167。

师:在计算减法时,你遇到什么问题?你是如何解决的?

生:个位不够减,我向十位借一,拿走一根小条,把10个小块放在个位,这时个位上是12。12减7是5,个位留下5个块。(图1—3)

生:十位上是2,不够减6,向百位借1,拿走1块板,把10根条放在十位上,这时

十位上有12根条,减去6根条,十位上留下6根条。(图4、5)

生:百位上被十位借走了1块板,留下2块板,再减去1块板,最后留下1块板,百位上写1。(图6)

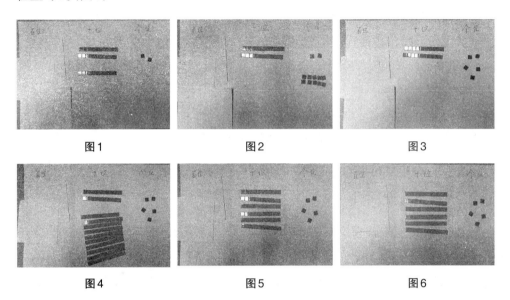

图1　　　　　　　　　图2　　　　　　　　　图3

图4　　　　　　　　　图5　　　　　　　　　图6

师:你们解决问题的能力真棒。请把332-167操作过程结合着竖式,与同桌说一说。

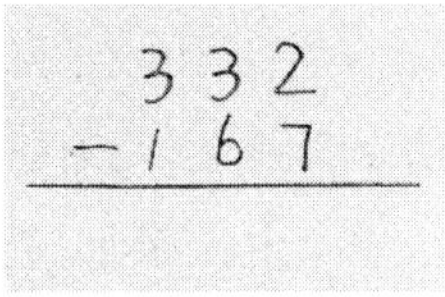

$$
\begin{array}{r}
332 \\
-167 \\
\hline
\end{array}
$$

【课堂中,因为有了前期的实际操作,学生合作交流积极,老师巡视、有选择地聆听了几组的叙述,能很自然地说出具体的过程,学习困难的学生在同学帮助下,也能说出过程。】

师:完成学习单上332-167。

师:说说你的解题过程?

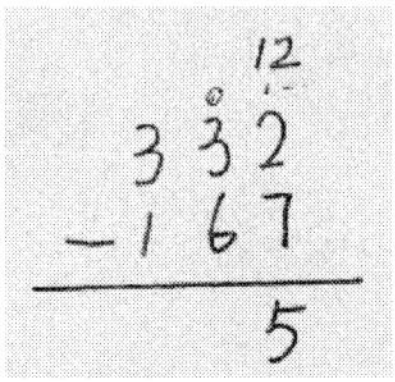

图7 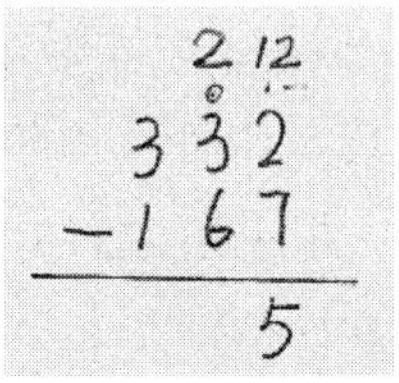　　　　　　　　图8 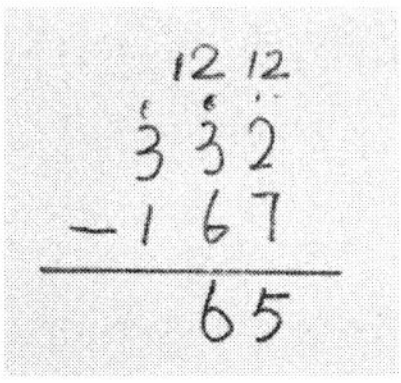　　　　　　　　图9 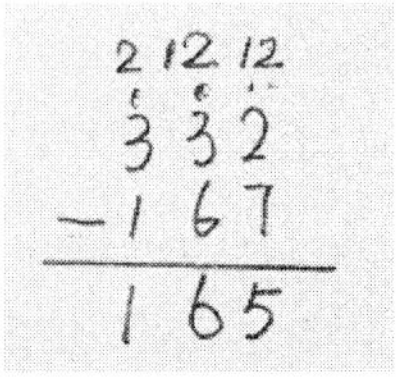　　　　　　　　图10

生：从个位减起，2减7不够减，向十位借1作10，10加2等于12，12减7等于5（图7）。十位上的3被个位借走了1，变成2（图8），2减6不够减，向百位借1作10，10加2等于12，12减6等于6（图9）。百位被十位借走了1，变成2，2减1等于1（图10）。

【通过具体学具的操作，从抽象的数学转化成具体形象的事物，给学生创造思维的环境。在操作中，遇到问题（不够减），通过拿走一根板（条）转化成10根条（块），加上原有数位上的数字，继续减。在这个过程中不仅揭示算理，还直观地反映被借掉位数上的数字少了1。所有的问题都一览无遗地展现在操作中。接着老师趁热打铁，结合操作过程在竖式中说一说，在交流中强化算理和计算过程。最后完成学习单中的竖式计算并汇报过程。】

设计操作二的意图：学具的操作帮助学生思维，课堂中竖式的计算准确率较高，因为有学具的帮助。但课后的作业反映出来的效果不尽如人意，是什么原因导致的呢？查看错误的例题，我发现被借掉的那个数位上的数字没有减1，而是继续用原来的数；计算错误也有。那么在计算连续退位的减法中最主要的原因不仅要进行转化还要计算。对于一些学习困难的学生确实有一些困难。于是我尝试着先转化，再进行计算。那么两项学习活动分开，降低难度。

学生操作二

师：332-167中，你遇到了什么问题？

生：个位、十位不够减。

师：你有什么好办法解决这一问题吗？

生：向它的前一位借1作10。

师：请你借助着板、条、块，画一画、划一划。

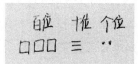

师：你是如何借1的？

生：个位向十位借1，划掉一根条，十位上余2根条，个位上就有12个块。

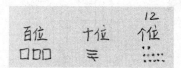

生：十位向百位借1，划掉一块板，百位上余2块板，十位上就有12根条。

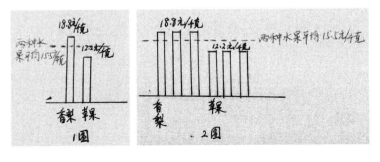

师：那么可以直接把剩余的板条块在竖式上反映出来。

【上述的转化过程，剩余的板条块都直观地体现了出来，不仅揭示算理，还把不够减的板、条转化成了可以减的实物，接下来学生只要做减法就可以了，避免又是转化又是计算。在800-124的连续退位的三位数减法中，不仅转化更形象，而且对于学习困难的学生分两步（先转化再计算），效果更加明显。】

（三）课堂生成，提升学生思维

课堂中，由于思考问题角度的不同，认知水平也不同，学生会生成错误的思维。作为教师的我们，要抓住课堂中生成的案例，通过分析、评估、判断和综合，生成合理的解决方案或作出正确的决策，培养学生思维的深度。

例如：平均数应用题——"妈妈买两种水果，香梨2.5千克，每千克18.8元，苹果3.5千克，每千克12.2元，那么两种水果平均每千克多少元？"

【有75%的学生能依据平均数应用题的数量关系"总数÷总份数＝平均数"，列出：$(18.8×2.5+12.2×3.5)÷(2.5+3.5)=14.95$元。余下数量的学生列出：$(18.8+12.2)÷2=15.5$元。即两种水果的单价和÷两种水果＝平均单价，仿佛这样的分析也是可以的，那么说明学生不知道自己错了的原因。】

师：比较1图与2图你发现什么规律？

生：1图（18.8×1+12.2×1）÷2=15.5元

生：2图（18.8×3+12.2×3）÷（3×2）=15.5元

师：你们正确的列出了算式，有没有关注图中的信息？

生：香梨与苹果出现的份数是相同的。

师：对啊，当两种水果的质量相等时，所求出的平均单价是一样的。现在，知道错误的原因了吗？

生：香梨2.5千克、苹果3.5千克，两种水果的质量不同。

师：如果单价贵的香梨多买些，会出现什么情况呢？单价便宜的苹果多买些，又会出现什么情况呢？

【因为有了上面的分析，学生在纸上画出香梨与苹果的份数，最后求出平均价格。】

生：我们香梨买6千克，苹果买1千克。列式：（18.8×6+12.2）÷（6+1）≈17.9元。

生：我们香梨买8千克，苹果买2千克。列式：（18.8×8+12.2×2）÷（8+2）=17.48元。

生：我们香梨买1千克，苹果买8千克。列式：（18.8+12.2×8）÷（8+1）≈12.9元。

生：我发现贵的水果买得多，那么平均价格就贵，便宜的水果买得多，那么平均价格就低。

借助数形结合的方法深度理解平均数的意义，不仅让学生明白"求妈妈买的两种水果的平均价格"的正确解答，而且清楚了解了（18.8+12.2）÷2=15.5的解答在什么情况下适用。还知道了日常生活中购物的方法。

二、注重语言表达，培养学生的数学思维能力

教学实践证明，看、讲、写三个教学活动中，讲和写的思维效率最高，思维过程靠语言来表达，而语言的发展又能促进思维。所以，课堂上要让学生多说、多思考。

（一）精心设疑，激发表达

疑问是学生产生思考的前提，设疑过程就是思维梳理、输出的过程，学生会对疑问进行发散思维，寻求问题的解决方式。

新知的引入，从简单问题出发，层层深入的引发思维。例如"小数乘小数"教学时，出示15.3×3.2，提问①与之前学习的乘法有什么不同？提问②你有什么方法解决？提问③用这些方法还能解决其他更复杂的小数乘法计算吗？三个问题的提出，在回答的过程中，首先与学过的乘法进行区别，产生对比，其次为问题2的解决提供思维基础，总结出一般方法，最后运用新技能解决一类题目。

（二）运用支架，训练表达

低年级的学生，课堂中喜欢说，但说不完整，所以数学语言表达要规范，给学生一个语言叙述的支架尤为重要，学生经历一个由模仿叙述到建立概念自主叙述的过程。例如"几分之一"的教学中，根据实物图，提供支架，"把（　）平均分成（　）份，每份就是整体的（　）分之（　）"，在反复的练习中，强化分数的实质即平均分。如在"倍"的学习中，你观察到了图中有什么数学信息，你能提出哪些数学问题？低年级应用题教学中，引导学生说"已知什么条件，求什么问题，用什么方法解决"。

（三）纠错练习，提升表达

纠错中，不仅要找到错误的原因，还要用语言把它表述出来。对于学生的语言表述有了更高的要求。下面的例题选自三年级下练习部分第24页。学生独立完成后，我发现学生在比较够不够的问题时，出现比较大的错误。所以，在课堂上设计了下面的教学环节。

出示：从甲地到乙地有43千米，一辆轿车以1 500米/分的速度行驶，30分钟是否能从甲地赶到乙地？

1 500×30=45 000（米）	1 500×30=45 000（米）	1 500×30=45 000（米）
43千米=43 000米	43千米=43 000米	45 000<43
45 000>43 000	45 000>43 000米	答：30分钟能从甲地赶到乙地。
答：30分钟能从甲地赶到乙地。	答：30分钟能从甲地赶到乙地。	

师：上面是3位同学的解题过程。想一想，他们比较得是否合适？说说你的看法？

生：我认为第一种的比较是正确的，45 000大于43 000。

生：我有不同意见。第一种是比较数，而应用题是甲地到乙地，比较的是行驶路程，单纯比较数我认为不确切。

生：第二种比较是错误的，数与长度不能比较，数与数、长度与长度、面积与面积等能比较。

生：第三种首先数的比较存在错误，如果填上单位，正确的比较是45 000米>43千米，最好能把它转化成相同单位进行比较。

让学生大胆说，不要怕学生说错，错误思维的呈现也是很正常的，以错误的实例为例,正是我们备课中没有想到的,在纠错中,不仅使学生明白比较的内容,还建立了概念,相同内容才能比较。

三、练习设计,拓展学生思维

学生最反感那些机械、重复、乏味的低效练习。那么我们应该想学生所想,在练习设计上进行再设计,着眼于学生发展的目的,在形式、内容、思考方式上入手,调动学生练习的积极性,在练习中学习、运用、巩固、强化数学的解题思路、解题方法。

(一)对比性练习,提升学生辨析能力

例如:

1. 超市运来56盒苹果,运来的猕猴桃是运来苹果的3倍多14盒,猕猴桃运来多少盒?

2. 超市运来56盒苹果,是运来猕猴桃的3倍还多14盒,猕猴桃运来多少盒?

意图说明:上面对比性的两题,出现的数据是相同的,首先认真审题,其次引导学生在比较中区分细微差别。学生明白看似相同的数据、题目,却因为倍数关系表述中顺序的不同,解法完全不同,加深了学生对"几倍多几"问题中,求几倍数与求一倍数解题方法的思考,运用画线段图、树状算图等解题策略,提高分析能力,找出合理的算法,提升思维能力。

(二)开放性练习,提升学生创新能力

具有思维开放性的问题虽然增加了解决问题的难度,但对于培养学生发散性思维提供了载体,而且通过分析多种可能,提升解题能力。

例如:A、B两地相距500千米,甲、乙两辆汽车同时从A、B两地开出,甲车每小时行驶80千米,乙车每小时行驶60千米,3小时后两车相距多少千米?

此类题型,学生采用理一理条件、画一画线段图的方法进行探究。学生在探究过程中,提出应用题存在运动的方向不明确,从而总结出存在着两种可能,即同向运动和相向运动。当两车相向运动时,两车的相距路程500-(60+80)×3=80千米,所有小组都能求出;但在同向运动中,思维就不够全面,多数小组只想到了一种情况,只有一组把两种情况都想到了。这组的汇报:同向运动可以分为甲车追乙车或乙车追甲车两种情况。乙车追甲车时,两车相差的路程(80-60)×3=60千米,最后加上两地间隔的距离,60+500=560千米;甲车追乙车时,两地相距的路

程减去两车相差的路程，500-（80-60）×3=440千米。因为条件的开放，导致了不同的结果。

　　总而言之，数学思维的训练必须落实在课堂教学中，可以从教法的设计、作业的设计、课堂学生语言的角度入手，采用多种形式，以激发学生学习的兴趣，使学生感到学习数学的快乐，在发现问题、提出问题、解决问题的过程中，使学生的思维得到巩固、提升。但这个过程不是一朝一夕的，只要我们在教学中坚持不懈，努力实践，相信一定能增强学生思维的深度与广度。

运用多种教学方法开展小学英语阅读教学

上海市浦东新区进才实验小学（由由校区）　邬虹燕

阅读教学在语言学习中起着十分重要的作用，《英语新课程标准》中提出：阅读是语言习得的一个重要途径，阅读是吸收英语语言材料、增加语言知识、扩大词汇量的重要手段，也能让学生从英语阅读中认识学习英语的真正意义和价值，体验学习英语的乐趣，为学生树立学好英语的自信心打下坚实的基础。在小学英语教学中，应该通过对话、故事等阅读内容，借助不同的阅读教学方法，培养学生的阅读能力，从而使学生具有运用语言的能力。

一、小学英语阅读教学的意义

英语学习过程中，阅读是积累英语词汇，感知英语语感，提升英语素养的重要途径，对学生的英语学习至为关键。高效的英语学习，离不开良好的阅读习惯和深厚的阅读基础，在不断积累与沉淀下，融会贯通所学知识，产生知识的牵引和思维的发散，在提高学生英语阅读能力的基础上，促进学生英语核心素养的全面提升。

语言是思维的工具，在阅读、理解英语语篇或用英语组织语篇过程中，对学生思维发展有促进作用。语言是文化的载体，在阅读对话、故事等内容的过程中，感受和体验外国文化，通过文化比较，更好地认识本国文化。

二、多种教学方法在小学英语阅读课堂中的实践

小学阶段的阅读文本以记叙文为主，对话、故事体裁居多，在教学中通过结合词汇、词法、句法等学习内容来理解文本含义。阅读学习主要是在听和说的活动中获取信息，理解大意，增强语言积累，体验语言的文化内涵；在说和写的活动中运用语言知识进行表达，能简单阐明事件以及描述人或物；并在学习过程中初步感知语言

的多元功能,形成语篇模式的意识,提高逻辑思维能力。为了培养学生的阅读能力,需要教师根据阅读文本内容,选取恰当的教学方法展开阅读教学。

(一)讲授法

在阅读文本中不可避免地出现陌生词汇、句法等内容,要想理解文本的含义需要对这样的内容加以了解甚至掌握,讲授法无疑是最直接、最有效的方法。讲授法作为传统的教学方法之一,也是课堂教学最基本、最常用的教学方法。它是以教师活动为主的教学模式,通常以教师的讲解、演示、范读为主。其目的是为了使学生掌握知识性、记忆性的知识。

如:牛津英语教材4BM2U3中"Say and act"板块教学。

这一板块是本单元的拓展阅读文本,语篇以采访的形式从日常和当下所做事情作比较,阐释"Earth Hour"的主题。

由于语篇中出现了大量的新词汇,因此在课堂教学时主要通过讲授法对关键词汇进行重点指导,来帮助学生掌握相关内容。如"Earth Hour"这一主题是有特定含义的,因此在引入本课教学时,首先通过教师示范朗读展开单词的语音教学,并了解Earth作为星体名字是个专有名词,需要大写。其次通过主题宣传画、问答的形式对"地球一小时"的时间、活动主题和意义等有所了解,帮助学生更好地理解文本中三组家庭行为的变化。而在Kitty和Sally家庭的学习文本中出现了usually、fairy tale、chat with等新词汇,在课堂中主要通过视频、老师范读、图片、图表等形式,从语音、语义等方面进行讲授,最后结合语段加深巩固。

随着信息技术的发展,讲授法已不仅仅是"一张嘴、一本书、一支粉笔"的教学模式,而是结合了图片、音频、视频等多媒体,使教学效果更显著。

(二)情景法

小学生认知水平有限,与抽象的词汇、句法的操练相比,创设具体形象的情景展开教学,更能引发学生的共鸣。捷克教育家夸美纽斯曾说:"一切知识都是从感官开始的。"情景教学法是指在课堂上设置一些真实性的情景来学习和使用知识,在教学过程中,教师有目的引入和创设具有一定情感色彩的,有具体形象的场景,以引起学生一定的态度体验,从而帮助学生理解知识和技能,达到教学目的的一种教学方法。

如:牛津英语教材4AM4U2"世纪公园"单元的教学。

本单元的教学主题——世纪公园就在我们身边,是学生非常熟悉的场所,因此在教学时我以此为整个单元的大背景,在整合教材内容的基础上,将单元划分为在教室里讨论世纪公园里的游玩场所、为郊游准备的物品、根据公园地图制订游览路线、介绍拍摄的公园照片等具体情境展开教学活动。

在教学"为郊游准备的物品"这一课时主题时,首先通过师生间的角色扮演呈现教材文本对话内容,使学生初步感知涉及的物品。其次通过填表形式,借助教师的提问,让学生从文本中提取关键的物品信息以及选择的理由,使学生初步了解物品的选择与哪些因素有关联。最后在此基础上创设"我为世纪公园之行做准备"的情景,模仿文本对话形式,结合自己想要游玩的场所特点、游玩时的行为、天气等方面开展小组交流讨论,选出各自为游玩准备的物品,从学生交流反馈可以看出,大部分学生能在原有文本的基础上,主动融合新旧知识,结合生活实际进行合理的选择。这样的交流方式极大地激发了学生的学习兴趣,培养了学生的逻辑思维能力,推进了学生的生活实践能力,真正将语言运用到生活中。

情景教学法能使学生如临其境,给学生展示鲜明具体的形象,使学生从形象的感知达到抽象的理性思维和顿悟,从而激发学生的学习兴趣,使学习活动成为学生自觉活动。正如布鲁姆所说:"成功的外语课堂教学应当在课内创设更多的情境,让学生有机会运用已学到的语言材料。"

(三)表演法

小学生天性好奇,爱表现,善于模仿,喜欢形象生动的表演,教师可以根据这些特点鼓励学生以表演的形式展开教学,激发学生内在的学习兴趣。表演教学法指的是在教学过程中,教师引导学生通过肢体动作、面部表情和语言等把所学内容形象生动地输出和展现出来。这种方式一定程度上激发学生的参与积极性,满足学生爱表现的欲望。

如:牛津英语教材4BM2U2中"Read a story"板块教学。

这一板块选取了"猫和老鼠"之间故事,主角猫和老鼠形象鲜明,极具特色,文本内容中有很多动作和感觉类词汇的表达,适合学生通过演绎的方式来加深理解。在教学这一故事时,让学生重点抓住动作"sleep""wake up""run away""climb onto""jump off""can't catch""go back to"和感觉"hungry""afraid""tired""happy""angry"来表演,边表演边复述故事经过,生动形象的动物角色调动起学生的兴趣,使他们在表演过程中理解掌握核心词汇,并将其内化为自己的知识,在复述中达到语言的输出。

表演法是学生展示自我特长的途径,表演中不同的角色,可以给学生提供多样化的表演机遇,可以让处于不同学习水平的学生都得到提升的机会,也可以让学生更为直观全面地掌握语言的运用,实施语言内化输出,能够更好地运用自身的语言能力。

(四) 竞赛法

小学中高年级的学生对自己的行为和情绪变得有意识,开始逐步发展认同感,他们希望得到老师、同学、家长的肯定性评价,如果在教学中引进恰当的竞争机制,可以获得良好的教学效果。竞赛教学法就是利用学生想要追求成功、展示自我的心理,构建一种使学生积极参与活动的课堂机制。在课堂教学中通过各种竞争手段,使学生积极进取,调动其内在的学习自主性,从而使学生学得主动,学得愉快,学得扎实。德国教育家第斯多惠说:"教学的艺术不在于传授的本领,而在于鼓励、唤醒、鼓舞学生学会用手、用舌、用头脑去工作。"

如:牛津英语教材4AM4U2世纪公园单元的教学。

在教学世纪公园单元主题中的"制订游览路线"课时主题时,作为本单元的第三课时,本课阅读内容是对第一课时的巩固和拓展,因此整堂课我以男女生比赛的形式展开教学,从语言表达的准确性和流畅性两方面展开评价。

在复习世纪公园内的游玩场所时,以学生个体为评价对象,学生们积极参与,在语言表达时有意识地注意到句型使用的准确性、语句间的关联性、表达内容的完整性等,主动地想为自己的队伍争取得分。在制订游览路线这一环节教学时,我以小组为评价对象,要求学生能根据地图标示的场所位置,结合提示中的表演时间等情况制订游览线路图。学生以四人小组为单位,从路程的长短、是否观看表演、公园的开放时间等方面积极展开讨论,不同层次的学生尽己所能地参与本环节活动,能力较强的学生思考比较全面,语言表达比较清晰完整,能力较弱的学生也能敢于片段式的表达自己的想法,在他人的帮助下也能较完整的进行表达。在这种良好的竞争环境中,学生学习的主动性得到充分发挥,思维能力、语言表达能力、知识的理解能力和综合能力、同伴间的合作与交际能力都得到了锻炼与提升。

在竞赛法教学过程中学生的注意力会被充分地调动起来,情绪受到感染,使他们都想参与,都想为自己的组或自己获得一份荣誉。这种教学方法,能充分调动学生的主动性和积极性,激发学生的发散性思维。

三、小学英语阅读教学中的反思

在小学英语教学时需要具体情景的支撑,以此帮助学生更好地理解语言本身,因此我们要根据学生的知识水平和教材内容的特点,创设学生熟悉的主题情境,使学生对学习产生兴趣和渴望。在阅读教学中,核心词汇、句型的学习往往离不开讲授教学法,利用讲授法的优势使学生快速、正确地掌握语音语调的基础知识,然后在学生熟悉的情景中进一步理解掌握其含义,并进行语言的运用。在此过程中可以借助表演法表演对话、讲述故事等,也可以通过各种形式的比赛,激发学生参与课堂教学活动的内动力,从而使学生多方面的能力得到有效的锻炼与提升。在阅读课堂中可以将多种教学方法相结合,激发学生的学习积极性,提高教学效果。

在英语阅读课堂上,教师不仅可以向学生传输语言知识,优化学生的语言技能,还可以强化学生的思维能力与文化认知能力。教师要能够有效利用教材中的相关资料,并结合实际学生知识和社会认知能力开展教学,培养学生的逻辑思维能力。阅读教学是一个渐进的综合性的复杂过程。兴趣是动力,通过激发学生的阅读兴趣,培养良好的阅读习惯,逐步提高学生的阅读能力。在今后的阅读教学中,我们可以在教材内容的基础上,根据不同层次学生的能力,调整优化英语阅读内容,增加学生的语言输入,培养学生的阅读技巧,改进阅读教学方法,深化阅读教学的实践和研究,更好地培养学生的阅读能力。

参考文献:

［1］王国利.小学英语阅读教学的有效性探究［J］.小学科学,2016(8).

［2］沈玉娟.美丽情境,魅力英语——浅谈情境教学法在小学英语课堂的实施［J］.华夏教师,2017(05).

［3］景银霞.语境在综合英语阅读教学中的应用［J］.北方文学,2014(4).

浅谈美术课堂中的色彩教学策略

上海市浦东新区罗山小学　戴佳颖

【摘　要】如今教育大环境要求培养全面发展的人才。小学教育是人生重要的萌芽时期，小学美术教学对孩子的想象能力、动手能力以及对美的感知能力等方面的培养都起到了积极的作用。其中，色彩教学能提高孩子的审美能力与鉴赏水平，对达到有效的美术教育起到关键作用。本文结合日常教学经验，从通过色彩游戏激发色彩学习热情、通过感受生活拓宽色彩学习方法和通过丰富课堂学具提高色彩表达效果这三个方面简要介绍了小学美术课堂中的色彩教学。

【关键词】游戏激趣　色彩感受

在小学美术课堂教育活动中，色彩教学是课堂教学活动的重要组成部分。借助色彩教学不仅能让学生更直观地理解美术基础性的知识，而且能让学生通过课堂学会观察，感悟自己的生活点滴，从而激发他们发现美、感悟美、创造美的综合能力，最终达到美术教育的目的。但是常规的色彩教学对于小学美术课堂还缺少一定乐趣，学生的学习兴趣没有被完全激发。结合学校"以美育人"的办学理念，作为一名90后的美术教师，除了在基础层面上将传统色彩的知识和技能教给学生，更重要的层面是要通过美术课堂的教学与引导，培养学生具备一定的艺术创造力以及艺术感受力。

大量色彩的理论知识与教条式的表现技能，容易忽略抒发或是体现个人的色彩感受。作为一名传授者，若将以上两者进行合理结合，改变学生对色彩仅仅停留在它是颜色的认知层面，这有助于提高美术课堂教育的效果，激发学生更多的艺术潜能。

一、通过色彩游戏激发色彩学习热情

基于课程标准要求注重孩子的素质教育，培养孩子的核心素养，然而对于小学生而言,填鸭式的理论知识,教条式的依葫芦画瓢常常会让小学生对于绘画丧失兴趣。想要达到良好的色彩教学效果,我们首先要考虑学生的个体年龄特征,抓住他们乐于体验参与,对周边事物充满好奇心的特点。

反省自己的教学方法,改进教学方式变得至关重要。在反复的课堂教学中,笔者发现可以通过开展游戏活动来帮助学生感知色彩,有助于推动学生对于色彩的认识,更准确地达到色彩教学目的。

(一) 辨色小游戏,发展色彩认知能力

对于一年级刚入学的小学生,联系直观的生活,通过有趣的教学设计,让学生"边玩边学",带着学生感受色彩的变化,在师生互动的教学环节中,鼓励学生自主选择颜色进行搭配,充分激发学生对色彩的认知能力。

在一年级的学习准备期中,在色彩辨认教学中,开展"送宠物回家"的教学游戏,给学生提供同色彩纸各两张,一份用来学习制作小狗,另外一份剪贴成房子,鼓励学生将完成的小狗与房子都贴在小组卡中,组员通过连线将和房子配色相同的小狗送回家。这样的教学方式充分利用了孩子爱玩的天性,从游戏中激发学生学习乐趣,提高了同学们对于色彩的敏锐度。

(二) 拼色小游戏,培养色彩搭配能力

在日常的课堂教学中,小学生对剪剪贴贴的教学环节特别感兴趣,于是在色彩教学中试着设计了一些美观的任务单来达到色彩教学目的。

例如在二年级第二学期第四单元"走进名作"第一课《色彩的搭配》中,笔者设计了一个"我是色彩搭配师"的游戏环节,先让学生欣赏作品《鱼缸》,找出作品中鲜艳的色块,并在事先为学生准备好的"色块库"中找到这些色块。再次欣赏作品,感受哪些色块之间令人感觉对比强烈,选择三组拼贴在任务单上,让学生通过拼贴色块来完成学习单。

学生对此类拼贴游戏非常感兴趣,通过静心欣赏、发现、感受,他们纷纷找到色彩搭配的规律,分享交流自己的搭配理由。例如在老师的衣服上找到了黄色和紫色的搭配,感觉很美,深绿和浅绿在一起就像路边的绿化带,上部分是浅绿的新芽,下部分是深绿的旧枝等。学生通过联系生活,发挥想象感受了色彩搭配的美感,培养了学生的色彩感受力,激发了他们的色彩创造力。

最后通过交流总结,和学生共同创作了色彩搭配小儿歌:红黄蓝绿白加黑,色

彩强烈大胆配,深色旁边找浅色,浅色旁边找深色,对比颜色巧搭配,相似颜色做朋友。通过此环节实现美术课堂中有效的色彩教学,提升了学生美术创造力与实践能力。

(三)填色小游戏,培养色彩应用能力

除了积极培养学生对色彩的创造力与感知力,对于小学美术课堂教学而言,基本的常规色彩绘画技能以及对色彩的表现力培养也是非常重要的。为此在课堂教学过程中为学生创造应用色彩的机会并加以指导,给予方法,能够让学生更快认识色彩,促进学生全面发展与进步。

例如,在一、二年级的美术课堂教学中,为学生准备涂色练习本,为低年段的学生挑选了一些色块较大,画面内容有趣的白描作品,按小学生平时儿童画的轮廓粗细对白描图案的轮廓进行加粗,鼓励学生发挥想象,为作品填色。

起初,低年段的学生容易把颜色涂到轮廓线外侧,或是涂色时留下许多空隙。有的学生喜欢混色,造成画面变得很脏。对于这些情况,教师在示范时引导学生先仔细填满轮廓线内侧区域再于内部进行填色,这样就不会出现颜色涂到外面的情况。另外,涂色时尽量统一一个方向短线条涂色,画面会更整洁,也不容易在涂色时产生空隙。

对于画画能力较弱的学生,建议他们选择鲜艳明亮的颜色进行区域性单色填色,与之前混色的作品进行比较,感受鲜艳明亮的色彩带来的美感并加以练习;对于有一定色彩运用能力的学生,结合课堂中色彩搭配的学习经验,指导他们在合适的区域进行相近色之间的渐变涂色,如小动物的毛发、植物等。引导学生通过实践合理运用色彩,培养他们的涂色技能与绘画能力。

二、通过感受生活　拓宽色彩学习方法

强烈的好奇心对学生的行动产生促进作用。教师不该试图去限制他们的这种好奇心,从而把他们固定在有限的教学空间里,限制他们与大自然交流的能力,阻止他们从大自然中获得学习的机会。教师课堂教导的理论知识是需要学生通过认识大自然的色彩来巩固的。

在课堂教学中,经常让学生通过联系生活寻找色彩来感知色彩的魅力,通过在自然中的发现色彩来满足学生的好奇心,培养小学生对于色彩的感知能力,通过视觉感受来激发他们对于色彩学习的热情。

（一）观察生活细节　培养色彩审美能力

为了更好实施小学美术教育中的色彩教学，在教学过程中联系实际生活来展开教学，发现、抓住校园生活中的细节色彩引导学生进行观察比较，能促进学生联系生活加强对色彩的理解与把握。

例如，在进行四年级第一学期第四单元"强烈的色彩"教学环节中，在颜色的深浅教学上，引导小学生联系生活，把颜色分析透彻。四年级学生只能辨别鲜艳的颜色，但对于"强烈"无法准确理解，此时可以引导学生观察校园生活中的细节。如雨天的防滑指示牌上的黄色在环境色中显得很强烈，校园大厅的鱼缸中，在背景蓝绿色的对比下，小鱼的红色格外明艳，又或是深色的黑板上的白色、黄色标注显得格外醒目。通过有效引导学生观察实际生活中的色彩，让学生在色彩教学课堂上形成较为良好的色彩感并对颜色的深浅对比达到良好的学习效果。

走出校园生活，课余生活中的色彩更是丰富多彩且变化无穷的。在课堂色彩教学后鼓励学生回家观察公共环境，家居装饰或是商场橱窗中的陈列展示找到对比强烈或是特别的色彩搭配，可以用相机镜头将它记录下来，在课堂中的两分钟微课时间和同学们交流分享。通过观察生活、记录生活的方式让学生感受到色彩组合搭配带来的视觉美感，同时有助于提高学生对于色彩在生活运用中的认识，提高他们的色彩搭配能力。

因此，在小学美术课堂中，教师有意识地将实际生活与美术教学联系在一起，抓住生活中的色彩向小学生进行色彩分析引导感受，利用好生活细节这一有利的天然教学资源来促进学生对于色彩的理解和把握。

（二）通过切身体会　培养色彩表达能力

小学生对色彩的认知初步只能停留在颜色运用的是否美观，虽在教材中有多处教学内容中的重难点设定在于体会不同颜色带来的情绪感受，但除了欣赏这一途径，更多情况下，可以带学生走出教室，通过自身体会，运用颜色合理表达。

例如，在每学期的课外实践活动中布置一项特别的美术作业，用速写的方式记录活动的一个记忆点，鼓励学生用自己看到的色彩或是能表达自己情绪的颜色进行上色，几次作业收集之后，总结发现每次四月的自然寻美之旅，学生大多会用绿色来完成速写作业，在交流中总结了绿色能够表达舒适放松，蓬勃向上的感觉，而爱国主题教育的速写作业，多以红色、黄色呈现，学生想要表达的是激励，内心的热情。

不仅是校外实践活动，在校内社团课上，鼓励学生走出教室，走到操场、小花园等公共环境画一些速写写生,引导他们联系自己的情绪选择合理的色彩进行绘画,在多次活动中总结出色彩与情绪的内在联系,培养学生拥有更准确地色彩表达能力。

三、通过丰富绘画工具　提高色彩表达效果

在小学美术教学过程中,为学生提供丰富的应用色彩实践机会,学生不仅能够认识色彩,还能通过运用不同的绘画工具表现色彩,提高色彩表达效果。

在课堂教学中通过丰富多样的教学方式来培养小学生对色彩的运用能力,如油画棒、炫彩棒、水彩颜料、水粉颜料,等等,丰富的绘画形式不仅能提高学生对色彩学习的热情,更能增强对表达效果的认知能力。

(一)用好传统画具　形成色彩效果表达的意识

在一年级的第一学期第三单元"好看的颜色"美术色彩教学的时候,引导学生使用油画棒和炫彩棒来完成作业。油画棒画技巧简单,学生能够利用油画棒色彩鲜艳、视觉效果强的优点进行大胆尝试,借助油画棒可以擦拭、涂抹的特性,学生不仅可以进行单色和双色运用,而且可以尝试多色重叠运用来表现事物色彩的变化和过渡。

在《雨后彩虹》这一课的教学中,学生通过使用油画棒进行擦拭叠色,很好地表现了彩虹的若隐若现的色彩变化,让学生更好地表达了对彩虹认识和感受,有利于抒发学生的情感体验,提高学生的色彩表达能力。

(二)尝试丰富画具　感受不同形式的色彩表达

有趣的彩墨课堂可以很好地提高学生对色彩学习的积极性。在三年级第二学期第三单元"我的水粉画"中让学生通过尝试水粉画来认识色彩中的原色与间色。水粉画是指以水粉颜料经过水的稀释在纸张上作画的绘画方式,因其色彩斑斓、鲜明艳丽的特点深受大家的喜爱,同时中高年段的小学美术课堂上也经常让学生通过学习水粉画来加强小学生对色彩的运用能力,让小学生受到良好的艺术熏陶。

由于水粉是由颜料和水按照不同的配比勾兑而成的,二者比重的多少将直接决定出来的颜色的深浅,颜色之间又能很好地融合产生新的色彩,通过小学生对水粉中不同色度的颜色进行区分可以培养出孩子细致、敏锐的观察力,这对加强小学生色彩的运用能力是非常有益处的。

为此,在不同年段的课堂教学中,结合实际的学情,为学生适当提供运用不同色

彩工具的实践机会,以此来进一步提高教学效果,促进学生美术创造能力和表现力具有很大帮助。

　　综上,将色彩教学结合于每节课的重难点来渗透,设计有趣的色彩游戏教学环节,多鼓励学生观察生活,将色彩感悟表现于绘画中,丰富色彩表现的形式,培养学生逐步拥有敏锐的色彩感,促进学生审美能力的养成与提升,落实教学效应,培养学生的核心素养。

参考文献:

[1] 谢永前.简述小学美术课的色彩教学[J].新教育时代电子杂志(教师版),2014,12(05).

[2] 张蓉蓉.色彩教学在小学美术课堂中的应用研究[J].学园,2014,19(5).

浅谈小学古诗文渗透传统文化的教学策略

上海市浦东新区罗山小学　朱丽雯

【摘　要】在通过古诗文向小学生渗透传统文化的课堂教学中,教师应灵活使用各种策略与措施,培养学生兴趣,感受传统文化魅力;采用多种方法,弘扬传统文化精粹;开展多彩实践性活动,提升学生文学素养。用潜移默化的熏陶,提高小学生的文化底蕴。

【关键词】小学　古诗文　传统文化

《小学语文课程标准2020部编版》指出:语文课程应通过优秀文化的熏陶感染,提高学生的思想道德修养和审美情绪,使他们逐步形成良好的个性和健全的人格,促进德智体美诸方面的和谐发展。在课程总目标中,要求学生感悟中华文化的丰厚博大,吸收民族文化智慧,提高文化品位。诵读浅近的故事,展开想象,获得初步的情感体验。

因此在新版语文部编教材中,特别增加了古诗文的占比。本文所探讨的主要内容就是通过部编版小学语文教材中的古诗文,向学生渗透我国传统文化的策略。

一、古诗文教学的现实意义

小学生作为学习起步阶段,树立正确的人生观尤为重要。然而,中华民族有着悠久的文化,积千年之精华,博大精深。要继承和发扬中国传统文化,学好古代诗歌是重要的途径之一。

古代诗歌是中国传统文化的重要载体,它犹如"随风潜入夜,润物细无声",能让学生在潜移默化中接受中国传统文化的精髓。因此,在部编语文教材中,古诗文出现了47篇,比以往明显增加,体现了国家和教材编写部门对古代诗歌教学的重视。

语文教师在日常教学实践中,要进一步强化古诗文教学,并加大传统文化在语文教学中的渗透力度;同时,语文教师要对古诗文的教学方式与手段进行改进,转变落后的教学思想与观念,突破陈旧的教学理论,借助现代信息技术对传统文化的形式进行有效的整合,开阔学生的视野,激发学生的求知欲和创新意识,激发学生对古诗文的兴趣,进而加强传统文化在小学古诗文教学中的渗透力度。

二、古诗文教学存在的问题

古诗文是中国优秀传统文化中的最为宝贵的财富之一,其形式多种多样,不同的风格,丰富的内容,意蕴含蓄绵长。对于小学生而言,他们正处于人生观、世界观、价值观形成的关键时期,很容易被外界影响。因此,在古诗文教学中渗透传统文化,提升学生的文化素养,提高学生的道德情操是新时代的必然要求。让校园成为传承优秀传统文化的热土,让学生热爱中国传统文化并且承担起民族优秀文化传承的重任。

网络技术的迅速发展对传统文化领域造成了巨大的冲击。由于精神层面的发展落后于物质方面的发展,导致各种落后、腐朽的思想的泛滥,造成了人们精神世界的贫乏。尤其是对小学生,其意志力较为薄弱,极易受不良思想与文化的侵害。一些小学生过度沉迷于手机游戏。这些现象的发生,其根本原因是教育的缺失,中国优良的传统文化没有在教学与教育中,得到充分有效的发挥,导致学生缺乏一定的道德修养。尽管小学过去的语文教材中有很多关于传统的古诗文,比如《夜书所见》《静夜思》等,但学生受到古诗文化的熏陶极少。其主要原因在于,教师在进行语文教学时,仅是单纯地进行知识的传授,偏重于学生的语文成绩,忽视了对学生传统文化精髓的渗透,使学生忽视了对传统文化的深入剖析与探索,并因考试对传统文化产生了一定的排斥心理。我们知道,许多知识会随着考试结束或是毕业,逐渐被学生淡忘,但是古诗文对学生文学修养和道德情操的影响并不会淡化。因此,应结合教育现状,研究如何激发学生对古诗文的学习兴趣,如何加大学生的古诗文储备量,如何把传统文化渗透于古诗文教学,真正实现文化育人目标。

三、古诗文教学渗透传统文化的策略

(一)培养学生兴趣,感受传统文化魅力

学生学习教材内的古诗文之外,为了加大学生的古诗文储备,激发学生对古诗文的兴趣,教师要给学生搜集并整理适合学生朗读背诵的古诗文,提升学生熟读背

诵古诗文的能力。教师可以为学生整理适合小学生学习的诗词读本,要求学生每天早读时间进行朗读,还可以在放学排队时要求学生背诵古诗文。教师要培养学生对古诗文的喜爱,布置教室时也可以贴上一些古诗文语句,让学生在生活中和学习中处处能欣赏到古诗,感受到传统文化的美。比如早读时,教师可以安排学生背诵一年级《古对今》《对韵歌》等,整齐的韵律、朗朗上口的古诗文正符合小学生的认知水平,可以轻松诵读,熟记于心,培养学生对古诗文的鉴赏能力,使学生在潜移默化间加深对古诗文的认识。在简练的表现方式中感受传统文化的魅力,久而久之有助于学生形成良好的思维品质,这不可不说是一种很好的弘扬传统文化的方法。

(二)采用多种方法,弘扬传统文化精粹

在古诗文教学中,融入现代信息技术,通过PPT等多种形式进行授课与讲解,在引导学生加深对教学文章进行理解的同时,关键是使学生对传统文化的好感得到提升。这样不仅可以对以教师为主体的课堂氛围进行转变,还可以促进学生对中华传统文化进行主动的探索与学习,并对学生在语文教学中的主体地位进行明确。

1. 图文——感知诗意

在古诗文教学中,文字和图画通常是结合在一起的,文字和图画代表着对同一内容的不同表达方式。因此,让学生借助图片来帮助理解古诗文是教学的关键。比如教学《咏柳》时,可以展示一些有关春天的图画,桃红柳绿、莺歌燕舞,再加上适当的民族乐,让学生体会到诗人对大自然的热爱,在视觉和听觉的感染下,学生一边读一边体会春天的美。

又比如在教学寓言故事《守株待兔》时,就可以通过结合文中的插图来理解文言文的意思。

课堂实录:

①师:有一天发生了什么事? 自己说一说。

生:"兔走触株,折颈而死。"

师:"触"什么意思? 你是怎么理解的?

生:触的意思是撞,我用联系上下文来理解,因为句中还有个株,株的意思看注释知道是树桩的意思,所以这里指兔子奔跑时撞到了树桩上。

……

②师:发生了这样的事,后来怎么样? 找到文中的句子说一说。

生:"因释其耒而守株,冀复得兔。"

师：句中的"耒"是什么意思？说说你用什么方法理解的？

③ 生1：我用看注释的方法，知道了耒是古代用来耕田的一种农具。

生2：我用看插图的方法知道（生圈出），耒是上面有把手，下面有犁头，农民用它翻土的一种农具。

师：你真会学习，我们不仅可以读注释，还能看插图来理解句子的意思。

……

古诗文逐字逐句的理解是最普遍的教学方法，但是久而久之死板的教学让学习变得枯燥。我们可以充分运用插图，吸引学生注意，感受美，激发学生想象，促进学生对古诗文的理解。

2. 吟诵——体会情感

"读书百遍，其义自见。"吟诵古诗文是最基本的方法。学生除了每个字读正确外，还要停顿正确，不读破句，让学生读出节奏，读出古诗的韵味，这对于理解古诗文有很大的帮助。

比如学习《赠汪伦》时，首先让学生读准字音，再播放古诗诵读音频，让学生一边听一边试着标出停顿符号。教师出示："李白/乘舟/将欲行，忽闻/岸上/踏歌声。桃花潭水/深/千尺，不及汪伦/送/我情。"通过停顿，强调"深、送"，学生读中想，读中悟，最后感受到李白和汪伦之间深厚的友谊。

在学习《望庐山瀑布》时，读准每个字的读音，正确停顿的同时，还让学生强调"生、挂、三千尺、落九天"等字词，在抑扬顿挫中感受古诗的声韵之美，让学生通过朗读感受到庐山瀑布的气势磅礴，把雄起壮丽的景色展现得淋漓尽致。

3. 演绎——理解文意

"孩子是天生的演员。"让学生通过模仿和表演交流习得的古诗文，既能让学生获得角色体验，更能走进那诗中描述的形形色色的具体形象的世界中，把抽象的语言符号化为具体的情感体验。

在教学《所见》时，让学生思考为什么小孩子在唱着欢乐的歌，却要"忽然闭口立"呢？原来他想要去抓那树上的知了。之后让学生想象怎样才能抓到知了呢？大家表演时都紧紧地闭上了嘴巴，屏住了呼吸，憋红了脸，踮起脚，轻轻地伸长手臂想要去抓。通过抓住文中的关键词"捕鸣蝉""闭口立"，让学生展开想象对画面进行演绎，仿佛学生也成了那快活的牧童，意境无限深远。

通过动作、神态、想象等多方面感受内容，不仅帮助学生记忆，激发学生兴趣，还能探索其中的真谛。

4. 拓展——以点带面

以"一篇带多篇"的教学方式,进行拓展,让学生更好地掌握教材中的古诗文外,还实现了文本和超文本的有机融合。比如在教学古诗《清明》时,让学生了解了中华传统节日清明和相应的风俗习惯。之后,又让学生欣赏了李隆基的《端午》,这首古诗讲述的是中华传统节日端午节,不仅让学生了解了端午节的习俗,本诗还流露出了浓浓的爱国情,让学生感受到了浓浓的中华传统美德。

如果只是按照课本中的内容教给学生,那么他们很难读懂古诗文简练的表达,更不能体会其中的意蕴。教师要以学生为教学主体,通过丰富教学内容的方式带给学生多感官的学习体验,使学生充分参与到教学中,学会欣赏古诗文,同时领悟到中国传统文化的精粹。

(三) 实践多彩活动,提升学生文学素养

语文与生活是息息相关的。如果想要对语文知识进一步进行巩固,必须与生活实际进行结合。在学习古诗文的时候,过程较为枯燥,怎么办?

以古诗文为主题开展多样化的综合实践性活动。在活动时,需要关注到一些问题:

1. 设计活动,增强体验

要有针对性地选择一些人人能参与的活动,比如古诗文介绍、征文比赛等,这些比较常见。我们学校推出的2分钟预备铃微课展示就是一个很好的平台,借此可以提升学生对古诗文学习的积极性,让学生对古诗文进行主动探索,夯实文化功底。其中有一次的微课主题为《我最喜欢的一首古诗》,同学们都找了自己喜欢的古诗。有个同学对《游子吟》做了展示,图文结合,加上悠扬的民族乐,吟诵时充满真挚的情感,让其他听的同学既学习了古诗文,又感受到古诗中母亲对儿子无私的爱,无形中受到传统文化的熏陶和启迪,激发了学生对自己父母的感恩之情。

2. 协调合作,综合实践

要有针对性地选择具有协作性、合作性的综合实践活动,比如诗词大赛、古代常识知识竞赛等。我们学校每学年都会举行学科节,语文学科节中的经典诵读是经久不衰的。结合学情,各年级对不同的古诗文进行诵读。通过这个经典诵读活动,自然而然地陶冶了学生们的情操,教育于无形,开阔了他们的胸襟,还帮助学生们养成了良好的行为和学习习惯,培养学生的良好品质。让学生在有限的文字中,通过各种形式的朗读,体会诗文丰富的内容,诵出诗人所要表达的情感,体会诗文中绵长的意蕴,耐人寻味,发人深省。

3. 拓展形式,多重感知

要有针对性地拓展与古诗文有关联的文化实践活动。比如让学生用书法展示古诗文,将领悟通过笔端展现出来,时而含蓄蕴藉,时而幽婉隽秀,时而苍劲雄厚。通过书法互相交流,互相探讨,互相学习,将古诗文与中华传统文化融会贯通。让学生在书写的时候感受古诗文魅力,提高自身修养,在传统文化的熏陶中体味到文化内涵。

多种多样的实践性活动让学生暂时忘记了现代化生活习惯,让古诗文深入到学生的心中,让学生在潜移默化中吸收传统文化。从吟诵、背诵、了解古诗文、书写古诗文等多方面实践,开阔思维,提高了学生的文学素养,特别对于价值观尚未成熟的小学生更有教育意义。

综上所述,古诗文是中国传统文化的精粹,在灿烂的文化中占有重要的地位。作为中国古代文化的一个重要组成部分,古诗文经过了千百年的沉淀与流传,是前人留下的珍贵的文化遗产,更是传扬中华民族精神文化的重要载体。"读史使人明智,读诗使人灵秀。"通过古诗文诵读,汲取营养和智慧,长大之后哪还会有浊俗?哪还会有促狭?哪还会有偏激?气质中只会多一份清雅、多一份开阔、多一份平和。

教师要深入地了解语文教学中的古诗文化精髓,并要对传统的教学观念与方式进行有效的改进与调整,利用多样且高效的教学方式,充分调动学生对古诗以及传统文化的学习兴趣,促进学生对传统文化进行主动的学习。学古诗文的好处多多,但不是一天两天便能显现的。饱读诗书,拥有了雄厚的基础,这种潜移默化的熏陶,将沉淀孩子一生的文化底蕴。

参考文献:

[1] 陈雪雅.挖掘美育资源,开启美丽之旅——2016年部编本小学语文教材中的美育渗透策略[J].福建教育学院学报,2018,v.19;No.203(06):22-23.

[2] 童志斌,戴泳洪.七年级语文古诗词选文的价值取向研究——以2016年"部编本"和2001年人教版教材为例[J].课程教学研究,2018,No.78(06):38-42.

[3] 李慧.家校合作模式下小学语文课外阅读的研究——以部编版"和大人一起读"栏目为中心[J].课外语文,2018(19).

[4] 刘晓宇.修身齐家治国平天下——从部编版语文教材所选文言文看核心价值观培养体系[J].内蒙古教育:B,2018(3):42-43.

巧用信息技术演绎灵动小学数学课堂

上海市浦东新区浦东南路小学　聂晓玲

【摘　要】随着科学技术的不断发展,小学数学的教学也越来越离不开信息技术的辅助。本文介绍了信息技术对于小学数学教学所起到的帮助。信息技术在辅助数学教学和培养学生能力等方面都有着很大的优势。

【关键词】信息技术　小学数学课堂　自主、理解与创造　动态课堂　互动性

《义务教育数学课程标准》中提出:"信息技术的发展对数学教育的价值、目标、内容以及教学方式产生了很大的影响。数学课程的设计与实施应根据实际情况合理地运用现代信息技术,要注意信息技术与课程内容的整合,注重实效。要充分考虑信息技术对数学学习内容和方式的影响,开发并向学生提供丰富的学习资源,把现代信息技术作为学生学习数学和解决问题的有力工具,有效地改进教与学的方式,使学生乐意并有可能投入到现实的、探索的数学活动中去。"本文是从通过平时授课时会选择适当的信息技术运用到数学课堂中谈谈自己的感受和想法。合理使用信息技术,能帮助教师更好地突出一节课的重点、突破难点,从而可以激发学生的学习兴趣,加强师生之间的互动,从而帮助学生更好地掌握这节课的学习重点。

一、小学数学信息化教学的原则

对于高科技信息化技术,在小学数学中应用的时候,一定要遵守原则,才能起到正确的作用。主要有以下三大原则:第一,以人为本原则。这也是新课改下的理念,要求教师设计出情景等教学方法,提升学生参与度,从而更好地学习。改变原来总是教师将知识塞给学生的情况,让学生在信息技术的帮助下更愿意去学习。第二,全体关注原则。小学生的能力参差不齐,所以授课的时候,可以利用信息化教学设

计出层次,以便让不同层次水平的学生共同进步。第三,适合性原则。根据每个学生的实际情况,从而选择更好的教学方式,满足所有学生的需要。

二、小学数学教学中的信息化教学的现状

在目前的小学数学教学中,可以看出多数教师的思想并没有更好地转变。即使在教学中已经运用了信息技术,也是将其当作一个引入教学的工具,并没有去深究其作用。对于有些单元由于有过多的公式,使学生感到厌倦,老师并没有注意到这个情况,授课时硬生生塞给学生。因为有太多的内容没有理解,所以容易影响后期的学习,产生困难。授课时,多数教师采用只是适合大部分学生的方法,并没有注意到全面性,所以对于能力相对差的学生来说,会有很大的压力。长时间下去,使差距越拉越大,教师也会感到授课时的压力,所以应当注意整体的教学。

三、利用信息技术,导出自主、理解与创造

微课是指运用信息技术按照认知规律,呈现碎片化学习内容、过程及扩展素材的结构化数字资源。

数学老师可以挖掘、筛选教学过程中新奇有趣的元素,通过重组、放大将其予以凸出,激起学生学习的强烈兴趣。在课前请班上同学结合上课的内容做成微课,进行配音。例如小数点移动(小数点移动引起小数大小变化的规律)这节课,正式上课前的微课如下:

小丁丁:小胖,这段时间你好像又长高了呢!

小胖:我天天运动,从寒假到现在,长高了3厘米呢!

小丁丁:真棒!那你猜猜,我家的小狗从原来0.5米,长到5米,再长成50米的摩天大狗,要多长时间呢?

小胖:那要好多,好多,好多……年吧!小丁丁,你开玩笑吧,有50米的狗吗?

小丁丁:我跟你说,只要你学会数学上的一个规律,分分钟,秒秒钟就从0.5变成5、50、500……还可以往小变,变成0.05、0.005、0.000 5……

小胖:那么神奇呀,究竟是什么规律?

小丁丁:学了今天的小数点移动这一节课,你就知道了!

教材中只是通过数射线来引入小数点移动引起小数大小变化的规律,我一直认为这样的引入浮躁乏味,学生不会感兴趣,于是我想到了从小朋友熟悉的身高变化来引入更加能激发他们的学习兴趣。课前的小微课,从小胖身高的变化聊到了小丁

丁家的小狗身高的变化,直观图像首先给学生视觉上的冲击;随后提到,如此巨大的变化,掌握数学上的某个规律后瞬间就能实现。几句话便留下悬念,充分激起了学生的观课兴趣。

学生助教在此类微课中的作用不容忽视。对于有趣的判断因人而异,我们教师需要放下自己的标准,用敞开的态度倾听学生的想法,就会发现更多有趣的地方。此外,学生还会自己创出各种新颖别致的微课形式,如相声、小品、自弹自唱等,你会发现小朋友多方面的才能和强大的创造力。

四、巧用信息技术突破课堂教学难点

如今信息技术运用到各行各业之中,给大家的衣食住行带来了便利。数学是一门具有高度抽象性和严密逻辑特点的学科,在教学过程中,任何一个数学概念的建立、延伸、发展和运用,任何数量关系之间内在联系的理解,任何公式推导都需要学生有一种抽象概括以及逻辑推理的思维能力。但是对于小学生而言,教师对这种思维能力的培养难度还是很大的。那么,如何突破学生在思维上的教学难点呢?需要多采用直观教学,让学生逐渐从形象思维向抽象思维过渡,正需要我们教师合理的运用信息技术。

几何画板是一款在数学教学中非常实用的软件,它不但具有度量等多种功能,而且操作简单、制作方便、使用范围广。我们通过它不仅可以快速地绘制各种几何图形,而且与一般的绘图软件相比,无论绘制的几何图形如何变化,都能够保持恒定的几何关系。

著名数学家华罗庚曾说:"数缺形时少直观,形少数时难入微,数相结合百般好,隔离分家万事休。"这句话顾名思义是说"数形结合"的思想。在教授三年级"分数的认识"的过程中,对于三年级的学生而言,他们很难形成分数的概念,经常出现问题。在教学过程中教师可以通过数形结合的思想与几何画板相结合,便于学生理解和掌握分数的概念。几何画板可以通过"+""-"改变平均分的份数,在不断变化的过程中,让学生对分数的概念加深理解:平均分成几份,每份就是几分之一。而且在这个过程中学生还能深刻地感受到平均分的份数越多,每份反而越少。有些老师会让学生死记硬背:分子相同,分母越大,分数反而越小。但如果只是枯燥无味的机械记忆,讲一些学生其实并不理解的话,很容易造成学生的记忆混乱,遇到这类题目还是无法正确解答。但是通过几何画板的数形结合演示过程,学生很容易就发现平均分的份数越多,每份反而越少,这比单纯的死记硬背更容易理解,也更容易记住。与此同时,通过数形结合,学生对于原本很抽象的分数概念会有一种形象的感知,以后当他们看到这些分数时,脑海里也能想象出这些图。

五、巧用信息技术构建动态课堂

数学学科一般给人的感觉是比较枯燥乏味的。小学教师如何在短短的35分钟课堂内,把这一节课的教学重难点使全体学生都能掌握呢? 这时就需要我们教师运用智慧,选择运用适当的信息技术,使我们的数学课堂更加生动活泼。

数、量、形这三者都是数学研究的对象。其中,量是事物的可以定性区别和定性确定的一种属性,例如,长度、距离、周长、角度等都是量。对于每个具体的量,一般都是可以测量。人们借助测量工具对几何对象进行测量,目的就是对它做出定量描述,以利于更全面地了解对象的几何性质,更准确地判定几何元素间的相互关系。几何画板兼顾测量和计算的功能,我们可以借助这些功能去动态地观察被测量对象的数量发生怎样的变化,从而获得所需要的结果。

在认识三角形的内角和是180度时,通过几何画板的度量和计算功能就可以迅速提供大量的例子。让学生发现不管什么样子的三角形,它三个角的和都是等于180度。运用几何画板进行教学可以把类似于三角形内角之和为180度的抽象复杂的问题简单形象的呈现给学生,不仅给学生留下深刻的印象,还能帮助学生更好地掌握知识、提高能力,使学生获得学习数学的成就感,从而达到我们的教学目标,推动数学的发展。

六、巧用信息技术,提高数学课堂互动性

对于小学生来说,受其自身的特性的影响,在课堂学习过程中,难以始终集中注意力进行听讲,导致其听课的效率不高,甚至存在明显的漏听情况,直接影响其学习效果。灵活应用"希沃授课助手",可以促使学生全身心投入到课堂学习中,加强教师与同学之间的交流,从根本上提升课堂效率,满足当前的教学要求。

"希沃授课助手"是一款移动端与PC互联互动的软件,是专为教学设计的。它的特点是可以无线远程操作,进行PPT演示、文件传输、实物拍照展示、触摸板控制。

在教授《看谁算得巧》那一课时,课堂上有一个环节为比一比谁算得最巧,于是我就利用"希沃授课助手"移动展台的功能,只要我走到哪一位学生的身旁,手机一拍学生写在课堂练习本上的算式立马就可以在白板上呈现,还可以利用"希沃授课助手"移动展台,一次展现4张图片,这样可以显而易见看出谁用的方法最简

便。这样可以加强数学课堂的互动性，人人都可以参与，使每位学生真正成为课堂的主人。移动展台这个板块有一个激光圈画功能，可以用激光笔圈圈画画展示重点内容。对于一些后进生来说，可以帮助他们理清解题思路，这样才是真正做到人人参与互动。课堂上使用移动展台可以节省时间，设计教学过程的时候把更多的时间用在小朋友探索知识过程中。移动展台这个板块中还有评比第一名、第二名和第三名的功能，这样可以激发学生的学习兴趣。他想得到这个奖章，他就会全身心投入到课堂学习的每个环节之中。有了这个小小评比功能，使我们的数学课堂更加生动有趣。

综上所述，如今是一个科学技术不断发展的时代，我们教师也要跟上时代的发展，利用信息科技进行教学将会在我们教学过程中发挥着越来越重要的作用。我们教师应该活到老、学到老，学习使用信息科技，结合教学过程中的重难点，制作出更适合学生的课件，做出更好的教育。

关注教学设计，生成有效课堂

上海市浦东新区浦东南路小学　杨肖颖

我们经常说："台上一分钟，台下十年功。"的确，每一堂精彩的课都凝结着教师无数的心血。随着课程改革的逐步深入，以及"绿色指标"评价体系的有力推行，有效教学更是成了教师们追求的目标。有效教学最直接的反映形式在课堂。成功的课堂教学，必先有出色的教学设计——能以语文课程新理念为指导，从学生实际出发，设计科学的教学方案，以期在课堂上智慧地运用，使学生的潜能得到最合理的发挥。基于这一点，要优化语文课堂教学，有效地改善语文教学中高耗低效的现象，就必须从关注课前的教学设计出发。

一、教学目标的设计

课堂教学始终是围绕教学目标进行的。如果课前不清楚自己"教什么，为什么教，教到什么程度"，也不知道学生"怎么学，学到什么水平"，那语文教学就犹如开"无轨电车"，学生的语文素养终难得到发展。我们追寻的"轨道"即教学目标设计的依据，主要包括：《语文课程标准》、学生的基本学情和教材等。

其中，《语文课程标准》从"知识与技能、过程与方法、情感态度与价值观"三个维度分年段设置了"课程目标"，着眼于学生语文素养的提升。但是，《课标》属于面向全国的政策性文件，教师在备课的过程中，还要做到具体的、进一步的"转化"。首先要明确学生才是学习的主体，要"以学定教"，所以必须结合自己学校和班级学情来确定课程的具体目标。如果课堂教学目标的设计不能够做到以学生为本，那么教学过程即使"表演"得再精彩，对于学生的根本发展来讲，也是收效甚微的。其次，对于统编版语文教材"双线组织单元"的编写特点，更需要教师在单元视域下，合理适切地制定单课教学目标。教师要对所教的内容进行深入地细读和研究，准确把握课文的重点与难点,将《课标》中的学段目标与教材中的单元目标相结合,使教学目标明确化、集中化、有可操作性。

如《火烧云》是三年级第二学期第七单元的第三篇课文,本单元语文要素为"了解课文是从哪几个方面把事物写清楚的"。最初,我按照教参设计教学目标为:

1. 认识"檀、喂"等7个生字,读准多音字"模",会写"盈、胡"等16个生字。积累文中表示颜色的词语。

2. 能有感情地朗读课文。背诵第三至六自然段。

3. 能找到关键句,并借助相关语句说出火烧云的特点,体会人们看到火烧云时的喜悦之情。

这样的设计貌似紧紧围绕了三维目标,但深入解读教材后,深感这样的教学目标流于形式,目标指向不够清晰,表述不够具体。遂改成:

1. 能借助拼音正确认读"檀、喂"等7个生字,读准多音字"模",正确书写"必、胡"等11个生字。能根据不同的形式分类积累描写颜色的词。

2. 有感情地朗读课文,抓住关键语句,通过品析语言文字,从颜色、形状两个方面去感受火烧云变化极多、极快的特点。能按规律背诵第三至六自然段。

3. 能仿照第四自然段的句式,写一段描写火烧云的话。

修改后的目标,不但考虑到学生的学情——三年级第一学期第六单元已学习过找关键句的方法,不需要课堂上作为重点教学,更重点细化了目标达成的"行为条件",比如:"根据不同形式分类积累词语"明确了积累词语的方法;"抓住关键句,通过品析语言文字,从颜色、形状两个方面去感受火烧云变化极多、极快的特点"则是围绕单元编写意图,细化了教学重难点的达成途径。

总之,在正确理解三维目标含义与基本关系的基础上,依据《语文课程标准》的学段要求、单元的编写意图、不同课文的定位、学生的学习基础,逐级细化课程目标,才能真正发挥教学目标对学习活动的导向作用。

二、教学情境的设计

(一)立足文本设计导入环节

精心设计导入环节,能活跃课堂氛围,激发学生主动探究的兴趣,推进课堂教学更有效开展。设计导入环节时,教师要立足文本,结合各种能激发学生兴趣的手段,使他们在课堂一开始就集中精力,主动思考,实现高效的小学语文教学。

例如,在学习《梅兰芳蓄须》这篇课文的时候,理解文章的前提要大致了解京剧。所以在课前两分钟我播放了梅兰芳的京剧片段视频。看完后,继续一边向学生展示相关图片,一边介绍京剧是中国的"国剧",已有200年历史,许多中国人和外国朋友都很喜欢它。人们喜爱京剧美丽的服饰、变化多样的脸谱,更喜欢不同角色的表演……这些牢牢地吸引了学生的注意。随后我准备了梅兰芳的生活照和上妆照各一张,请学生找一找奇怪的事情(梅兰芳是男的,扮演的却是女的)。遂告知在京剧中,大都由男演员来扮演女性,我们称他们为男旦。在学生的诧异中我紧接着抛出了关键问题:蓄须对梅兰芳有什么影响?梅兰芳为什么蓄须?梅兰芳到底是个怎样的人?就这样把学生引入了学习的殿堂。

(二)抓住重点词句展开想象

无论是理解内容,还是体会感情,首先应该让学生设身处地、入境入情地多读几遍书。然后,圈画出重点词句细心揣摩、体会,想象课文所描述的内容,在头脑中形成画面。最后,教师要把握合适的训练点,设计合适的扶手给学生,以帮助学生从画面的想象过渡到语言的表达。这样的学习有利于感悟语言、培养语感、体会情感,是读懂文章、提高阅读水平的一把金钥匙。

例如《荷花》这一课,当学生学习了第二自然段荷花花蕾的不同姿态后,我并没有继续设计"有的……有的……还有的……"这个常规训练点,是考虑到一池荷花虽不止文中描写的三种状态,但学生顺势再举例花蕾的其他状态局限太大,也没有太多想象发挥的空间。我反而在第三自然段"看看这一朵,很美;看看那一朵,也很美"这句话中发现"美"是一个高度概括荷花特点的词,从这个词入手,既可以想象荷花的整体姿态,又可以描写花蕾的状态,使学生有话可说。所以我设计了"看看这一朵,(长得怎么样),很美,好像( )。看看那一朵,(长得怎么样),也很美,仿佛( )"。这里的练习可以激发学生的想象,同时,也是对第四自然段化身荷花这部分的学习进行铺垫。在教学实践中,学生考虑了一会儿就发言了,"看看这一朵,躲在荷叶后面,很美,好像正在和我们捉迷藏"。"看看那一朵,高高地探出了脑袋,很美,像是在欣赏远方的风景"……我适时激励:"你的想象让大家身临其境,真美啊!还有吗?"气氛带动后,学生更积极了,纷纷举手发言。通过自己个性化的想象,学生创造性思维的火花迸发出来,不仅加深了他们对课文的理解,荷花的"美"也在学生丰富的想象中被展现、颂扬。

(三)反复朗读体验作者情感

朗读是小学语文教学中的重要环节和关键部分,通过教师有效地朗读指导,能够让学生更加深刻理解课文内容,在语言文字里感受画面,感受情感。朗读关键句时,更不能浮于文字表面,要引导学生读进去,想开来,产生对课文的情感共鸣,更加深入地感悟课文内容,从而实现以读促学,让语文课堂教学变得有趣有味。

例如在《火烧云》教学设计时,对于这句话——"这地方的火烧云变化极多。"我最初的处理是:1. 请学生画出这句关键句。2. 找到特点"变化极多"。经过几次细细地体会,我觉得这句话并不简单,看似简单的句子,其实带有作者的情感。为了降低难度,我设计了一个相近的句子作比较——"这地方的火烧云变化很多。"同时,请学生细读这两句话,反复朗读后,学生便能体会到"极多"比"很多"还多,几乎多到数不清。同时,此处点拨句子中"这地方"是作者萧红故乡,让人一下子体会到作者的自豪感和对故乡的热爱。学生再读这句话也能由衷地产生共情,为下文的学习做好铺垫。

(四)借助多媒体烘托文本情境

多媒体是一种教学辅助工具和手段,运用得恰到好处,就能给学生的理解带来帮助。

《海底世界》第二课时的教学设计中,我充分运用图片和视频,调动学生多种感官进行学习,引导学生身临其境地体会海底世界是个景色奇异、物产丰富的世界。比如学生没见识过梭子,所以给学生看看梭子的照片、梭子织布的视频,可以更加直观地让学生明白"梭子鱼"名称的由来,为下文梭子鱼运动敏捷作铺垫。又如在学海底动物不同的运动方式时,考虑到运动是动态的,所以设计课件时,摒弃了纯图片展示,选择了更合适的视频让学生亲眼看一看,使学生更直接体会作者在运词达意上的精准,陶醉于作者所描绘的海底世界。

三、教学活动的设计

语文学科不同于其他学科,它不仅蕴涵着深厚的人文精神和文化底蕴,还具有独特的学科性质,即工具性、综合性、基础性。所以语文学科的本质任务就是让学生通过阅读的学习,感知语言、理解语言、鉴赏语言。为此,在教学活动的设计中,要充分考虑到上述特点,才能保证活动的有效性。

(一)引导式学习活动设计

这是教师主导的学习过程,它不同于传统的注入式或说教式等枯燥乏味的教学方法,而是真正实现教师主导、学生主体的教学模式。这种活动设计的要点是:教师采用的主导手段均要服务于激活、维持或引导学生主动学习的状态。

　　在教学《掌声》一课时,课后第三题"请学生用英子的口吻来讲一讲自己的故事"是一个难点,若不精心设计,学生要么觉得枯燥没兴趣,要么模棱两可,学习不到转述的方法。

　　设计时,考虑评价先行:

　　(1)尝试说:学生尝试用第一人称讲故事。(☆)

　　(2)合理说:体会讲故事时要随叙述角度变化而合理增删。(☆)

　　(3)生动说:引导学生加入人物心理活动。(☆)

　　这里分三步给学生搭支架,三条逐步推进,最后利用争三颗星星的游戏方式,激发学生的兴趣和好胜心,引导学生一点一点进步,一点一点学会,一点一点会学。

(二)自学式学习活动设计

　　这是学生独立进行的学习活动。如以自读方式整体感知课文,学生边读边思考课文主要描写了一件什么事,或学生以圈圈、画画、评评的操作方式自读自悟某一部分文章内容。这种学习活动方式设计的要点是:准确考虑学生的学情,设计的活动要与学生的内在思维过程同步。同时,自学不代表完全放任,而应该在教学设计时就预设可能出现的问题,以便在课堂教学中进行引导和总结,让学生印象更为深刻。

　　比如在《花钟》的教学中,考虑到学生在第五册已经学过如何借助关键语句理解一段话的意思,所以在设计第一自然段的教学时,先让学生在读的基础上自己画一画关键语句,这是学生的自学活动。但我预想之前的关键语句大都出现在自然段的首句,所以,一定会有学生圈画第一句"鲜花朵朵,争奇斗艳,芬芳迷人"。此时,应提示学生回忆:能提示段落主要意思的句子才是关键语句。学生再读后,能找到第二句"要是我们留心观察,就会发现,一天之内,不同的花开放的时间是不同的"。此时应把握教学时机,启发学生总结出:关键句可以出现在自然段的不同位置。接着,给学生想一想的机会,思考这句话是否全部提示了主要内容?适时让学生明白概括意思要既准确又简洁,所以可以将关键语句进行修改和增删,学生最终能得到精准的关键语句"一天之内,不同的花开放的时间是不同的"。这样既鼓励学生自己解决问题,又通过及时总结,使学生掌握概括一段话的能力,突破了难点。

(三)互助式学习活动设计

　　这是生生之间进行的学习活动。这种学习活动的要点应注意对生生互助方法的指导。如教师可以布置小组学习任务：1. 共同学习某个自然段（划定学习范围）。2. 讲一讲你读懂的内容，再把读懂的部分有感情地读出来征求组员的意见（授予交流的方法）。3. 把不懂的内容提出来，小组内讨论解决等。这类学习活动方式要求教师布置学习任务的导语要明确，易于学生操作，以保证学习活动的效率。同时，也要考虑学生的学情和教材的适切性。

比如教学《海滨小城》时，根据本年段的认知规律，此时的学生对一些问题开始有自己独立的见解，是阅读培养的重要阶段。课文第4—6自然段在构段上比较相似，都是第一句话概括写出整段的意思，再围绕这句话，从几个角度进行描写，从而落实本单元语文要素"借助关键语句理解一段话的意思"。所以，适合采取"先扶后放"的方式教学，既让学生"学会"，又让学生"会学"。

教学第四自然段时，我设计好达成目标的步骤，降低学习的难度，为学生顺利习得"借助关键语句理解一段话的意思"做铺垫。在"授人以渔"之后的第五、第六自然段，我给学生一些交流提示作为抓手，以小组为单位讨论学习，最后与大家交流。

小组学习要求：

1. 默读第5或第6自然段。用"——"画出这一段的关键句，想想这个地方有什么特点。

2. 哪句话具体体现了这个特点？用〇在这句话里圈出体现这个特点的词。

游览交流提示：

1. 我游览了（哪里），这一段的关键句是_____，我知道这里的特点是____。

2. 这句话具体体现了这个特点：_____，我从_____这几个关键词可以感受到_____。

设计学生采取互助式学习活动迁移学法到另一段的学习中，意在锻炼学生能读懂自然段，学会从自然段中提取主要信息的能力，同时落实了本单元的训练重点。互助学习的最后，应该再次巩固学法，加深学生印象，突破难点，努力达到叶圣陶先生所说的"逐渐去扶翼，终酬放手愿"之理想境界。

综上所述，教学设计既是一门科学，又是一门艺术。它是教师上课的依据，也是保证教学质量的必要措施，对课堂的效果起了关键作用。所以教师在教学设计的过程中，应该多加总结和反思每次课堂的现实反馈，不断地提升自己的课堂质量和效率，这样才能开发学生的学习潜能，塑造学生的健全人格，达到新课程改革中"以学生为主体"的最终目的。

浅谈小学英语绘本教学

上海市浦东新区浦东南路小学　朱　虹

绘本教学,指教师利用绘本材料,用讲故事的方式来完成教学目标的过程。简单的一句话,并没能很好地体现出绘本教学的丰富内涵,容易给人以"绘本教学就是讲故事"的错觉。随着教学手段的不断迭代,教育理念的不断更新,赋予了绘本教学——这一图文并茂的教学手段更高的期待和立意。

绘本教学不同于传统的故事教学。如果教师仅通过传统的教学方式开展绘本教学,则难以发挥绘本教学的优势,使得绘本教学流于"绘本"的形式,沦为普通的"讲故事"。以下我便从几个方面谈谈小学英语绘本教学的特点。

一、小学英语绘本教学的意义

区别于传统英语教学以知识点的讲解、英语技能掌握作为教学宗旨,小学英语绘本教学不仅仅以提高英语水平为目的,更是以培养学生的必备品格(思维品质和文化品格)和关键能力(语言能力和学习能力)为目标,正如王英华老师在《小学英语绘本教学使用指南》中所写的,"英语绘本课堂的教学策略及方式让学生能够在自主、合作、探究、体验中学习,为学生提供个性化认知、思维和成长发展的平台"。小学英语绘本教学的意义主要表现为以下三个方面:

(一)绘本教学能实现英语教学的人文目标

根据新课标对于英语课程的定位,英语课程的本质特征之一就是社会性与人文性的统一。所以新课标下的小学英语教学工作,不应仅仅将传授英语技能作为唯一的教学目标,而是应当根据学生的年龄及具体情况设定相应的人文性目标。

学好一门语言,不仅仅需要掌握单词和语法,还需要了解和熟悉语言背后的文化背景及特有的习惯。尤其是对于英语学习而言,只有了解了英语国家的乡土人情,才能更好地理解英语中特有的表达和一些专有名词背后的文化含义。比如英语国家的传统节日"Halloween",与圣诞节等耳熟能详的节日不同,缺乏类似于"圣诞老人""圣诞礼物"这样能够使孩子们感兴趣的标志,学生们很难去理解万圣节是一个怎么样的节日,对于"Halloween"这一单词也缺乏感性的认识。通过教材上的绘本材料,让孩子们从图片上去解读这个节日的特点:南瓜灯、南瓜派、南瓜面包、敲门讨糖、化装舞会,等等,让学生们很容易地记住了这样一个传统西方节日。

正如新课标中所说的,英语教学需要培养的是学生适应现代社会所要求的英语能力,而传统教学方式的缺点就是学生对于英语没有像母语那样深入骨髓的文化层面的理解,导致学了不会说、不会用。所以近年来提倡的英语教学的人文目标,就是希望能够英语教学不仅教知识,更能教文化。绘本教学正好弥补了传统教学方式在文化、人文方面教学效果的薄弱之处。

(二)绘本教学能辅助进行学生的德育教育

教育之始德育为先,德育教育不仅仅是个别老师的任务,而是需要全体教师将德育教育的内涵融入各学科的日常教学。传统的英语学科教育很难关注到德育方面的塑造。绘本教学则不同,英语绘本一般都蕴藏着特定的情感和丰富的内涵,不仅仅是一个简单的故事。例如小学牛津英语教材五年级第二学期<The giant's garden>这一篇绘本,通过"tall wall"外的春暖花开、"tall wall"内的寒风凛冽,形成了鲜明的对比,给予学生强烈的情绪感受。通过"独乐乐"与"众乐乐"的对比,在优美生动的故事之外,更鼓励学生学会分享。

现在的学生都是家长的心头肉、掌中宝,周全的爱护与宠溺容易养成学生过分以自我为中心的观念意识。通过绘本材料中传递的情感内涵,能够潜移默化地对学生进行引导,培养学生的同理心、共情能力,能够弘扬高尚的道德和培养良好的习惯。无论是中国还是英语国家,有一些优良的品质是相似的、相近的,比如无私、勇敢、诚实等。小学英语绘本教学能够使得英语学科教学的内涵更加丰富,提升传统英语课堂的深度。

(三)绘本教学能培养提升学生的多维能力

在传统教学的过程中,教师需要绞尽脑汁尽可能地对教材进行"改造",通过文本再构、增加课件里的内容等方式起到培养学生综合能力的效果。小学英语绘本教育有利于学生发展多元智能,在培养提升学生多维能力方面有着天然的优势:通过看封面让学生猜测故事内容、人物性格,可以增强学生的观察能力和想象力;通过"图片环游"的方式浏览图片,能够培养学生的大局观、提高学生的认知能力,逐页仔细观察图片能够培养学生的观察和探究能力;通过看图说话、描述图片内容,能够促使学生用已经学过的语句组织语言,锻炼了学生的语言表达能力;通过对绘本内文本的解读、讲解能保证单词、句型、语法等传统的英语教学效果不打折扣。除此之外,绘本上优美的图片还能够提升学生的审美能力,达到美育的目的。对于绘本故事的复述、对于故事结尾的续写、改写、表演亦能培养学生的创造力。在寥寥几页的一个绘本材料中,能够通过不同的教学环节去提升学生的各种能力,这是传统的课本教学所难以比肩的。

　　所以,教师在进行小学英语绘本教学的过程中,应该注意到绘本教学所特有的内涵和意义,在制定教学目标时适当进行拔高,充分利用绘本教学的优势,不仅仅着眼于英语技能教学本身,摒弃传统的英语教学思维,才能更好地发挥出绘本教学的优势。

二、小学英语绘本教学的特点

　　以英语绘本开展教学,不能够简单地套用传统教材的授课模式,否则难以体现出绘本教学的优势。根据我的实践,通常我会以下顺序进行绘本教学:封面阅读—图片环游—逐页精读—文本理解—内容再现(改写或续写结尾)。根据我的理解,绘本教学的过程有其自己的特点,区别于传统的教学过程。

(一) 重义,更甚于技

　　相比传统教学更重视单词、句型、语法之类的"技巧"教学,绘本教学更看重对于全文的理解和感悟。英语绘本的内容通常是相当完整的,有情节有结果,特别是一些源自寓言故事的英语绘本,在结尾都会有一些点出绘本主旨的内容。如果按照传统教学模式仅仅将重点放在单词、句型、语法上的话,不仅会使学生忽略故事本身,而且在绘本阅读的过程中过于追求细枝末节会破坏阅读的流畅性,影响学生体会绘本故事的美感和内涵的意义。

　　当然,并不是说小学英语绘本教学就不再进行语法分析、单词讲解了,在课前准备、文本精读讲解的环节都会对绘本中出现的新知词汇进行感知学习。只不过对于英语绘本教学而言,教师更加注重的是对于绘本故事全局性的把握,需要把握节奏。比如在绘本教学的过程中,老师也会带着学生进行文本朗读,但是这个朗读有别于传统教学中的机械型操练,而是需要在朗读的过程中抑扬顿挫、声情并茂,通过朗读去体会故事的情节、人物的情绪,进而了解绘本故事想要表达的情感内容和价值观;同时,这样的朗读也能够巩固学生对于句型、语法等知识点的记忆。再比如无论是传统课本教学还是小学英语绘本教学都会有"复述"这一环节。传统课本教学的复述,可能更接近于"背诵",要求学生尽可能贴近原文,旨在还原课本中原字原句的细节;而绘本教学中的复述,则会鼓励学生根据自己的理解,用自己的话去表达这个故事,甚至于可以根据自己的想象对故事的结尾进行续写和改写,教师会更注重学生的表达,而不严格要求忠于原文。

(二)重图,更甚于文

在传统的教学过程中,图片只是课本中的辅助,教师与学生关注的重点在于文本。即使是那些以英语绘本作为材料的课程,如果用传统教学方式进行讲授,也会偏重于文本,图片也仅作为参考而一带而过。真正的绘本教学则不同,绘本教学需要先"绘"后"本",重点是图片,文本只是为了更好地理解图片,课程的主要环节是放在对于图片的观察上面:例如通过对封面图片的观察,让学生猜测英语绘本的主要人物、标题、故事背景,教师引导学生对绘本的内容展开合理想象,并引导学生通过观察去思考并回答"通过封面你想知道什么";通过图片环游环节,让学生大致浏览全部图片,观察人物的表情、动作、情节的冲突等,使学生对故事有整体的感知和整体的把握,并引导学生尝试去描绘故事的情节;让学生逐张仔细观察图片,通过问题引导学生注意图片的细节,借鉴"亲子阅读"的模式循循善诱,理解故事的内容。

以上这些都是小学英语绘本教学过程中常用的教学环节,是围绕绘本中的图片所展开的。只有将图片作为绘本教学的核心,才能发挥绘本教学的优势。

(三)互动,更多于授

传统教学中,"老师讲、学生听"占了主要的课堂时间,当中穿插一些学生的操练。如何增加师生之间的互动,是传统课堂上教师需要解决的问题。小学英语绘本教学由于其独特的风格,从不缺乏师生互动。每一个教学环节都会让学生展开思考、组织语言、继而进行输出,同时这样的输出区别于传统教学的机械操练,带有每个学生基于自己的生活经验,表达自己的思考和独特的感悟。通常,在小学英语绘本教学的课堂上,我会花一定的时间让学生对绘本故事进行重述(而非背诵或简单复述)、对故事结尾进行改写或续写,并就重述、改写、续写的内容说说自己的想法。

在一些英语绘本教学课上，我还会让学生在理解了绘本故事的内容之后，通过上台表演的方式来重新演绎这个故事，例如小学牛津英语五年级第一学期有我们大家耳熟能详的童话故事——小红帽，通过让学生分角色扮演小红帽、大灰狼、猎人、外婆等人物，鼓励学生运用肢体语言、面部表情、角色的语音语调变化等方法表现人物的特点。通过故事表演，加深学生对故事内容的理解和感悟"不要随便给陌生人开门"的育人道理。通过学生不断的输出，不仅能够营造一个轻松、和谐的教学氛围、创设融洽的师生关系，而且能够带动学生的思维，从传统教学中的被动填塞，转换为绘本课堂的主动吸收。

小学英语绘本教学能够提升学生参与课堂活动的深度、广度和频率，平时一些不太愿意发言的孩子也能够在绘本教学的课堂上找到自己能够发挥的点。充分的互动，不仅仅是指每个教学环节都含有互动的元素，更是需要每个学生都有机会参与到课堂的互动中来。绘本教学能够很好地弥补传统课堂容易沦为"少数人"的课堂这样一个缺陷，不管是哪个层次的学生，都能够从绘本中获得启发和灵感，都能够发挥自己的想象力回答教师的问题，都能够在绘本教学的课堂上展现自己的风采。

三、小学英语绘本教学的独特呈现形式

正是由于小学英语绘本教学无论是从教学目标还是从教学过程而言都有其独特之处，所以英语绘本教学的呈现方式也有别于普通的课本教学。以下主要从教师的呈现（即板书）及学生的呈现两方面来谈谈我在实践中所运用的小学英语绘本教学的呈现形式。

（一）教师以思维导图替代传统板书

以小学牛津英语教材五年级第二学期5B M2U1 Jim and Matt为例，传统的板书其目的是将课堂上新授的重点单词、词组等进行展现，加以强调便于学生记忆。由于绘本教学的重点并不局限于某些词句，而是旨在让学生对于整个绘本故事有一个全局性的把握，例如故事的时间线，例如绘本中所隐含的深义等。所以如果用思维导图去替代传统的板书，故事脉络会更清晰，学生也更能抓住故事的重要信息，绘本课上思维导图式的板书能够更好地起到引导学生、提示学生的效果。

在我的英语绘本教学课堂上，通常我会使用标题（Title）、人物（Characters）、背景（Setting）、矛盾（Problem）、解决方案（Solution）、结尾（Ending）这六个标题，辅以关键的提示信息，将整个绘本故事的关键点（Key point）用思维导图串联起来。

这两者的区别在于，相较于传统板书的零碎、缺乏连接点，利用思维导图可以使板书更加具有逻辑性，更适合于绘本教学的特点。思维导图以其清晰的脉络，可以帮助学生更好地理解绘本故事的情节，大多数学生在完成绘本故事的学习之后，都能够借助思维导图完成故事的复述。

（二）学生以最终演绎替代传统作业

一般课堂上，教师会使用课后作业作为学生对于课堂教学效果的呈现。对于小学英语绘本教学课堂效果而言，传统的课后书面作业难以检验出学生的学习效果。所以对于小学英语绘本课堂教学而言，需要通过一些特别但有效的方式来呈现教学效果。

其实绘本课堂教学效果呈现的方式有很多种，究其实质是让学生以各种方式去演绎、重现绘本故事。我常用的呈现方式包括改写结尾、续写结尾、表演重现等。改写结尾，就是让学生对于绘本的结尾根据自己的想象和理解进行改写，有些学生或许会觉得原来的结尾与自己的理解有所差别，或者自己有更加有趣的想法，都可以通过改写结尾来展现自己的想法；续写结尾，就是让学生在绘本故事的结尾之后继续展开想象，谈谈故事后面发生什么，通过几句话的续写，发挥学生的生动想象，把故事延续下去；表演重现，就是让学生以绘本故事为剧本，通过角色扮演的方式重现绘本内容。无论哪种呈现方式，都需要学生对绘本故事有一定的理解，在理解的基础上发挥自己的想象，都是对绘本的一种重新演绎的方式。通过这些方式，能够检验学生是否读懂了故事，是否理解了故事的内涵。

以小学牛津英语教材四年级第二学期 4B M3U1 The old tortoise and the little bird 为例。在欣赏完故事的结尾"小鸟飞走了，老乌龟感到很失落"之后，揭示故事的主旨"每个人都需要朋友，我们要珍惜朋友之间的友谊"，然后再让学生思考一个新的故事结尾：如果老乌龟和小鸟再次相遇怎么样？如果老乌龟和小鸟从此以后再也见不到面了会怎么样？如果小鸟飞走了之后又游来了一只小鸭子，会发生什么样的故事呢？学生可以在三个结尾中选择一个自己最喜欢的结尾，并重新编写一个新的故事结尾。开放的故事结尾充分调动了学生的学习兴趣，勾起了学生"说"的欲望，并且从说到写，落笔成文，让每个学生都有机会充分运用自己所学的语言，达到语用的目的。

我曾在书上读到过这样一句话，"绘本课堂是诗，让教师在愉悦中去吟咏字里行间的美；绘本教学是一扇窗，多彩的风景就在窗外，美好的远方就在眼前"。只有不断去挖掘绘本教学的美，不断突破传统教学思维，才能将小学英语绘本教学的优势发挥到极致。

小学语文"一体两翼"混合式教学初探

上海市浦东新区江镇中心小学　徐　晶

【摘　要】随着新媒体时代的到来与互联网、计算机等现代技术的广泛应用和飞速发展,有效运用线上线下混合式教学模式、资源整合、交往互动、情感交流、评价激励等策略,能创设一个全新的、良好的学习环境,充分发挥学生作为学习主体的积极作用,能全面提升语文教学的实效性。

【关键词】小学语文　线上线下混合式　教学模式　实践研究

2020年新冠肺炎疫情暴发,为了减少交叉感染,所有学生不得不居家学习。面对这一现状,传统线下教育的教学模式完全无法正常实施,教育界迎来了一场"线下"转"线上"的挑战。如何有效运用线上线下混合式教学模式、资源整合、交往互动、情感交流、评价激励等策略,创设一个全新的、良好的学习环境,充分发挥学生作为学习主体的积极作用;如何通过线上线下的有机结合,构建出一体化的教学与学习模式,全面提升语文教学的实效性;如何通过共享优质教学资源与方式,促进教育现代化和教育公平,成了"后疫情"时代教学实践研究的方向。

一、模式内涵

"一体两翼"混合式教学模式是以线下课堂教学为主体,线上游戏化学习和拓展型学习为两大辅助"侧翼"构建而成的。教师通过图文、动画、音乐等形式激发学生的学习兴趣,以此作为"游戏化学习"的基本实践策略;而"拓展型学习"则需要教师适度适量地引用与整合优秀的线上教学资源,培养学生的自主学习能力,养成个性化表达的习惯。

二、教学对策

（一）提高对线上线下混合教学模式的科学认知

线上线下混合式教学是多种教学环境、教学方法、教学资源、教学评价的有机融合。

1. 线上教学、线下教学的区别与联系

传统的线下教学模式教学规范、有序,现场感强,便于师生、生生之间的情感交流,也有助于培养学生的合作探究意识。但受时空限制,学生们只能同步学习,教师很难针对个别学生重复教学,更难以给部分学生"加餐",因而线下教学难以满足学生个性化发展要求。线上教学模式依赖信息技术、网络平台丰富的教学资源,学生可异步学习、可重复学习,学生的问题意识、探究能力、创新能力都能得以促进和发展。但线上教学缺乏情感交流,缺乏有效监督机制,仅靠线上教学也很难提高整体语文教学效率。

二者各有优势和不足,相互融合,扬长避短,教学效果更佳。

2. 不同类型课程的线上线下混合式教学特征

不同教学内容、不同类型的课程线上线下混合式教学特征不同。如预习、复习或教学内容较简单的课程,混合式教学主要以学生自主学习为主;阅读、写作、口语交际的理解有一定难度的新授课程则要注重网络交互式特征。

3. 不同年级的线上线下混合式教学特征

由于各年级的小学生认知水平各不相同,因此对于不同年级的学生,要采用不同的教学方式。小学低年段学生注意力的集中性、稳定性较弱,因此,小学低年段学生应以线下学习为主体,线上学习作为辅助手段旨在提高学生的学习兴趣。小学中高年段学生随着自控力的提升,线上教学的时间可适度增加,学习内容也可由简单过渡到复杂、由形象到抽象。

（二）课程内容整合与资源优化策略

随着信息技术的不断发展,许多应用软件逐渐被人们所使用,各大网络平台的资源丰富,线上线下混合教学时,教师需要加强资源的筛选、再组、优化,使资源更符合学生的认知水平、学习实际。在教学实践中,教师可尝试主题式、项目式学习内容设计,重塑知识框架,优化资源结构,从而提高课堂有效性,提升学生核心素养。

1. 线下课堂教学,关注语文素养

在小学线下语文课堂教学时,教师应根据教学目标、教学内容,合理选择运用网络视频、图片等资源激发学生的学习兴趣，帮助学生建立起抽象与形象之间的联系，使语文知识变得更具趣味性、动态性。教学过程中，教师精心制作的教学课件中的可视化资源更能调动学生的思维，帮助学生体会情感，从而突破难点。

总之，资源引入的目的在于夯实学生的基础，关注学生的学习方法、策略，自然渗透立德树人；继承语文教育的优良传统，能有层次、有梯度地为学生语文素养的培养和提升奠定坚实的基础。

2. 线上延伸阅读，激发学习热情

为了避免学生出现学了又很快忘记这种"机械学习"，在线下课堂学习之后，我们需要适时引入线上"游戏化学习"来激发学生的学习兴趣，建立新旧知识间的联系，将学习、阅读延伸到新情境中。

例如：在结束了部编版语文二年级上册第一单元《我是什么》一文的线下课堂教学后，我又精心设计了"线上绘本阅读——跟'我'去旅行"这一"游戏化学习"板块，旨在让学生通过线上科普绘本阅读，了解水的形态变化。在这一板块的学习中，我选择了小牛顿的第一套科普绘本《水的旅行》作为线上阅读素材，同时还设计了两个有趣的学习活动：读一读，了解小水滴的形态变化；画一画，绘制小水滴的旅行路线图。通过"读一读"让学生把阅读的热情延伸到了其他绘本上，他们和家长一起阅读了其他有关水的绘本，进一步探究小水滴的奇妙之处。因线上绘本资料与课堂教学文本之间存在一定的共通性，创设了适宜低年段学生自主学习、探究的难度，充分激发了学生的阅读、学习兴趣，又将元认知式的学习迁移到新情境中。而"画一画"将学生的阅读成果用他们喜欢的方式来表达，阅读成果的展示侧重于培养学生的个性化表达。在绘画过程中，为了更准确地构图，学生会反复阅读、提炼信息，使学生逐步学会运用证据、表征表达自己对所学内容的理解或观点。

对于小学低年段的学生而言，绘本阅读的形式更能激发学生的学习兴趣和热情，教师则需设计能运用线下课堂教学所学语文要素的学习任务来帮助学生不断在阅读过程中提高语文素养，以此达到线上延伸阅读的最终目的。小学中高年段的学生线上延伸阅读的需求更大，教师可根据单元语文要素选择合适的阅读材料作为补充，进一步提高学生的阅读速度、阅读面以及语文素养。除此以外，教师还可以结合学校的各类活动主题，联系本册教材语文要素的学习需要，重构知识框架，以项目式学习为方式，引导学生利用线上阅读材料，结合小组合作探究，让学生经历更优质的学习过程，获得更高纬度的学习成果。

3. 创设多样情境，引导实践探究

为了让学生真正学会学习，而不是在课堂中假装自己听懂，但没有自己真正的问题，没有真正的学习主动性，教师还需创设多样化的教育情境，引导学生线上线下实践探究，让学生在情境中获得生长性经验。这也是"一体两翼"混合式教学模式中"拓展型学习"的意义所在。

例如：在部编版语文二年级上册第一单元《我是什么》一课后，我设计了"实践探究——发现'我'的秘密""想象创作——看'我'七十二变"两个"拓展型学习"板块。

"实践探究——发现'我'的秘密"，旨在让学生发现自然、走进生活，在合作探究中发现"我"的变化，并用多种方式记录这种变化。我们组织学生走进大自然，走进生活，对"我"的秘密进行揭秘实践活动。我们的学生在自家厨房里捕捉升腾的水蒸汽，也被浴室镜子上蒙的雾气所吸引；来到广场欣赏喷泉的动态美；细心的学生还观察到植物叶片上的小露珠。

"想象创作——看'我'七十二变"，旨在通过创设多样化的教育情境，引导学生在真实情景中发挥想象，开展"头脑风暴"，感受想象的乐趣。学生通过学习视频资源了解水的形态变化以及各种云的形成；自己动手做实验，体验雨水变为饮用水的过程……经历这样的有趣探索之后，"我"的形象在学生的脑海里渐渐丰满了起来，唤醒了他们对自然、对生活、对科学、对创作的情感体验，为大胆地想象、创造性地表达提供了有力的支架。

通过这样的实践活动，一方面培养了学生自主合作探究的学习意识，另一方面在潜移默化中将语文与生活相勾连，达到润物细无声的有效延展。同时，也重建了教师的课程意识：生活的外延有多广，语文的学习空间就有多广。这样的"拓展型学习"不是信息式、接受式的学习，也不是简单应用式的学习，而是带有高阶思维的学习。

（三）评价评析

传统小学语文线下教学模式，无论教师、学生还是家长都更多地关注结果性评价。对于学生学习过程中的观点、活动参与度等没有详尽地统计，基本由教师主观认定。线上教学就可以借助一些网络平台及时记录学生的日常学习状态，给教师的阶段性评价提供依据，但也由于空间的阻隔，模糊了学生是否独立完成学习的事实情况。借助线上线下混合式教学模式，可以极大完善对学生学习的过程性评价。

1. 评价即时化、可视化

教师借助网络平台提出课程相关问题，每位学生都可以通过网络作答，并在网络平台迅速呈现班级内所有学生的回答，学生的思维活动以及活动结果变得即时化、可视化。

如针对低年段学生正确朗读课文这一学习成果的评价，我常常利用晓黑板网络平台中的人工智能系统，根据程序的统计、反馈，对所有学生是否正确掌握了每篇课文中的生字的正确读音，课文朗读是否流畅，哪些字词存在普遍朗读问题等方面做详尽地了解。这对小学语文低年段学生识字、朗读方面的评价带来了科学、客观的数据支撑和极大的便捷。

2. 评价精准化、全面化

针对学生对于课文重难点、语文要素的掌握程度，我也会借助晓黑板平台中的"晓讨论"，引导学生根据老师的任务要求参与线上讨论、回答，有效克服了线下教学时间限制的问题，让每个学生都能发表自己的看法，也便于教师及时了解每位学生的学习情况，给予有针对性的指导并作出更精准的过程性评价。同时，教师也可以设计综合性、高级思维的学习任务，在学生提交的学习成果中考量其文学素养外的思维能力、创新能力、合作能力等综合素养，使评价更具全面性。

3. 评价持续化、体系化

基于以上两大特征，若能建立相应的评价模型，适时添加线上过程性评价和线下阶段性评价、结果性评价的各项评价参数，使教师对学生的学习评价形成一个较完整的体系。这样，无论是学生转学还是任课教师的变更都不影响对学生后续学习评价的连贯性，使学生个体在整个小学阶段的评价更具持续性。

三、实践效果与反思

（一）教师方面

在实践研究过程中，我们发现线上线下混合式教学丰富了教学资源；让传统的结果性评价转变为更全面、多维的评价方式，且评价更即时、可视；有效弥补单一线上教学模式监督机制不足带来的缺陷，让所有学生都能规范地、专注地进行学习；也能通过眼神、肢体动作，增进师生、生生之间的情感交流。

但这种新型的教学方式也给教师带来了极大的挑战和工作量。教师需要熟练掌握各种网络平台和软件的操作方法，需要利用大量时间来聆听或查阅学生在线上提交的讨论、报告等反馈结果。不仅如此，教师还需花费大量时间来搜索多形式的教学资源,设计满足不同学生学习需求的学习任务。

(二)学生方面

线上线下混合式教学模式极大地开阔了学生的视野;创设了多元化学习的内容,满足不同学生的需求,更关注学生个体的变化、发展。但对于小学低年段学生而言,使用这些平台和软件来完成学习任务,还需家长的辅助。同时,过多多样化的线上学习体验会使他们对传统线下教学模式提不起兴趣,从而降低线下课堂学习的效率。不仅如此,若缺少家长的监督,线上学习也可能导致青少年学生受网络游戏、网络不良信息的影响,给青少年的心理健康带来隐患。

总之,我们还需深度融合信息技术和教育教学实践研究,构建有效的、系统的线上线下混合式教学模式,真正体现各种教学模式的优势,切实提升学生的综合素养。

参考文献:

[1]唐斌.小学线上线下混融教学的问题探析及对策研究[J].基础教育课程,2020(288): 9-16.

[2]刘艾琴.小学低年级写话起步引导有效策略[J].小学生作文辅导(看图读写),2018(1): 51.

丢掉"拐杖"，独立"行走"

——我的信息科技课堂小故事

上海市浦东新区江镇中心小学　朱雅韵

"再来一组！""再来两个！""蹲得深一点，你这样哪里是深蹲！"……经过将近一年的系统的训练，我在健身上也算是小有收获。从一开始只是想减肥减脂，到现在追求健美的肌肉，看着自己一天天变得肌肉分明的样子，我是非常欣喜的。

但是每次去健身房，基本上都是找教练上课。很显然，我已经对教练产生了依赖。其实教练教的每一个器械我知道使用的方法，每一个动作我都能感受到目标肌肉的发力感。但是脱离教练的帮助，我总觉得自己独立训练的效果不好，每做一个动作总想问问教练是不是正确。我想我大概产生了"拐杖效应"。

心理学上有一个著名的效应叫作"拐杖效应"。拐杖是用来帮助年老体衰，或腿脚不灵活的人站立或行走的工具。它的作用是支撑与稳定，而不能代替人的独立行走。如果一个已经恢复健康的人还舍不得丢掉拐杖，经常借拐杖来行走散步，久而久之会养成严重的依赖性，削弱他独立行走的功能，造成不良后果。

在教与学的过程中，也会出现"拐杖效应"。学生做作业，未经深入思考就去请教老师或同学，动不动就去与他人讨论，或喜欢先看答案再做作业，类似的种种做法都可能产生"拐杖效应"。在信息科技的课堂中，这种现象尤为凸显。

每节课上，总是能听到此起彼伏的报告声：

"老师，我 Word 卡住了。"

"老师，我电脑死机了。"

"老师，为什么我没有撤销按钮？"

"老师，为什么我不能复制？"

"老师，为什么我打中文一直出来大写字母？"

"老师……"

等到我去帮助他们时才发现可能真的只是小问题：Word卡住了是因为同时打开了太多个文档，CPU一下子没办法负荷；电脑很多情况下不是死机，只是没有完全启动有些卡顿；撤销按钮就在菜单栏的上面他没有仔细寻找；不能复制是因为根本没有选中对象；一直输出大写字母是因为大写字母锁定键打开了……

最让我印象深刻的一次，是这样的。在电子小报的制作环节，同学们需要熟练地操作Word软件，通过不同选项卡对应的功能区，来实现图片的插入，文字的排版等功能。所以功能区非常重要，一般为了方便操作，软件的功能区都是"不折叠"的状态，处于"展开"状态的功能区更加方便同学们的使用。但是有些小朋友，在操作的过程中，可能由于不熟练，或者是在探究的过程中，将功能区"折叠"了，这对于我们使用软件来说就显得有些不方便了。

在一次他们自主操作的过程中，我发现了有不少同学发生了这个问题。作为一个普遍发生的操作上的问题，我就通过教师电脑的广播功能，向全体学生展示了当功能区折叠以后，应该怎么操作来恢复功能区。并且请了几名学生操作，巩固他们的记忆，确保他们已经知晓操作的方法。

我想，这总归是万无一失了吧，教师演示，学生演示，反复地演示下，总能保证所有学生学会这个方法了。然而，在我放开对学生电脑的控制五分钟之后，又有学生举手提问，功能区消失了怎么办。

当下，我真的是有一种深深的无力感冲上心头，已经这样反复讲解了，怎么还是有"漏网之鱼"。只能一边苦笑一边帮他解决问题。

特别是因为上个学期的疫情原因，学生们接触计算机的时间大大减少，对操作更加陌生，甚至对上机操作有一种恐惧感。有时是在他们操作的时候，甚至在我讲课时，电脑发生问题，学生们也会马上条件反射般地举手报告，非常影响我正常的上课秩序。每每被打断，我都有一种无力感。学生们这种学习方法带有严重的依赖性甚至是惰性，如果长此以往，会严重削弱学生的独立思考能力，最终失去创造能力，养成投机、懒惰的性格。这也是与我们信息科技学科的学习目标"培养学生计算思维能力"的宗旨背道而驰的。

当然，我也在反思我的教学方法。这样"有求必应"的方式，真的有助于他们的学习吗？就像我健身一样，难道要学生一辈子挂着拐杖行走吗？当今世界的科技飞速发展，信息万变，要求人们具有独立、敏锐、且能应变的思维能力。采用我这样的教学方法，培养出来的人是很难适应社会发展要求的。所以在教学活动中，避免"拐杖效应"的影响，是促进学生思维发展，全面提高教学质量的重要举措。

对比我在健身方面尝试丢掉"拐杖"的方法,我想,学生们喜欢"拄拐杖"的原因,很大一部分源自他们的不自信。就像我健身一样,其实动作和方法我都已经掌握了,仔细回想,独自健身和在教练的指导下健身,身体的发力感和大脑收到的信号其实是一样的,我是可以很自信地完全脱离教练的指导进行锻炼的。所以,在课堂中,树立学生的自信心是我势在必行的事情。

在我有了这个想法以后,我会在课堂中,非常有意地对学生进行表扬。操作过电脑的人都知道,"条条大路通罗马"这个谚语在电脑操作中非常正确。要达到一个目标,电脑往往有非常多的操作方法。比如,在演示文稿的制作单元中,第一节课要求学生们掌握播放幻灯片的方法。除了书本上介绍的方法以外,我会让学生们自主探索,不管他们用了什么方法,只要能够顺利播放幻灯片,我都会大大地给予表扬。从学生们后半节课积极回答问题的状态上来看,我知道我成功了,他们的自信心得到了大大地提高。就算在操作的过程中出现了小问题,没有达到目标要求,我也不会一竿子否定这位同学的操作,我会用我的知识,帮助他完成操作,增加自信心。

然而,自信心的增长不是一蹴而就的事情,是需要一个长期地培养和形成。那么在这漫长的时间中,他们还是会不停地因为一些自己其实能够解决的小问题来询问老师,那该怎么做呢?

在不断地尝试和探究中,我发现了一个比较行之有效的方法:同伴互助,"大拐杖"变"小拐杖"。

在平时的教学过程中我发现,学生们还是存在很大的不同的。有的孩子接受能力、理解能力强,有的孩子家里有计算机,有的孩子父母可能从事这方面的工作,那么这些孩子在信息科技的操作方面就比其他孩子有明显的优势。上课时,我会多留心,有意培养这些学生,不仅是培养他们的操作能力,也培养他们乐于帮助同学的思想品质,让他们变成我的"小拐杖"。

就拿功能区折叠的问题来说,还是有不少同学会因为操作不熟练,把功能区折叠,这样操作起来十分不方便,也会有不少人一边大叫"老师,我怎么没有那些按钮"一边向我求助。就算老师演示了多次,其实还会有一些人因为不集中注意力而无法掌握。这时,我培养的"小拐杖"们,就会自动自发地去帮助他们。久而久之,一些常见的小问题都不需要我亲自去处理了。

这样做的好处有很多,我觉得最重要的一点除了解放了老师以外,其实同学之间是相互成就的。电脑操作不灵光的同学在"小拐杖"的帮助下,对电脑操作更加熟练了,而且不会因为老师的反馈不及时而产生讨厌信息课的情绪。那些老师的

"小拐杖"们，也会因为能够帮助同学们和老师，增强了自己的自信心，从而更好地学习信息科技这门课，可以说是"三赢"的局面。

联想到我的健身事业，我想同学们喜欢依赖老师，是不是因为课程内容不够有趣呢？在运动锻炼的时候，如果我在探索一个新的动作，总是能够非常专注，认认真真地训练，完全想不到还有教练。但是如果是比较多练习的、已经掌握了的动作，在训练的时候，思想就容易开小差，总是寄希望于自己的肌肉记忆，这时就需要教练来督促我集中注意力。我想，学生们是不是也会发生这样的情况呢？所以根据这种情况，我研究了一个对策：用多样的形式，激发学生兴趣。

俗话说：良好的开端是成功的一半。因此，形式多样的情景导入是很关键的。除了通过语言以外，我还会采用视频导入的方法，调动学生的积极性。

比如说，在上个学期的网络知识学习中，第一节课中，需要学生了解什么是域名，什么是IP地址，路由器是什么东西，信号又是怎么传播的。说实话，如果让我来解释，我也解释不好。毕竟这种抽象的概念，要对三年级的、只有十岁左右的孩子们来说，实在是太难以解释了。但是这段时间里，正好上映了一部迪士尼的动画电影——《无敌破坏王坏2：大闹互联网》。这部电影中的桥段，把原本生涩难懂，比较抽象的网络知识：域名、路由器、网线等通过学生们都喜欢的动画引入。动画中，通过拟人的手段，把这些抽象的知识具象化，通过动画不仅可以让学生愉悦身心，而且能够唤起他们更高的学习热情。学习的热情提高了，自然会更加乐于自己动脑思考，从而丢掉"拐杖"。

目前，这样的尝试已收获了一些效果，课堂上终于不再有此起彼伏的报告声了。但是，怎么样让学生能够真正脱离"拐杖"，做到"独立"行走，走得更远、走得更好，还是我要不断研究的课题。在这里，恳请各位老师给我支支招，虽然学科不同，但是教学的理念是相通的，相信不同学科的碰撞一定能产生更加灿烂的火花。

Wa Hu
Chun Xiao

第 三 辑

茶 香

浅谈班级建设与个性发展的双向融合

上海市浦东新区晨阳小学　谈　冰

【摘　要】学生个性发展与班级建设息息相关，彼此促进，共生共长。通过对学生个性发展及班级建设中实际问题的思考，以"班级制度建设""班级活动建设""班级岗位建设"三大主题进行实践，逐渐引导学生认识自我、发展自我、挑战自我，在班级建设中发展个性，同时又作用于班级建设，形成积极向上、团结奋进的班集体。从而实现学生个性发展与班级建设之间的互为融合。

【关键词】个性发展　班级建设　双向融通

叶澜教授提出："把班级还给学生，让班级充满成长的气息。"的确，在班级建设中我们要关注学生成长的需求，积极为他们提供成长的契机，激发自我成长的愿望，让他们真正成为班级的主人。同时，在促进学生自我认识、自我发展、自我成长的过程中，有效推动班级的建设和发展，使学生个性发展与班级建设之间有机渗透、互为融合。

然而，当前的班级建设中，学生普遍存在两类情况，一是缺乏个性，二是个性过度。他们往往对班级缺少认同感、归属感和力量感，他们与班级建设之间"貌合神离"。究竟是什么原因造成了这种现象呢？我们发现，主要有这几个方面的原因：

一是忽视个体的需求。传统的班级建设中，我们虽然关注学生的发展，但往往认为把学生培养成"听话"的孩子才是重点，因此要求他们在思想上、行为上、感情上达成一致。其实不然。一个班级几十个孩子，每一个个体都是鲜明的，他们有着不同的思维方式，不同的个性和不同的情感，统一模式的培养忽视学生的创造能力，更忽视了学生个体的成长需求。

二是"人本主义"的缺失。班级建设过程中，有一些班主任担任着"超能力"的扮演者，把班级建设的主动权掌握在自己手中，班级建设的目标和方向以个人意志为转移，缺少"人本主义"思想的引领，没有意识到学生才是班级的主人，就更谈不上激发学生的主动性、选择性与创造性，学生的个性自然也得不到发展。

三是建设形式的虚构。班级建设还存在一些虚构形式，就是只关注到少部分学生的个性发展。这些孩子具有相同的特点：学习能力强、品行良好、各方面表现优秀。他们在班级建设中拥有话语权，个性也得到一定程度的发展。而一些中等学生，或者是暂时落后的学生，他们在班级建设中始终没有找到自己的位置，缺乏话语权，更谈不上个性发展。

因此，班级建设中应关注全体学生的个性发展，给予他们公平发展的机会，充分展示自己的个性特长，并在班级建设中取长补短，注重差异性资源，产生互补作用，合力促进班级建设。我们在实际工作中应遵循学生发展规律，在多角度、多维度、多梯度的做法中，形成班级建设和个性发展的良性循环。

一、以制度建设为基础——让班级成为学生认识自我的平台

良好的班级制度是班级建设的前提和保障。班级制度的形成要符合本班学生的发展，注重引导学生认识自我，激发其内心对班级的认同感，在个性发展的过程中推动班级发展。为了让每位学生参与班级制度的实施过程，遵循如下原则：规划、决策过程中的民主参与；达成、实践过程中的自我约束；监督、评价过程中的互为磨合。

以"班级会议制"为例：我们利用每周一班会课开班级会议，每次时长为10分钟左右，以6—8人自愿结合的形式形成若干小组开会。会议主要流程包括：1. 宣读班级留言板内容。2. 选择会议议题。3. 针对议题制定计划或改善措施。4. 举手表决。小组会议过程中，每位组员充分发表自己的建议和意见，在组内形成共识，然后推荐一名代表进行班级大组会议交流。当代表提出的计划或改进措施得到全班认可后，就形成了共同的约定。

又如：面对讲台上各种各样无人认领的文具，我们形成了"流浪文具"归属制。通过班级成员共同商讨，文具"收容所"和文具"共用所"应运而生，并制定了相关使用规则（见下表）。

"文具收容所"规则	"文具共用所"规则
1. 两天无人认领再进收容所	1. 两周无人认领进共用所
2. 有专门的管理、登记	2. 用完及时还，不能带回家
3. 找物品不争吵，合理解决	3. 不能弄坏弄丢、不能挑三拣四

个性心理学研究表明:人的个性倾向性是个性中最活跃的因素。在班级建设过程中,当学生能从日常学习和班级活动中感受到温暖、愉悦、幸福以及责任感、荣誉感、安全感,那么对其个性发展大有裨益。因此,看似简单的制度,由学生讨论、记录、商定、表决、张贴产生,学生参与其中,逐渐认识自我,也开始认识身边的伙伴,并以此获得价值感和归属感,自我发展的意愿由此形成。

二、以实践活动为载体——让班级成为学生发展自我的舞台

教育因活动而深入,活动因教育而精彩。有效的班级活动能让孩子们体会到学校生活的乐趣,体验到成长的喜悦。学生的个性能在活动中张扬,班级建设在活动中不断提升。

(一)常规活动的特色开展

班级建设的常规活动一般都是根据学校的常规性工作开展的。如:学雷锋活动、节庆活动、运动会、春秋游活动等。在这些活动的实践过程中,大部分都根据统一要求开展。其实,我们可以将常规活动特色化,以此培养学生个性发展。以运动会为例:首先,通过自荐、他荐的形式开展运动员的报名工作,之后进行班级内部竞赛筛选。然后,以自愿为原则组成各个服务小队:参赛小队、后勤小队、啦啦队等,大家各司其职,发挥自己的个性特长,每位学生都为运动会出力。这样,看似常规性的活动成了学生展示自我的舞台,培养了学生的组织能力、服务能力、沟通能力、合作能力等。同时,学生的成长也带来了积极向上的班风班貌,具有积极的推进作用。

(二)系列活动的长程延续

班级活动的开展要注重长效性和长程性,因此,系列活动的开展能推动班级建设,并促进学生个性发展。这一系列活动的目标,就是通过改善学生课间活动存在的问题,促进班级建设规范的有序性。活动分为三个系列:

1.活动一:你我牵手,寻找快乐。学会接纳身边的小伙伴,激发学生参与课间活动的热情,在合作交往中寻找快乐。

2.活动二:多样玩法,体会快乐。在小组内讨论课间活动的多样玩法,通过小组合作的形式,寻找适合本小组的课间活动,体会合作中的快乐。

3.活动三:玩转课间,分享快乐。分享在活动中的收获,体会通过努力所获得的

进步和荣誉,进一步提升课间活动质量。

这一系列活动符合低年级学生的身心特点,在活动中提高解决问题的能力,在玩乐中促进沟通和交往,营造和谐团结的班级氛围,提升课间活动质量。随着活动的开展,又以内生性长程主题班会为抓手,解决学生在活动中的主要问题,切实有效培养了学生的能力,班级发展和谐向上。(见下图)

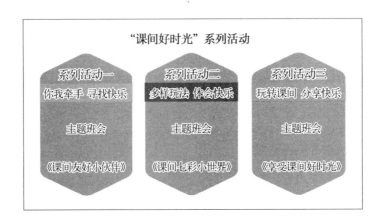

系列活动的开展,让价值引领生活化。学生在"课间好时光"系列活动中变得阳光、自信、敢于发表自己的意见。内生性长程主题班会则改变以往课堂模式,运用前期班级活动中的生成资源,让学生得到潜移默化的教育,班级生活成为孩子成长的助推器。

(三)主题活动的内化迁移

学生个性发展水平,取决于其参与意识和班级活动的内化过程。因此,充分了解每个学生的特长,引导他们在积极参与集体活动的过程中,树立自信,发展潜能。

以"爱心义卖活动"为例。首先,引导学生分部门开展工作:策划组、美术组、营销组、后勤组、统计组等。然后,进行分工,如:心思较细,技术能力强的同学,负责美术组宣传海报的制作;点子多,想法独特的学生负责营销;头脑灵活又细致的同学,负责义卖后的钱款统计……分工合作的过程,依据班级建设和发展的需求,同时也给学生发展带来契机,展示才能,培养、锻炼各种能力,并将这种能力内化迁移,更好地服务于班级建设的需要。

在班级活动中,学生的发展实现了个性和共性的融合,达成了解决问题的共识,同时培养了合作能力,成为班级建设的助推器。

三、以岗位建设为抓手——让班级成为学生挑战自我的擂台

（一）人人有岗重服务

班级建设中要关注学生成长的持续性、长效性价值,通过岗位服务有效促进学生个性发展。在具体的岗位建设实践中,从班级建设的需求出发,考虑学生的具体特点,设置多样化岗位。(见岗位表)

部　门	岗位名称	岗　位　职　责	人员安排
劳动部	黑板美容师	每节课间,把黑板擦干净	每天1位同学
	地板清洁师	每天放学后,将地板拖干净	每天4位同学
	桌椅小卫士	巡视桌椅摆放情况,排齐桌椅	每天4位同学
	讲台管理员	每天中午清洁、整理讲台一次	每天1位同学
	卫生角主人	负责归类摆放卫生工具	每天1位同学
检查部	节能小卫士	离开教室时关闭日光灯	每天1位同学
	礼仪指导员	着装、红领巾、校徽的佩戴和问候情况	每天2位同学
	眼操小医生	督促同学认真做眼操,帮助纠正穴位	每天2位同学
	地面监督员	课间巡视地面的整洁,保持没有垃圾纸屑	每天2位同学
	队伍整理员	整理队伍,保持行进的整齐和安静	每天2位同学
学习部	作业记录员	每天对同学完成的作业情况做好登记	每天4位同学
	小小金话筒	主持十分钟队会	每两周1位同学
	晨读百灵鸟	带领同学认真晨读,做到有序开展	每天1位同学
	课务小帮手	课间提醒同学下节课的准备工作	每天1位同学
	课前检查员	带领同学们进行2分钟准备工作	每天3位同学
服务部	书信收发员	每天早上、中午各收发一次	每天1位同学
服务部	图书管理员	整理好班级图书,并做好出借、归还记录	每天2位同学
	物品摆放员	教室里小黑板、雨具、书簿的摆放	每天1位同学
	午餐管理员	督促同学把餐盒摆放整齐	每天1位同学
	电教小老师	开关电脑,并对使用情况做好登记	每天1位同学
奖励部	举牌小明星	每天傍晚举班牌带领同学们出校门	每天1位同学
	簿本分发员	主动及时地把各类簿本分发到同学桌上	每天1位同学

岗位的选择遵循"自主性"原则。尊重学生意愿,采用自主报名的形式,各人根据自己的特长来选择岗位,再经过班委会审核,定下岗位。岗位的设置是多层次的,每个学生有必选岗位和自主选择的一至两个岗位,形成"一人多岗"的形式。在学生自主选择的基础上,根据岗位所需人数进行协调、均衡,以确保人人有事做、事事有人做。

此外,岗位工作还要进行适当轮换,最大程度上让学生通过岗位实践发挥自己的个性特长。尤其出现了低潮,那就要考虑通过轮换再次掀起高潮。

(二)AB班委促竞争

班干部是班级建设的中坚力量。为了能让这支队伍发挥最大效能,我们采用通过"自我推荐"和"积分达标"的做法,尽量做到让每位学生都能有担任班干部的机会。在具体管理过程中,采用"A班委"和"B班委"轮流上岗的方式,形成良性竞争机制,并通过建立健全的评价体系,充分发挥个性,不断调整自我,提升自我,以此促进班级良性发展。

(三)干事席位展魅力

"干事席位"的建立,是对班干部队伍的有效补充,也为每位学生提供做事的机会和施展才能的舞台,让每一个孩子都能在集体中产生"存在感",从而达到发展个性的效果。如:我班小朱同学是校足球队成员,担任"体育干事"一职后,整个人开朗起来,做任何事情都很积极。在他的带领下,我们成立了足球队,班级面貌焕然一新。此外,"劳动干事""组织干事""音乐干事"……各部门的干事成为班级的新生力量,发挥自己的作用,为班级服务。

班级,是学生成长的沃土。在班级建设过程中,为学生搭建展示自我发展的舞台,给予他们锻炼和成长的每一次机会,引导他们树立自信,展示潜能,锻炼能力,提升素养,成为具有个性的自我,从而同心协力推动班级更好地发展。

参考文献:

[1] 吴立德.班集体建设与学生个性发展[J].人民教育,2006(3).

[2] 叶澜.教育学原理[M].北京:人民教育出版社,2007.

[3] 李红路.特色班级建设[M].武汉:湖北教育出版社,2011.

[4] 王洪明.中小学班级变革的价值取向[J].教育科学研究,2009(11).

[5] 卜玉华.我国小学班级工作的传统与当代变革[J].教育研究,2004(11).

家校微信互动　共育和谐之花

上海市浦东新区海桐小学　郭勇斌

不知何时起,家校社共育变成一个"热门"话题,特别是班级微信群变成夸夸群,或群内家长之间或者家长和老师之间形成一种对立的甚至于紧张的敌对关系,有甚者江苏一家长在自己发布的短视频中大呼:"我就退出家长群怎么了!"更引起一场大讨论,大思考。作为一个年年带毕业班的老班主任,每每看到这样的消息心里着实难受。产生这样的矛盾,究其原因是家校共育中发生了错位。教育家苏霍姆林斯基说过:"只有学校教育而没有家庭教育,或者只有家庭教育没有学校教育,都不能够成为好的教育。"但实际上,学校教育和家庭教育,需充分发挥每种教育活动的资源优势,避免互相覆盖和取代打造。在家校矛盾中,一个重要的冲突就是共育的偏离或者定位的失范,各走各的,并且越位和缺位的情况同时存在。

随着科技信息时代的到来,微信作为现代即时通信工具,已经越来越被大众所认可,并广泛使用。特别是班主任以微信公众平台为媒介,架构起师生、生生、家校的沟通桥梁。笔者自从建立微信群开展工作这几年以来,和学生、家长距离贴近了,和谐、信任的成分多了,微信增加了我与学生的凝聚力,更增进了我与家长的互相了解到理解,改进了我的工作方法,提升了工作效率,提高了家长对学校的信任程度。特别疫情期间,微信成为我工作不可缺少的工具。在信息时代,一线教师、班主任要从工作中得到幸福快乐,让家校社共育成功,必须以家校关系为前提,这样家校共育合作必然事半功倍,家校分离学校教育也不可能成功。

一、精选材料,形成多元化的共育阵地

班级微信群是教育顺应时代发展的产物,它解决了学校和家庭在传统交流方式上的局限性,拉近了班主任和家长之间的距离,塑造了新型的师生关系,延伸了家校

联系，提供了家长学习经验，了解孩子，了解信息的渠道，展示榜样，营造积极向上的班级氛围，传递正能量，在家校共育中展示了它得天独厚的优势。班级家长群就像是班主任带的一个家长班，用教师的努力、专业、爱来慢慢影响家长，提升家长，感悟育儿的科学理念和方法技巧。

但是班级家长群在便利之余，不能让它"变了味"。班级群需要班主任认真管理，多元化的推送为原则，家长在群内推送需得到班主任同意。教师注意说话方式，传播积极向上的正能量；在班群中晒照片注意公平对待每一名学生，多表扬，特别关注平时比较弱的学生；提醒家长注意的，某种不好现象的，涉及孩子的不能被看出是谁；每一条提供家长学习的经验，各类通知后加上"不回复"；需要家长讨论交流的，结束后加一条此讨论到此结束，今天无其他通知；做班级群中的引导者，对于一些不适合发在班级群里的内容，要学会婉言提醒。总之，教师须提高自身的新媒体素养，让班级微信群成为多元化的共育阵地。

（1）为家长减负

给家长减负，其实也是给小学生减负，更是让教育回归初心，回归根本。家庭教育以养育为重点，为家长减负不是指在家庭教育当中家长可以撒手不管，而是要家长用更科学的方式育儿，达到育儿的科学和效果。家长在教师的引领下，懂得育儿的科学理念和方法技巧。

在微信群中，我会不定时地推荐一些适合这个时期家庭教育的书籍，并写一下要点。比如如何培养孩子的习惯和责任感，请读读《为孩子立界限》会有些收获的；经常听到家长埋怨孩子不听话，不理解父母，就推荐《窗边的小豆》，并写下让孩子理解我们，我们如何理解孩子的话语；与传统观念很不一样，《奖励的惩罚》值得读一读，重新审视奖励与惩罚；《教你的孩子如何思考》读读爱德华·德·博诺的这部作品吧……甚至于我们的教材《"精彩极了"和"糟糕透了"》，每一届我都推送给家长："精彩极了"也好，"糟糕透了"也好，这两个极端的断言有一个共同的出发点——那就是爱。在爱的鼓舞下，我努力地向前驶去。巴迪的这段话也让家长在群里说说心得体会，懂得并理解爱的教育。有的家长说："我们家'糟糕透了'占了绝大多数。虽然也知道这样不对，但是批评的话语总是不受控制地倾倒出来。今后我们还要看到他的努力，多说'精彩极了'。"有的家长说，"我们家'精彩极了'说得比较多，不过她做的事情常常自我感觉良好，不是特别棒。今后我们也要尝试在适当的时候说说'糟糕透了'的评价。"还有的家长说，"既不让孩子盲目自大，也不让他失去信心，我们也在学习和摸索。孩子的性格各异，采取因材施教的方式也会不同，家长掌握的度很关键。"……家长在谈论交流中,又一次感受到在家庭教育中要把握好爱的尺度。

或者利用知乎,公众号上的有关家庭教育的短小精悍短文,便于家长体会的,容易去实践的,作为一周一读,也成了我的家长群中的特色,常常一忙发晚了常有家长提醒我:这周还没有吃饭呢。比如《好父母应该做好的三件事》《教育路上最和谐的关系是老师做好领路人,家长做好榜样》《孩子放学回家,父母的第一句话要这样说》《帮孩子检查作业,这样做最有效》;窦桂梅老师的《不阅读的孩子是潜在的差生》《输不起的孩子也赢不了挫折,教育和正确的批评方式,是孩子人生的必修课》。疫情期间,我了解到不少家庭装了摄像头,我把《孩子学习不自觉装摄像头监控是个好办法吗?》推送给了家长……这学期起,《浦东教育》推出智慧家长每周益语,成了我的好帮手,省去了我的烦恼,更专业地向家长提供育儿方法,营造良好的家庭氛围,促进学生健康成长。

当然,有时也会抛出班级中出现的问题,发挥家长的优势,希望对此类问题处理较好的家长来回答,形成一种家庭教育理念和方法共享的讨论、交流氛围,引发大家共同思考,向研究型和学习型家长转变。

(2)给家长榜样

我有时和家长开玩笑,你们还没有育儿毕业证呢! 所以常借用以往和现任班级当中的成功育儿经验,发在家长群,给家长一榜样。有关责任、陪伴、感恩、身心健康,学会学习,鼓励等涉及家庭教育成功的都可以让家长做成几分钟的小视频。它短小精悍,从某一个角度,某个点上来反映家庭教育经验,更能接地气,更能让家长接受并去模仿。年年毕业班,优秀的家庭教育成功例子不少。比如每天母女一起走路上学,一路走进清华的孙同学母亲的视频,让家长感受和孩子交流的重要性。家里没有人搞数学,初中就拿全国高中联赛大奖的江同学爸爸的视频,可以感受鼓励的魅力。上海市中小学道德风尚尊师好学奖的王同学妈妈的小视频让我们感受感恩的重要性……

抓班级里某一点上优秀的孩子,让家长做成视频也有意义。记得去年刚接班时,吃饭时我发现有个男孩子把两根香肠放入保鲜袋,9月的天气啊,要干吗? 经过了解,才知道他的外公外婆最喜欢吃香肠,他留下了自己的,问同桌要来了一根,拿回家给外公外婆。多暖的孩子啊,这样的小孩现在不多了吧。我摸摸他头,笑着告诉他,这个拿回去晚上肯定不能吃了。同时,通过电话他家长了解到香肠的确是外公外婆的最爱。仔细了解,分析原因后,让家长在自然状态下拍个吃晚饭视频:视频中爸爸给外公外婆夹菜，外婆给女婿、外甥夹菜，女婿边吃边夸菜好吃，他也让外公外婆多吃点。画面三分钟不到，看了视频很多家长交流道：一直说××好暖，原来是这样造就的啊；原来家里有个大暖男啊；我以后也要这样做，给孩子做榜样。几分钟的观看，理解了榜样的力量，理解了孩子身上的品质都有大人的影子。

（3）想父母所想

陶行知先生说过："真教育"是心心相印的活动，唯独从心里出来，才能达到心灵深处。其实我们教师如果能急家长所急，想家长所想，走在家长的前头，这样家长能在家长群中收获更多的信息、内容，能减少焦虑情绪，哪个家长还愿意离开家长群呢？

每年带毕业班，我知道，五年级的家长最希望了解的是小升初的事宜。我在暑假里就把前一届小升初的情况、政策在群里告知家长，同时告知家长每年都有变化。这两年上海的小升初以公民同招的方式，以学区为主，根据实际情况适当摇号。有消息互相提醒，提醒家长、户口、积分等情况做好准备，一般第二学期四月份信息采集。这样家长既可以早做准备，又能了然于心，也减少了焦虑情绪。

语数英学科的学习也是家长最希望了解的。每次开学前，语数英老师都要帮我准备一个提纲式的本学期要点和建议，让家长了解。作为班主任，我也会准备这个年龄段孩子的生理、心理特点，引导家长教育时注意。

第二学期，有些家长开始纠结有关寄宿、走读问题，于是，《你家孩子适合寄宿吗？》这样的文章推送给家长，让家长去学习辨别，当然肯定也少不了个别交流喽。

当然家长更多的希望看到平时自己孩子在校情况。学校、班级活动时，把照片做成美篇发在群里，也常让家长做成精致的小视频，让家长了解孩子活动时的表现。有时还会实况直播，比如演讲比赛、课堂表演、体育活动、自然实验、美术作品、音乐学习等能体现孩子在校学习、生活真实情况的，都有目的地拍一拍，传递给家长。家长积极在群内鼓励自家孩子，赞扬别人家的孩子，形成积极向上的氛围。体现公平的队干部选举、优秀学生评比从预告，再实况，从没有偷懒过。我的班级中几乎年年有上海市的优秀学生，都是班级家长也竖起大拇指称赞的孩子。当然，随手拍是肯定的，特别关注平时不大受关注的孩子。光盘行动，执勤服务，专注读书，小岗位工作，漂亮的书法，值日工作，值日班长，聊天散步，看到开心的大笑也拍下来，我把它们称之为最美的照片。多了汇集一起，发给家长，让他们收藏着孩子的美好瞬间。

（4）告家长知晓

现在教育已进入信息化时代，各级各类需要告知家长的的确很多。如果不加管理，那家长群就真的是狂轰滥炸了。

　　特别疫情期间,学校,区,市乃至全国的许多须知必须告知家长,大家同心协力守护孩子,共同守望孩子的成长。每天微信群中内容特别多,家长们都非常理解与配合。为了让家长能清楚准确的完成须知,我给每一个内容加了个主题名称:(1)微健康:用于班级学生健康数据情况上报。(2)微资讯:一些重要通知及官方发布的一些消息。(3)微打卡:家长已看到通知。(4)微沟通:针对家庭教育或者孩子存在的问题,以及有共性的问题做统一回复。(5)微讲堂:有家庭在家自创或适合的活动和有益的育儿方法,由老师选择发送。家长群虽然内容多却不杂乱,井井有条,一直延续到晓黑板的使用。

　　班级群不是班主任发号施令,家长违心逢迎的地方。班主任通过理念共享,及时引导,展示榜样,营造氛围,用心、用爱打造的家校共育的理想园,使家长成为不断感悟,实践,反思的家长,朝研究型和学习型家长转变,更好地转变与更新科学育儿的理念。

二、情感沟通,共商个性化的育人良策

　　班主任和家长的沟通也是一门艺术,是语言情感的双向交流。家长的为人、阅历、性格、心理因素等直接影响着沟通的效果,用微信个别交流沟通更要因人而异,因时而异,因情而异,采取聊天的方式,以平等、尊重的态度取得家长的信任和配合,需要有不同的方法和技巧,我把它分成四种不同的聊天方式。

　　(1)指导式聊天

　　这种方式更适合于家校关系比较密切,家长性感爽快,这是一种简单快速的交流方式,聊天的焦点在于解决问题,而不是查找原因。他会经常和你交流教育的问题,他来找你,只是觉得自己用到的方法,得不到预期的效果,或者不知自己的方法是否对,这时老师可以用专业,干脆地提出建议和方法,或者推荐有关书籍、理论让他自己体会,感悟。

　　(2)叙事式聊天

　　叙事式聊天适用于家长对老师不够信任,带有一定的戒心和老师进行沟通交流,家长也不太善于言辞。其实这样的聊天,运用感情疏通法,让家长感受到老师的真心、亲切,感受到老师的平等、善意,甚至于风趣幽默。听听故事,提提想法,使家长没有了防御心理,就会互相信任,彼此说出心里话,家长知情统一,能顺利达成认识上的一致,情感上的相容,那么家长就会言听计从,就会跟着你的可行性建议解决问题。和后进生家长沟通善于运用"罗森塔尔效应""期望效应",把班主任和家长

沟通的期望和肯定通过家长传输给学生,这样可能也会对学生产生激励作用。

（3）倾听式聊天

倾听式聊天适合于情绪易感的父母,这样的父母在孩子学习和行为方面出现问题,总会怪这怪那,推卸责任。和这样的家长交流时,就是以无条件接纳为基础,在倾听中关注父母的积极面,通过重复、询问、鼓励等方式帮助父母排解情绪,探索解决问题的办法,赢得家长的尊重、理解和合作。和这样的家长交流,要树立正确的学生观,关注评论孩子一定要客观,让家长感受这是老师的肺腑之言,感觉学校教育的目的和任务,是和家长、学生的愿望一致的,从而做到心理相容,共同做好教育。同时,要把握好问题呈现的时机,并提出问题的可行性建议。有时可以采取转换话题的方式,让家长激动的情绪先减缓下来,表扬称赞孩子某些好的地方,让家长先得到舒适心情。有时采用建设性的口吻:"看我们是否可以这样做……""你能否试一下这样一种方式?",等等。当然对于家长不符合教育要求的行为观点,也可以予以劝说,向他们解释这样做对孩子教育所带来的危害。我想用心倾听,询问,引导,提出建议,把那份对孩子的真心、爱心流露给家长,定能得到家长的理解、支持和配合。

用真诚和善意,用专业和鼓励,用策略和方法,总之,一切为了孩子,就能使家庭教育和学校教育结合,形成家校合作互动的教育局面,为每一个学生的发展提供良好的环境,激发家校共育的磁场,促进家庭学校和社会的和谐发展。

（4）特殊交流,达到共情效果

其实老师最累、最辛苦的就是和班级当中存在的特殊家庭、特殊家长的沟通,特别是曾经和班级、班主任或者学校有矛盾的家长。有时候这样的联系有些吃力不讨好,或者碰到态度极其糟糕的家长,作为班主任还得"忍气吞声"。但是只要走进家长的心里,取得他们的信任,打开他们的心结,就能产生共情,也能达到好的效果。以暖言暖人,设身处地让家长思考产生共情,走进特殊家长的心里,解决矛盾,提出建议贵在真诚。以行动助人,因材施教,时刻把孩子放在心中,让孩子回归团队。以情动人,持续跟进,多途径帮助,为孩子奠基。

今年新接班中,就有一个孩子,父母离异,母亲特别缺少安全感,似乎全世界的人都要欺负她们母女。因为和老师、班级同学闹矛盾,转过两次班,五年级转到我班。有一次晚上家长开始微信了,说孩子不吃饭就睡觉了,是不是学校里有什么事啊?有没有被老师批评,被同学欺负?其实听了着实有些生气,平静地和她说和同学矛盾我已经处理,他也乐意接受了互相握手言和了。她开始揣测说:是不是老师强制的,是不是被同学打出问题了?我一边耐心听她发牢骚,一边安慰她:你也不要着急,等孩子醒了了解一下情况,看看是否有啥问题?你正好来电,我向你反映一个情况。特意顿顿,我笑笑告知孩子特别心灵手巧呢,学校里做啥像啥,挺厉害的(其实在学校一直做手工,经常破坏卫生,手工做的也并不好),和他说好下次班级进行课本剧表演需要他用纸做的刀剑呢。可能她想不到老师会表扬孩子并有要求,都忘了原来的目的:质疑挑刺。家长来劲了,滔滔不绝的开始说孩子如何会做手工,如何喜欢做手工。在她开心时提醒她反映的问题我知道了,他醒了你了解一下,我明天也会了解的。第二天,问孩子,孩子说中午饭吃太饱,下午一节体育课一节体操课,放学去游泳太累了,就睡觉了。现在三个多月过去了,她的微信电话频率也开始低了……对于这样的孩子及家长,平时多一点关注,有时和他聊聊天,了解他的所好,有点进步就表扬孩子,孩子天天开心,也慢慢融入班级,还是向家长报个喜,家长也开心。时间长了,孩子又开始和其他同学出现矛盾,一方面了解全过程,另一方面公平公正处理。班主任在和特殊家长微信沟通时困难是很多的,但再特别的家长也希望自己的孩子接受到好的教育,受到老师关爱。只要掌握准确地与家长沟通的方式,以心换心,用智慧交流,走进家长心里,取得家长信任,打开心结,就能达到共情的效果。

用平等、尊重的态度取得家长的信任和配合,通过情感沟通,形成个性化的育人环境,运用微信家校沟通获得效果。

其实在利用微信进行家校互动,有不少细节。比如新接班如何快速融入班级团队;利用即时小群,发挥沟通高效互动;善用表情,达到意想不到的效果……

从传统的家访、电访,到建立微信群互通平台,改变的不仅是老师与家长、社会沟通的方式,更是一种从事务性告知到情感型互动交流的转化,体现出的是学校与家长平等的合作,建起共育的桥梁,为孩子的健康成长多了一份保障,有效促进教育和谐发展。教师用微信引导科学育儿,用聊天的智慧,帮助家长自我觉察,自我成长,激活家校合作共育的磁场,使家校共育结出绚烂的和谐之花。

参考文献:

[1]李云吾.边界:教师专业成长的屏障[J].教学与管理,2008(04).

[2]苏小凤.浅谈家校沟通的策略与技巧[A].国家教师科研专项基金科研成果2019(七)[C],2019.

建班初期家班共同体的"孕"与"育"

上海市浦东新区进才实验小学　顾小华

一、案例呈现

今年调动到了新的学校,新接一个一年级。家访之前,年级组长特地提醒我,在家访的时候要留意好几个配合度好的家长,为以后家委会选举做好准备。她说,我们学校的家长都很厉害,如果选对了家委会成员,事半功倍;反之选错了,家长搞起来的能量也是吓人的。换句话说,家委会选好了,班级工作顺风顺水;没选好,那就是逆水行舟。

我问了年级组几个老教师:为什么这儿的家长那么热衷于成为家委会成员?家委会的家长可是很忙的。一个老师回答:为了自己的孩子呀!他们认为能够成为家委会成员,能跟班主任走得更近,无形中自己的孩子就有了更多的机会。这让我想到了,前段时间上海某学校的家长委员会竞选资料被上传网络,家长们纷纷晒出自己名校、海归、高管履历的截图,引发网友热议:这是选家委会,还是选CEO?名校家委会成"拼爹拼妈会"了?

二、问题归因

寻找问题的根源,我们先要了解什么是家委会?家长委员会就是由家长代表成立的组织,作为与学校沟通的桥梁,关注学生的教育。家长委员会是增进学校与学生、家长之间沟通的桥梁。也就是说,家委会是一个家校联系的桥梁,它的作用主要应该是"沟通"作用。

同时,《国家中长期教育改革与发展规划纲要(2010—2020)》要求建立中小学家长委员会,以推进现代学校制度建设。其中提出,适应中国国情和时代要求,建设依法治教、自主管理、民主监督、社会参与的现代学校制度,构建政府、学校、社会之间新型关系。从国家的顶层设计来说,家长委员会作用又是"社会参与""依法治教、民主监督"。

而现在有些家长和社会上的舆论认为家委会是:有权有钱的家长为学校提供便利的途径,是学校利用家长资源"劫富济贫",学校收费由家委会助阵,学校活动由有背景的家长来捧场撑门面……就是因为这样偏颇、甚至偏激的认识,让某些家委会选举成了"拼爹拼妈会"。

是不是高学历、资源丰富的家长一定就能成为优秀的家委会成员呢?未必!如果一个学历高、资源丰富的家委会成员对家委会作用认知是错误的,必然会造成家委会工作的错误导向。这样的家长又具有超大的能量,因此他造成的后果可能更严重,班主任工作就将是逆风而行、逆水行舟,苦不堪言。

三、实践支着

我觉得家庭和班级应该是一个共同体。什么是共同体? 1887年德国社会学家滕尼斯出版《共同体与社会》一书,把共同体(community)从社会(society)概念中分离出来。从此,"共同体"成了一个现代社会学的概念。滕尼斯用"共同体"来表示建立在自然情感一致基础上、紧密联系、排他的社会联系或共同生活方式,这种社会联系或共同生活方式产生关系亲密、守望相助、富有人情味的生活共同体。我们可以从这个概念中提炼几个关键词:"自然情感一致""紧密联系""富有人情味"。由此可见,作为共同体"情感基础"是非常重要的,因此要建立家班共同体,培养和稳固家庭与班级的情感基础是非常重要的。而能使班级和家庭达到"紧密联系"的桥梁和纽带正是家委会。但如果家班的纽带仅仅是家委会,这样的维系是脆弱的。因此我觉得要建立牢固而和谐的家班关系,首先应该建立的是家班共同体。

家班共同体的"孕"与"育"

孕,其意思为怀胎,也常用此比喻既存事物中酝酿着新事物。关键词"酝酿",如何酝酿?育,本意是养子使作善也,也指按照一定的目的长期地教导和训练。关键词是"教导""训练"。如何教导、训练?

俗话说:万事开头难,但良好的开端是成功的一半。建班初期,如果将家班共同体培养起来,对将来的班级工作可持续发展是有百利而无一害的。

新接一个班,仅仅通过一次家访就想了解一个班级40多家庭以及学生的家长就好比盲人摸象一般片面。在对学生家长没有更多了解的前提下,如何让班级工作和家班联系开展起来呢?

1. 小群分流　化整为零

我们班有46个学生,通过电话号码加齐家长微信后,我要求父母全部进群,我建立了班级微信群,并要求所有群里的家长将昵称改成:孩子姓名+妈妈(或爸爸)。建群后我发了一条通知:我要把40+位家长按学生学号依次分为5个小群(班主任不进小群),需要5位小群群主,最先报名的5位家长将成为5个小群的群主。班主任不进群是为了让家长们在小群里更放松,更自主。

有人会觉得:最先报名就定位小群群主,是不是太武断?最先报名隐含了几个先决条件:(1)这几位家长平时应该比较有空,而且非常关注班级群——这是当群主的必要条件。(2)这几位家长一定很热心,不怕麻烦——基本都知道做群主是件麻烦事。(3)这几位家长应该有一定的组织管理能力——没有金刚钻不揽瓷器活。

果不其然,最先报名的5位家长迅速组建了小群,将小组成员拉进了群,充分展现出了超强的执行能力。

化整为零的方式,使那些因为相互不熟悉在大群里一头雾水的家长们很快找到了组织,毕竟先认识十几个人要比认识90+的人要容易得多,更何况还有一个领路人——小群群主。

化整为零的方式,琐碎的班级事务变得简单方便。比如班级通知、家校交流,有的家长比较忙,难免会疏漏了某些事情,小群群主起到了二次传达的作用。又如信息采集、意见反馈、交流讨论……将这些分散到小群进行方便快捷。

2."组织部"汇总　化零为整

我和这5位家长建了一个新群,取名"组织部"(后来因为班级微信公众号的管理,又增加了1位家长加入)。"组织部"的建立实现了班级群的"化零为整"。所有小群采集到的信息会在第一时间汇总到"组织部"以及班主任手中,而且按部就班、井然有序。

3. 家委会引领　四位一体

其实"组织部"的建立和运作就是家委会的一个"酝酿"过程,也是家班共同体"孕"的开始。"组织部"成员是最先开始与班级其他家长群体交流的,也是最先开始为班级和家长们服务的,更是班主任与全体家长沟通的最初桥梁。他们在交流、服务、沟通中逐渐展现出自我能力,与班主任和家长群体建立起感情,为他们将来能在家委会选举中脱颖而出奠定了扎实的基础。

事实证明，最后在家委会的民主选举中，5位家长参加了竞选全部当选，没有出现其他班级20几位家长竞选的激烈场面。这5位家长中4位是"组织部"的成员，成员中的1位表示愿意继续留在"组织部"为班级服务，要把名额让给更有能力的家长。由此看出，近两个月家长们看到"组织部"成员全心全意为班级服务的点点滴滴，已经充分了解了家委会存在的真正意义。家长对家委会真正意义的了解也是家班共同体"育"的过程。

其他没有参加竞选的家长都强烈要求加入"组织部"为班级出力，"组织部"在家委会成立后迅速扩大为19人。而后，由家委会成员牵头将"组织部"成员细化为：采购组、财务组、数据统计组、活动策划组、班级板报组、公益活动组、信息发布组、公微组、外联组等9个小组，分别由5位家委会成员领导，基本每个成员都担任两个组长。就这样，家委会成员真正成了家班联系的桥梁，"组织部"成了充分和合理运用家长社会资源的平台。

班主任、家委会、"组织部"、小群，四位一体，构建出一个立体、全方位家班沟通、社会参与的和谐舞台，家班共同体初步成型。

4. 显山露水　情感认同

建立家班共同体，培养和稳固家庭与班级的情感基础是非常重要的。家长对班主任的情感认同是家班共同体情感基础的第一步。

什么是情感认同？就是在感情上对某事物有信赖感，有崇拜感，每当说起它就有幸福感，从而对其有奉献的自愿。关键词是"信赖感""崇拜感"。如何让家长对班主任产生"信赖感"甚至"崇拜感"？

对家长而言，一个有经验、教育理念科学、爱学生、能力强的班主任是他们值得信赖的。但是新接班，家长对班主任是陌生的，他们便会利用各种方式对班主任进行考量。比如：向了解情况的熟人打听；又如：家访时，在班级群向老师讨教教育方法……因为不熟，所以他们会旁敲侧击、迂回了解。这个时候，作为班主任你就应该"显山露水"，这个时候千万不要谦虚，利用各种机会向家长展示你的工作能力，尽快取得家长在情感上的认同，这种认同感越早建立，你的班主任工作越容易开展。

暑假的8月初，我拿到了班级学生资料，我仅用了一天时间就加齐了所有家长微信建立了两个班级微信群：班级交流群和班级通知群。接着，我在群里做了自我介绍，告诉家长我是一个有着二十多年工作经验的班主任，并且推荐我曾经班级的微信公众号，发了一些我自己写的推送文章，有几篇是工作经验总结，有一篇论文是获新区一等奖的论文，其中最有力的是我为原班级二十几个学生写的《我眼中的××》，细腻富有感情的文字一下子打动了家长。有一位学生妈妈发来私信：顾老师，小辛的奶奶是一位退休老师，她看了你的文章说，这一定是一个非常爱学生的老师，不然写不出这样的文字。然后，我又发了新生注意事项、班级群规、分设小群……这一系列的工作让刚与我建立联系的家长感受到了我极强的工作效率。

接下来的家访，我以家长见面会的形式，分五个组（即小群）与全体家长进行了面谈。值得一提的是，正是因为"组织部"的最先建立，家长见面会的时间、地点的安排和约定迅速而顺利。见面会上，我阐述了自己的教育理念和班级管理方式，并回答了家长关注的问题。用家长的话说：这是见面会，我们真切地感受到了顾老师强大的气场。

在确立情感认同的同时，其实我也确立了在班级共同体中的领导地位，为今后的工作奠定了基石。

四、成效反思

班级共同体的建设是一个长期而富有挑战的过程，从建班至今不到3个月的时间，我已经看到了喜人的成效。家班沟通无障碍，班级事务民主有序，班级公微热度不减……具体成果有：班级特色名称、班徽、班服、书包柜的讨论、定稿和制作；体育节开幕式班级展示；班级公微推送19篇，涵盖了班级活动、学生入学感受、家长育儿心得等方面。井然有序的家班合作，都离不开家班共同体的建立。

小学劳动教育实践探索

上海市浦东新区进才实验小学　刘璐璐

【摘　要】劳动，可以让学生在动脑之余动动手、动动脚，缓解大脑疲劳；劳动，可以让学生加强合作交流，体会劳动的辛劳；有秩序的劳动，还可以让学生在活动之中锻炼逻辑思维，更好地去思考问题。然而，随着家庭条件的不断提高，尤其是独生子女家庭，孩子的劳动意识、意愿与能力明显不足。本文以桑代克的三大学习定律为理论依据，坚持"以学生为本"的教育理念，站在班主任的立场，浅谈小学生劳动小岗位的设置、实施与评价的三年实践探索，从而提高学生的劳动意识、意愿与能力。

【关键词】小学生　劳动岗位　评价

在学习领域，美国心理学家桑代克在20世纪初提出学习要遵循三条重要的学习原则：准备律、练习律和效果律。准备律是指学习者在学习开始时的预备定势。当某一刺激与某一反应准备联结时，给予联结就引起学习者的满意，反之就会引起烦恼。[1]练习律是指一个学会了的反应的重复将增加刺激反应之间的联结，也就是刺激—反应之间的联结，练习和使用越多，就越来越得到加强，反之会变弱。[2]效果律是指如果一个动作跟随着情境中一个满意的变化，在类似的情境中这个动作重复的可能性将增加，但如果跟随的是一个不满意的变化，这个动作重复的可能性将减少。[3]

笔者在教育教学中发现，桑代克的这三条学习律适用于劳动教育之中。

一、低年级小学生劳动意识与能力的现状

习近平总书记说："美好生活靠劳动创造。"劳动，是人与生俱来的本领。它不仅能给人带来财富，也能够让人在劳动中锻炼体能，提高自身素养。一个人的劳动能力需要从小培养，小学阶段甚为重要。然而，在一线教学的这几年笔者观察发现，大

部分小学生在劳动方面存在一些普遍的现象：

1. 劳动意识不强。笔者接班一年级时，42个学生，下课主动整理地板上垃圾的不超过5人；当课桌摆放得横七竖八时，大部分学生都不知道要去推一推桌椅，让桌椅整齐一些；中午吃完饭或放学时，大部分学生没有主动清理卫生的意识。

2. 劳动意愿不够。据家长反映，因为家庭条件不差，家里面都有老人或阿姨打扫卫生，孩子在无形中就形成了一种思维习惯：所有的劳动都是由大人完成的，小孩子的任务就是玩、学习。这导致一些学生面对家务和教室里的劳动时，主动干活的意愿并不强烈。

3. 劳动能力不足。一年级时，笔者了解到，有一半以上的学生不会拿扫把和拖把，更不懂得怎么扫地；至于怎样有秩序、有方法地将地板打扫干净，人数更是寥寥无几；当遇到汤汁洒在地板上时，一半以上的学生不知道该如何将地板擦干净。

2019年，《中共中央国务院关于深化教育教学改革全面提高义务教育质量的意见》印发，教育要坚持"五育"并举，即德育、智育、体育、美育和劳动教育全面开展，强化学生的良好行为习惯，养成法治意识。针对低年级学生劳动意识与能力薄弱这一现状，班主任需要采取一定的教育方式培养学生的劳动意识，提高劳动能力，在学习科学知识的过程中培养劳动素养。结合桑代克提出的学习原则，笔者在家长会上跟家长做了一些沟通，得到家长的理解与支持，共同对学生的劳动采取行动，实施了劳动"三步走"的班级管理方式。

二、劳动教育"三步走"实践探索

第一步　教师示范，为学生劳动做准备

正所谓"学高为师，身正为范"，教师就是学生的榜样。想要学生对"劳动意识""劳动能力"这两个概念有所反应，教师需要在学习之初建立学生与劳动之间的联结纽带，通过示范引导学生进行班级劳动。学生通过视觉、听觉、触觉等多种感官感受，才能逐渐感知各项劳动的技巧，习得新技能。基于此，笔者利用班会课和午会课，教学生做一些力所能及的劳动：如何捡地板上的废纸，如何准确地将垃圾扔进垃圾桶，如何打开垃圾袋，如何将垃圾袋套住垃圾桶，如何保持垃圾桶的卫生，怎样使用黑板擦和抹布将黑板擦干净，怎样清理黑板槽，怎样才能把桌椅摆整齐，吃饭时如何保持个人卫生，怎样拿饭盒才能避免洒饭，怎样整齐地摆放餐盒，扫把和拖把怎么拿，如何能把地板扫干净，如何整齐地摆放书本……事无巨细。

英国教育家斯宾塞说："记住，你管教的目的应该是培养一个能自制的人，而不

是一个要让别人管理的人。"班主任将劳动的方法教给学生,这是放手让学生自主劳动、自主管理的前提。

通过教师的这些示范,学生有了对劳动的具象感知,明白劳动其实并不难,也知道了劳动不是大人的特权,而是每个人都该有的责任。如此,学生的劳动意识和意愿被调动了起来。桑代克发现,没有奖励的联结是无效的,联结只有通过有奖励的练习才能增强。所以,笔者在学生参加劳动之后会给予一定的表扬和鼓励,让学生在劳动上的自我效能感不断提高。

第二步　岗位设置,为学生劳动强化练习

当学生习得了劳动技巧之后,教师需要引导学生不断练习,建立学生在劳动意识与劳动操练之间的强化机制,充分发挥学生的主观能动性,让学生从心底滋生劳动的责任感,能够有效地提高学生的劳动意识与能力。笔者在班会课上号召全体学生:每个人都应该成为班级劳动的小能手。根据每个学生的个性特点和报名意向,笔者和同学们一起制定了一份劳动小岗位表,具体内容如下:

表1　9班劳动小岗位分配表

岗　位	负　责　人	负　责　内　容
值日班长		早读,课前2分钟,提醒当天值日同学
行规督导员		课间行规,及时制止喧哗、奔跑的行为
小小安全员		课间安全提醒(不奔跑,不喧哗)
午餐管理员		午餐拿饭盒,餐后摆放
信息管理员		电脑,班级材料发放
图书管理员		图书摆放、借还
卫生员		课间,提醒同学注意班级卫生
护绿员		班级绿化,定期浇水
节能员		教室的灯、风扇等的开关
推普员		推广普通话,黑板报"拼音角"

为了增强学生的沟通交流与相互监督,让班级的各岗位之间实现环环相扣,彼此牵连,笔者和同学们一起商量,达成共识,将班委与各小岗位关联起来,从班长、劳动委员到值日班长、护绿员等,每个岗位的职责都明确下来。为了能让每个人都有事可干,每天都能对学校的生活有所期待,每个小岗位由两到三个人负责,尽量做到男女搭配、性格互补、全班人人有岗。同学们协调一致,为了班级共同的目标而担起

自己的责任。

第三步　岗位评价，为学生劳动提效果

儿童对事物充满了好奇，然而坚持的时间不一定能够长久。当学生习惯了做劳动之后，如果没有相应的评价与反馈，学生很难主动去检测行为的效果。如果外部环境对学生的劳动做出中肯的反馈，学生可能会对劳动产生积极向上的反应，从而爱上劳动。基于学生的这一特点，为了能够让学生将责任落实到位，不懈怠，笔者将小岗位的评价与学校的"每月一星"评选结合起来，在每周一的班会课对上周的岗位表现进行总结，对认真尽责的学生给予"星星奖励"，并将星星贴在班级"星星榜"上，作为学校"每月一星"评选的参考依据。

班主任的主导作用就是让学生在实践活动中认识自己的能力，充分鼓励学生，培养学生的主动性和自信心，把手中权力全部放手给学生，让学生自己管理。一年级的第一学期，所有的评价由班主任进行。到了第二学期，学生已经熟悉了这一套规则，所有的评价都由学生自己负责。笔者编制了一份学生行为规范评价表（如表2），并打印出来放在讲台上，每天各岗位的负责人自觉拿着这份评价表，对同学们的表现进行评价。

表2　9班学生行为规范评价表

第　　周								
学号	姓名	早读	眼保健操	室内操	作业	课间	午餐	其他	总计

（根据班级行为规范加星与扣星的原则，相关负责人对每位同学进行"星星评价"。）

这样一来，每个学生都对自己在学校要遵守的规则一清二楚，同时也对自己的责任更加明确。拿起这份评价表，学生手中握着的不仅仅是一张评价纸，更是自己对岗位的责任、对同学的尊重及老师对自己的信任与寄托。

到了三年级，学生们已经历了两年的锻炼，每个人都已知晓不论是在家，还是在教室，自己都要劳动，这世上从没有不劳而获。然而，笔者从观察中所得，学生虽然已经学会了各种劳动技能，但贪玩的孩童劣性总是会影响放学后的劳动质量与效率。

人都有趋利避害的心理特征，儿童更倾向于接受表扬、避免惩罚。因此，笔者在三年级开学前，制定了一份放学后的劳动评价表（表3）：

表3　9班劳动评价表

日 期	小 组	地 板	黑 板	桌 椅	用 时

每天放学劳动后，值日组长只填写"用时"。第二天一大早，劳动委员来到后，根据班级卫生情况填写此表，并在正式上课前向全班宣布评价结果。值日组长还可以表扬认真劳动的同学，授予星星奖励。在两周之后，全班10个卫生小组已经轮流一次时，笔者在班会课上进行总结，表扬用时最短且质量最高的小组，并给予星星奖励，批评用时最长且质量不高的小组，并进行一定的惩罚，比如扣星，增加补救劳动的时间。

在三年级开学前两周，同学们对此表并不怎么在乎，在劳动时还是有那么一些人打打闹闹，延长劳动时间，不好好打扫卫生。当两周过后的第一次评价结束后，同学们都开始意识到了这张评价表的重要性，懂得了：认真劳动，提高劳动质量，就不会受到惩罚，还可以得到奖励；不认真劳动，时间过长，就会受到惩罚，而且让小组的荣誉受损。

到了第三周，第二轮劳动开始的第一天，这份评价表的效果立马出来了。原来一边打闹一边劳动的同学，收敛了贪玩的脾气；小组长也会提醒组员认真打扫卫生，争取尽快值日；再也没有一位同学提前走人，而是等大家全部做完，再检查一遍教室是否干净、桌椅是否整齐，认真填写表格，最后一起关门放学；当家长催促赶快值日尽快回家时，也有学生告诉家长，要等小组成员全部结束后才能放学，请家长不要着急。在这期间，教师跟家长都不会帮忙。

经过两年的历练以及三年级一学期的劳动评价，笔者发现，学生们已经建立起了一套属于自己的劳动程序与规则——在午餐之前，同学们能和劳动委员、生活委员、各类管理员共同商量当天的劳动责任，谁扫地、谁拖地、谁擦黑板、谁整理讲台和后台、谁整理图书角，等等，教室内各个角落，只要人能看得到的地方，都有人负责清理，劳动委员都会在黑板上写得清清楚楚，甚至能细到不同颜色代表对每个人的劳动质量评价，这一评价结果会影响到后续的个人整体评价。这一切，都是学生们自己想出来的。在这一过程中，笔者作为班主任，甚至不能够轻易打破他们的这一套"规矩"。当然，这其间还存在着一些问题：劳动委员总是占用午餐时间明确劳动任务，导致午餐纪律有些乱；个别不自觉的学生依旧不在意自己的评价，对劳动提不起热情……怎样合理安排劳动管理时间,如何调动个别不自觉学生的劳动热情,还需要教师在实践中继续尝试新方法,不断优化,提高全体学生的劳动质量。

因为有了岗位,每个学生的心里都会有一种班级归属感,在教室里找到属于自己的那份责任与担当。每天早晨起床时,学生会想起自己今天该做什么,自然也就不会产生厌学、逃学的现象。当每个人都将自己看作是教室里缺一不可的一分子时,班级的主人翁意识也就在学生心中油然而生了。在学生心里,"上学"不再是上课学习的代名词,这其中还包括职责与担当。

参考文献:

[1] 陈琦,刘德儒.当代教育心理学[M].北京大学出版社,2007:136.

[2] 斯宾塞.教育论[M].中国轻工业出版社,2016.

[3] 梁玉贞.让学生成为班级的主人[J].文教资料,2015(15):144.

浅谈处理课堂突发事件的有效策略

上海市浦东新区江镇中心小学　黄丽敏

课堂突发事件是指和课堂教学目的无关而又直接干扰教学的突然发生的外来刺激和事件。一般涉及突发外界干扰、学生行规、课堂学习内容、教学设备、教师自身等方面。

从教以来,我在课堂上遇到不少的突发情况,特别是在刚做老师的那段时间,真是令我猝不及防,甚至有几次影响到正常的教学秩序。

我深刻意识到,课堂突发事件的处理方式直接影响着课堂的效率。作为一名教师,要发挥教学智慧和主观能动性,学会妥善处理课堂突发事件,才能使教学活动有序地进行,这不仅能提高教师驾驭课堂的水平,也是对教师能力、个性、素养的全面提升。我不断地摸索和反思,总结了一些小窍门,通过一些具体案例和大家分享。

一、适时处理,规范学生行为习惯

(一)抓住时机,及时处理

课堂有突发状况时,小学生自控能力差,很容易引起课堂混乱,不但影响教学的正常进行,还会让教师产生很大的挫败感。所以,当突发事件发生时,尽量抓住时机当下解决,使课堂尽快恢复正常秩序。比如,一次正在讲课,突然一个女生大声尖叫起来,还没等我反应过来,周围的学生接二连三地大叫,有的甚至起身离开了座位。走近一看,原来是一只个头不小的甲壳虫爬上了女孩的课桌。我顿时心头一紧:我也特别害怕这类飞虫,此刻我也不敢直接抓住它,怎么办? 我知道,老套的批评和发出命令此刻压制不了学生的好奇心。我冷静了几秒钟,把受到惊吓的女生拉到身边,对同学们说:"同学们不要慌张,这是一只飞虫。一定是你们刚刚优美的朗读声吸引了它,想来参加我们的学习了。"此时,学生的反应平静了一些,我顺势提议:"来,哪位勇敢的同学,来把这位特别的听众送回大自然吧!"这时,一位男生自告奋勇,把飞虫送到了窗外窗台上。飞虫不一会就飞走了,学生目送着离去的身影,教室里顿时安静了下来。"好啦,同学们现在可以安心坐下来了,让我们珍惜时间,好好学习吧!"我清了清嗓子,把学生的思绪拉回课堂,继续上课。这种"趁热处理法"需要老师做出较快的反应,当机立断,迅速采取对策,既有效解决了事件,又使学生在思想上引起了震撼,留下深刻的印象,使突发事件及时得到解决,也使课堂快速回到正轨。

(二)冷却处理,善后教育

冷处理是指教师对突然发生的事故采取冷静、冷落的方式,暂时给予冻结,仍按原计划上课,等到下课后对学生做处理。对于一些调皮的学生在课堂上的故意捣乱,"趁热处理"有的时候会火上浇油,老师在生气之下说话也可能有失分寸,这个时候就需要冷处理。

我教过的学生中,有位同学课堂表现随心情而定,会时不时在课堂上发出奇怪的声音,做出奇怪的动作,周围的同学经常会转过头看。最初,我停下来,尝试安抚并询问情况,但怎么也问不出原因,其他同学因为等待开始聊天或者做起了其他事情;几次之后,我当下严肃要求她不可以这么做,没想到她叫得更厉害,行为更夸张。课后,有几个学生告诉我,这个孩子课堂上经常这样的,同学们都知道。经过一番斟酌,我决定课堂冷处理。我私底下找到她周围的学生,告诉他们当再次遇到这位同学违反课堂纪律时不要跟着起哄,要专心听课。之后的课堂上,这位同学又发生了扰乱课堂纪律的情况,我装作没听见,其他同学们见状,也不敢多看她,跟着我继续上课,形成了默契。她闹了一会,觉得无趣,就安静了许多。课后,我会视情况选择性找她沟通,并把情况告诉家长,让家长配合老师一起教育学生学会控制自己的情绪,遵守课堂纪律。

这样课堂冷处理,课后再教育的方式,一般用于处理学生的恶作剧问题上。教师课堂不予处理,继续上课,课后用充裕的时间了解事件真相及根源,把问题处理得更恰当,这样既照顾到了该生的自尊,也避免了课堂上的无效沟通,让更多孩子享受学习的权利。冷处理需要教师凭自身的意志力,克服对某些学生的反感情绪,用理智战胜无益的激情和冲动。

二、灵活应对,弥补教具设备不足

(一)准备充分,随机应变

如今的课堂,越来越离不开信息技术的支持,但设备一旦出现问题,我们老师还是得充分发挥教学机制，随机应变。一堂课上，我准备使用投影讲练习册，可突然发现电脑打不开了。我想：不能干等着来维修吧。可是，一年级的孩子，专注时间短，下午的课堂本来就容易打瞌睡，再加上是枯燥的讲评，恐怕到时候讲了也是白讲。我看了看一张张略带倦意的小脸，决定请小老师给大家讲评。我向学生说明了情况，学生的积极性很高。每一个大题邀请一位学有余力的小老师上台讲解，很多题型都做过，所以小老师们模仿着我平时的方法，讲解要求、做题技巧和答案，一步步有板有眼，而我就负责监督纪律，或者黑板上板书。第一次听同学给大家讲评作业，下面的学生好奇心高，都很想知道到底讲得对不对，所以听得格外认真。虽然时间比计划得长，但是从订正的质量来看，效果还是不错的。

课堂上，还经常会碰到电脑设备出故障的情况，让本来准备好的教学环节没法很好的实施。记得上一次我的骨干课上，我计划利用新电脑屏幕可以手写和圈画的优势，开展教学。没想到课堂上，电脑出现了问题，没办法手写，我慌了，停下讲课，操作了几次，还是不行，最后只能硬着头皮继续上课，课堂效果大打折扣，也给这堂展示课留下了遗憾。事后，我听从了其他老师的建议，做两手准备：第一，尽可能提前排除电脑的故障，第二，课件制作两个版本，以防屏幕不能手写时还能按照课件上课，为第二次展示给来校参加校际交流活动的老师看时，能够顺利开展。

所以，重要时刻，更要做好充分的准备。当小插曲来临时，及时改变思路，以变应变，充分展现教学手段的灵活性。

(二) 巧用教具，激活课堂

不管是什么课堂，使用合适的教具从来都是一种能迅速激起学生兴趣，调动课堂积极性的有效手段。有一次，上《落花生》一课时，正好刚刚上完体育课，孩子们上课无精打采，课堂上举手的人寥寥无几，照此下去，这堂课的效率肯定非常低。我突然想起今天带了一包椒盐花生的小零食。于是，和同学们故弄玄虚，说要给他们一个惊喜，学生个个坐直了身体。我飞奔回办公室，拿来了花生。我当着学生的面打开，告诉他们美食来了，今天回答问题的同学都能尝尝。这下学生的积极性充分被调动，大家个个竖耳倾听，双目炯炯有神，争先恐后回答问题。沉闷的课堂立刻变得活跃起来。嘴里的花生让他们尝到了香脆的味道，文中的花生更让他们学会了默默奉献的道理。

这次的突发课堂让我吸取了教训，下次体育课后的语文课尽量以复习和练习为主，同时也让我感受到要利用教具的优势，激活课堂，使学生在轻松愉快中学习知识，接受教育，加深印象，并达到活学巧用的目的，从而提高课堂的有效性。

三、正向引导，尊重学生个性发展

（一）结合德育，教育引导

很多时候，课堂上的小插曲都是有其内在的原因，老师细细思考，妥善处理，此时小插曲恰能变成进行品德教育的良好契机。一次上《圣诞老人的故乡》这一课时，有一个开放性的说话训练：如果你遇到圣诞老人，想对他说什么？点到班里的小苏时，他噘着嘴，一脸不屑地说："我才不信有什么圣诞老人呢！"有个孩子马上回答他："那你就收不到喜欢的玩具了！""我才不稀罕呢！"小苏越说脾气越大。这让我想起他平时的样子：每天来学校无精打采，做什么都不乐意，动不动就流眼泪，十分消极。我想着借这次机会，转变小苏的想法。我让大家讨论到底要不要相信世界上有圣诞老人？一开始有几个男孩也说不信，圣诞老人都是爸爸妈妈或者其他人假扮的。这时有同学站出来说，其实，他知道每次圣诞节收到的礼物并不是传说中的圣诞老人送来的，而是爸爸妈妈偷偷放的，但是他依旧很快乐，因为他感受到了爸爸妈妈的关爱，心里有一种说不出的幸福感。这时很多孩子都认同地点头，我抓住机会补充道："是呀，圣诞老人是一种美好的象征，相信圣诞老人，是对美好生活的一种向往。一个积极乐观，对未来有着美好期盼的人，才会更有动力，更加努力创造未来！"这下，顽固不化的小苏也动容了，不再一口咬定不信，静静地思考着。

教书和育人是分不开的，教学是课堂一部分，育人同样是课堂的重要任务。新课程标准在肯定语文是学习和工作的基础工具，是"学习各门学科的基础"的学科基础的同时，又着重强调了语文学科对于提高学生的思想道德素质，对于培养、造就现代化社会所需的一代新人具有重要意义。所以，善于抓住教育契机，化被动为主动，教学生做事做人的道理，有时候比学知识更重要。

（二）鼓励提问，因势利导

有时课堂上发生的突发事件，教师不能马上解决，但可以顺势把问题抛给学生。如《红楼春趣》这一课即将下课时，爱思考的苏同学仔细整理了课前思考题的答案后，他举手提问："一般古代的少爷和下人之间都是卑尊分明的，而宝玉居然没有一点少爷的架子，因为全文的对话中，没有一个丫鬟称呼他'少爷'呢。"我首先肯定他爱思考爱提问的好习惯，随即结合本单元目标"学习阅读古典名著的方法"这一要点，引导他尝试通过网络、相关书籍或者父母等途径，自己找找答案。他在课后上网查阅了相关资料，了解到贾宝玉自幼深受贾母疼爱，是和一群姑娘一起长大的，成长环境影响了他的脾气和性格，所以和家里的姐妹、丫鬟特别亲近，就和朋友一样。课后查找资料不仅解答了苏同学的疑惑，弥补了课堂上的缺口，也丰满了宝玉在他心中的人物形象，体现了学习的个性化和主动性。相信这比老师直接在课堂上给他答案更让他记忆深刻。这样的方法解决了课堂的缺口，同时，也引导学生通过自己的努力，找到答案，提高自主学习的能力。

综上所述，处理课堂"突发事件"的方法不是唯一的，而是灵活多样的，前提是要有爱心和耐心，教师不要轻易认定学生是故意捣乱，更不要动不动发脾气，采取简单化地呵斥、赶出教室之类的处理方式，而是要讲究艺术和方法，充分发挥主观能动性，许多课堂"突发事件"不但会迎刃而解，而且还会转化为宝贵的课堂教学资源。正如俄国教育家乌申斯基所言："不论教育者怎样地研究了教育理论，如果他没有教育机制，他就不可能成为一个优秀的教育实践者……"

反思从教的这几年，虽然在处理课堂突发事件上积累了一些小窍门，但是还有很多处理得不是很合理的地方。在今后的课堂教学中，我会不断摸索，改善教育理念和方式，多多和各位前辈及同仁们讨教经验，发挥教学智慧，妥善处理课堂突发事件，争取做一个合格的教育实践者。

多元情境打造多彩交际

——浅谈"情境教学法"在低年级口语课中 有效性的实践与探索

上海市浦东新区江镇中心小学 黄梦娇

【摘　要】口语交际是统编教材里十分重要的一个教学内容,却一直面临着"老师难教,学生难开口"的困境,究其主要原因,是教师忽视了教学过程中创造一个真实、有趣的交际环境的重要性。我国教育家叶圣陶先生说过:"作者胸有境,入境始于亲。"由此可见,"情境教学法"不仅能活跃课堂气氛,让学生在多种转换的情境中体验交际的乐趣,激发强烈的交际愿望,还能让学生乐于主动掌握交际技能,从课堂的虚拟交际走向真实的生活交际,切实有效地提升交际能力。

【关键词】低年级口语交际　情境教学法　自主学习

"情境教学法"是指在教学过程中,教师有目的地引入或创设具有一定情绪色彩的、以形象为主体的生动具体的场景,以引起学生一定的态度体验,从而帮助学生理解教材,并使学生的心理机能得到发展的教学方法。情境教学法形式多样,如利用生动形象的语言描绘情境、利用角色扮演和课内游戏体会情境、利用视频和课文插图等再现情境、用音乐渲染情境,等等。小学低年级阶段的孩子生性活泼好动,喜欢新奇的、趣味性强的事物,但集中注意力时间较短。根据这一特点,在口语交际教学中采用"情境教学法",能快速将学生带入具体生动真实的情境中去,由此情此景激发学生的学习兴趣和强烈的交际愿望,发展他们的思维,唤醒他们的表达,从而使学生饶有兴趣地自主投入到口语交际训练中去,通过观察、思考、体验等形式有效突破教学的重难点,使学生的交际能力得到提升;还能在教学过程中有效培养学生的自主学习能力及合作精神,让口语交际真正做到源于生活,又服务于生活。

那么,"情境教学法"究竟在低年级口语教学中有什么优势呢?结合近几年的口语交际课堂教学实践,笔者认为有以下几点:

一、游戏打造情境,激发交际兴趣

兴趣是学习的挚友,是学生发展思维的巨大推动力,"情境教学法"无疑是激发孩子们认识世界最有效的触点。在口语交际活动中,通过游戏、故事、语言描绘、图画录像等创设一个有趣的情境,能顺其自然地激发学生的交际愿望,把学生带入一个充满趣味的交际场域。

【课堂片段1】

例如:在执教《一起做游戏》这一口语交际课时,我利用"贴鼻子"这个经典游戏创设情境,激发了学生人人参与游戏,渴望进行表达的兴趣。当我在黑板上快速画了一个没有鼻子的娃娃时,一下子引起了同学们强烈的好奇,我趁热打铁揭示了主题,宣布今天要一起做游戏:贴鼻子。同学们顿时欢呼雀跃起来,有的高高举起小手想参加,有的则兴奋地喊着:"这个游戏太好玩了"……于是,我邀请了一位第一次接触这个游戏的同学:"来,和我一起做游戏吧!""可是我不会玩啊!""没关系,我教你,这个游戏这么玩。"我一边讲解游戏规则,一边引导这位同学配合我做出相应的动作,"首先在黑板上画一个没有鼻子的娃娃,接着我拿布条蒙住你的双眼,让你原地转三圈,最后我将娃娃的鼻子递给你,你拿着鼻子贴到娃娃的脸上"。在试玩的过程中,同学们的注意力和目光紧紧地跟随着老师,兴趣一下子被点燃了,仔细地倾听着,认真地观察着,一下子就明白了做游戏时,邀请者的态度要热情、大方;被邀请者要积极参与,遇到不懂的地方要主动提问,更要用上"先……接着……最后……"等连接词将游戏规则说清楚。这样寓教于乐的"情境教学法"有效避免了枯燥、乏味的独白式讲解游戏规则。在随后的游戏比赛中,同学们轮流做贴鼻子的游戏,都能做到热情、主动、有礼貌地邀请同伴参与游戏,甚至部分同学能举一反三用上"第一步、第二步、第三步"等词分步骤说清楚游戏规则,并借助动作学会有条理地表达。通过这个小小的游戏,学生们收获的不仅仅是游戏的乐趣,更在这种真实的情境交际中,培养了学生乐于交往、友善待人的交往意识和行为习惯,无形中收获了一箭双雕的好效果。

有道是:"得法于课内,得益于课外。"教师可以有意识地将口语交际课向外延伸、拓展,有针对性地组织有价值的活动,给学生增加交际实践的机会。就低年级学生好动、好玩的性格特点,我多次利用"阳光体育活动""快乐30分钟"等课程,在开展趣味游戏活动的同时结合本节口语交际课中"倾听""表达""应对"三个能力点进行反复训练,通过边玩边说的方式让学生的说话不断深入。游戏能点燃孩子们的兴趣,兴趣又能转化成主动学习、乐于表达的内驱力,用游戏创设情境的方法春风化雨润物无声般地帮助学生掌握了交际的技能。

二、活动创设情境,落实能力点训练

在统编教材的语文教学中,口语交际课不容小觑,它既是对学生思维能力、应变能力及心理活动的综合训练,又是学生对于字、词、句运用表达的一个展现平台。在一堂口语交际课中,落实好核心教学目标是课堂教学的关键,如果在此环节中缺少说话方法的教授和必要的引导,就会致使学生缺乏语言表达的条理性和快速组织语言的能力,口语交际就成了一种低水平的简单问答或低层次的聊天。对于一些离我们生活较遥远的或者需要发散思维进行说话的话题,学生就更是一头雾水,无从说起了。长此以往,他们对交际的兴趣会被慢慢磨灭,从而打击了他们对口语交际的积极性。如果此时,教师能够利用活动巧设情境,明晰交际要求,教授说话方法,落实好能力点训练,这一定会是促进学生提升交际能力的有效手段。

【课堂片段2】

例如:在《我说你做》一课中,为了落实小贴士中"大声说,让别人听得见"和"注意听别人说话"这两个交际要点,我采用活动创设情境的方法,让学生在参与中明确交际要求。游戏最大的特点在于趣味性,而活动则更具有组织性和规范性。一个小小的指令能让课堂完全打开,呈现学生的各种状况,为交际提供真实情境,也为多方互动提供无限可能。

请看教学片段:

老师大声发布指令:"请抬起一条腿。"

(全班同学听完指令迅速抬起了一条腿。)

老师第二次发布指令:"请你抬起(声音响亮)_____左腿(声音很轻)。"

(有的同学抬起左腿,有的同学抬起右腿,还有的同学则不做任何动作。)

师:你为什么抬起右腿呢?

生:老师,我刚才没听清楚您到底让我抬哪条腿。

生:我也是……

师:现在请认真思考导致你们没有根据指令做出相应动作的原因是什么?

生:老师声音太轻了。

此时,教师就可以出示交际要求"大声说,让别人听得见",这一条交际要求不是老师强加给学生的,而是他们在活动中真实体验到"说得太轻,会让别人听不见,听不见就会导致做错动作"。有了切身体验后,学生就知道了自己发布指令时要大声说。

教师大声发布第三个指令:"向后抬起左腿。"

(有的同学迅速又准确地向后抬起左腿,有的同学则向前抬起左腿,还有的同学向后抬起了右腿,真是五花八门什么动作都有。)

师:为什么你向前抬起左腿? 是没有听清指令吗?

生:我走神了,没有仔细听。

师:你为什么向后抬起右腿?

生:我没有听清向后抬哪条腿。

生:我一下子反应不过来,没有及时区分清楚左右腿。

师:老师像你这个年纪的时候也不能一下子区分清楚左右,不用觉得难为情。只要你注意听,听清楚,想好了再做,就能做对。再来试试吧!

教师大声发布第四个指令:"向后抬起右腿。"

师:(竖起大拇指)这次你做对了,真棒,和同学分享一下你成功的秘诀吧!

生:这次我听得可仔细啦,听完指令后我在脑子里快速想清楚了再做动作。

由此而见,通过活动创设情境的方式,不仅带动了同学们主动参与交际的积极性,更让他们通过亲身经历,在摸索、实践和反思的过程中明确了第二条交际要求"注意听别人说话",只有做到注意听,听清楚,想好了再做,才能将指令做正确。在此过程中,教师扮演的只是引导者的角色,适时通过活动巧设情境,让口语交际回归真实生活;适量给予学生鼓励,减轻低年级学生因胆怯、容易害羞或者担心被同学嘲笑而造成的心理负担;适度围绕教学重难点给予学生有层次、有针对性的指导,最终在轻松、愉悦的环境中达到落实学生能力点训练的目的,使口语交际训练真正变成双向互动的语言实践。

三、表演模拟情境,提升交际能力

苏霍姆林斯基说过:"儿童是用表象、声音、色彩来思维的。"学生容易对有趣的人物和情节产生浓厚的兴趣,并且产生想模拟或表演的欲望。教师应抓住这一心理特点,让学生结合教学内容进行角色表演。表演是现实生活的"缩影",这样的角色表演让交际在课堂上也真实地发生着,学生得到了最真实的体验感,语言表达变得更鲜活、更富有感情,无形中提升了口语交际能力。此外,看表演的学生通过观看对人和事有了更直观的印象,说起来会更有兴趣,表达也会更具逻辑性和条理性。

【课堂片段3】

例如:在执教《请你帮个忙》一课时,我采用了表演创设情境的方法,引导学生在表演中加入自己的思考,学会表达自己的想法,在发现问题和改进中提升交际能力。上课伊始,我以课本插图中一个借水彩笔的情境为导入,在改编剧情后,邀请两位同学分角色表演。

【剧本:美术课上,小红忘带水彩笔了,没有经过同桌李山的允许,她擅自拿走并使用。李山发现后及时指出了小红的错误行为并将水彩笔取回。然而小红却认为李山不友爱同学,与他大吵了起来。】

两位"小演员"精湛的演技让"观众们"连连称赞,紧接着我就提出了两个问题:为什么李山不愿意将水彩笔借给小红? 小红怎样做才能顺利借到水彩笔呢? 表演带来的直观感受和代入感让同学们的话匣子一下子打开了,大家纷纷指出了小红的错误之处,也提出了在请求别人帮助时需要使用礼貌用语,注意说话口气,要把自己的需求说清楚等中肯的建议。结合学生们提出的建议,我请同桌两个人合作再来演一演正确借水彩笔的方法,这样一来既做到人人参与到交际中来,又通过前后两个情境的冲突对比,让学生在真实的情景模拟中开展互动交际,达成共识,有效提升交际能力。

表演创设情境的方法可以充分调动学生的积极性,体现学生是学习的主体。在体验式的学习中,学生不仅感受到了合作表演的乐趣,得到了独立思考的空间,更获得了分析能力、思维能力、表达能力等语文核心素养的综合提升。

四、结语

培养学生良好的口语交际能力,是现代社会和素质教育发展的迫切需要,也对学生正确、规范地使用祖国的语言;促进读写和表达能力;提高语文素养起到了重要作用。小学阶段是学生口语表达能力飞速发展的时期,因此,在语文教学过程中,教师要帮助学生树立对口语交际的信心,高度重视对学生口语交际能力的培养,以灵活多样的教学手段全面提升学生的语文核心素养。在口语交际课堂中,"情境教学法"就是一把打开学生思维和话匣子的金钥匙。但是如何更合理、高效地在低年级口语交际课中创设情境,使学生的口语交际能力真正飞扬起来,将会是在未来需要不断探索的。

参考文献:

[1]曹爱卫.低年级语文这样教[M].上海:上海教育出版社,2018.

[2]中华人民共和国教育部.语文新课程标准(2011版)[S].北京:人民教育出版社,2011.

[3]王任.浅谈口语交际在小学语文教学中的重要性[J].都市生活,2019(4).

图书在版编目（CIP）数据

瓦壶春晓：上海市浦东新区进才实验小学教育集团
教师文集：2021卷 / 赵国弟主编. — 上海：文汇出版
社，2022.3

ISBN 978 - 7 - 5496 - 3701 - 0

Ⅰ.①瓦…　Ⅱ.①赵…　Ⅲ.①小学–教学研究–文集
Ⅳ.① G622.0– 53

中国版本图书馆CIP数据核字（2022）第008850号

瓦 壶 春 晓
——上海市浦东新区进才实验小学教育集团教师文集·2021卷

主　　编 / 赵国弟

责任编辑 / 张　涛

封面装帧 / 梁业礼

出 版 人 / 周伯军

出版发行 / 文匯出版社

上海市威海路755号　（邮政编码：200041）

经　　销 / 全国新华书店

排　　版 / 南京展望文化发展有限公司

印刷装订 / 上海新文印刷厂有限公司

版　　次 / 2022年3月第1版

印　　次 / 2022年3月第1次印刷

开　　本 / 787×1092　1/16

字　　数 / 330千字

印　　张 / 19.25

ISBN 978 - 7 - 5496 - 3701 - 0

定　　价 / 58.00元